我
们

一

起

解

决

问

题

酒店管理实操从入门到精通

滕宝红◎主编

人民邮电出版社

北 京

图书在版编目（CIP）数据

酒店管理实操从入门到精通 / 滕宝红主编. -- 北京：
人民邮电出版社，2019.1
ISBN 978-7-115-49684-3

Ⅰ. ①酒… Ⅱ. ①滕… Ⅲ. ①饭店－商业企业管理
Ⅳ. ①F719.2

中国版本图书馆CIP数据核字（2018）第236817号

内 容 提 要

　　《酒店管理实操从入门到精通》以图文结合的形式，将酒店管理人员需要掌握的各项知识和管理技能、实操技能分解到365天中，形成了365个知识点。酒店管理人员可以每天学习一个知识点，并将其应用到实际工作中。本书内容涉及前厅管理、餐饮管理、营销管理、财务管理、成本控制等多个方面，可以有效地帮助酒店管理人员提升工作效率和管理水平。

　　本书适合酒店经理、酒店各部门管理人员和希望从事或即将走向酒店管理工作岗位的人员阅读，也可作为高等院校相关专业师生的参考读物。

◆ 主　　编　滕宝红

　　责任编辑　陈　宏

　　责任印制　焦志炜

◆ 人民邮电出版社出版发行　　北京市丰台区成寿寺路11号
　　邮编　100164　电子邮件　315@ptpress.com.cn
　　网址　http://www.ptpress.com.cn
　　三河市君旺印务有限公司印刷

◆ 开本：800×1000　1/16

　　印张：18.5　　　　　　　　2019年1月第1版

　　字数：300千字　　　　　　2025年11月河北第37次印刷

定　价：69.00元

读者服务热线：（010）81055656　印装质量热线：（010）81055316
反盗版热线：（010）81055315

前　言

　　酒店是为客人提供住宿、餐饮等服务的企业。作为酒店各项事务的主要负责人，酒店经理只有充分掌握酒店管理的各项技能，才能带领各部门人员做好酒店管理工作。

　　本书内容分为三大部分。

　　第一部分主要介绍了酒店的组织架构以及酒店经理的岗位职责，具体包括酒店经理的职责要求和工作内容。

　　第二部分介绍了酒店管理人员需要掌握的各项管理技能，如制订工作计划、汇报工作与下达指示、进行有效授权等。这部分内容特别强调了酒店管理人员应积极进行形象自检，确保拥有良好的个人形象，同时要经常自我反思，以便不断取得进步。

　　第三部分介绍了酒店管理人员在日常工作中需要掌握的各项实操技能，具体包括智慧酒店建设、酒店大数据运用、"互联网+"下的酒店营销、营销事务管理、前厅事务管理、客房事务管理、酒店餐饮管理、酒店财务管理、人力资源管理、日常巡视与值班管理、酒店日常安全管理、消防安全管理、突发事件处理、物资与设备管理、酒店成本控制、公共关系管理、金钥匙服务管理等。

　　通过对本书内容的学习，酒店管理人员可以全面地掌握酒店管理的各项技能，更好地开展酒店管理工作。

　　本书具有以下五个特点。

　　（1）模块清晰。全书分为三大部分，即岗位职责、管理技能和专业技能。通过学习岗位职责部分，酒店管理人员可以了解各部门的职责权限以及工作内容；通过学习管理技能部分，酒店管理人员可以掌握工作中需要用到的各项管理技能；通过学习专业技能部分，酒店管理人员可以学到本岗位的各项专业技能。

　　（2）365天，每天一个知识点。本书的最大亮点就是把酒店管理人员需要掌握的各项知识和技能分解到 365 天当中，形成了 365 个知识点。酒店管理人员可以每天学习一个知识点，并将其应用到实际工作之中，直至彻底掌握所有知识点。

（3）精心设计了生动、活泼的对话。本书每一章的章前都设计了一段资深酒店经理与刚上岗的酒店经理的对话，这些对话十分生动、活泼，并简要归纳了每一章的知识要点。

（4）提供了大量图表。本书提供了大量的图表，以最直观的形式展示相关知识点，便于读者阅读和学习。此外，本书还提供了"经典范本""实用案例"等栏目，对相关知识点进行了丰富和拓展，为读者提供了更多有价值的信息。

（5）实操性强。由于现代人工作节奏快、学习时间有限，本书尽量做到去理论化、注重实操性，以精确、简洁的方式描述所有知识点，最大化地满足读者希望快速掌握酒店管理技能的需求。

本书不仅可以作为酒店管理人员自我充电、自我提升的学习手册和日常管理工作的"小百科"，还可以作为相关培训机构开展岗位培训、团队学习的参考资料。

本书由浙江智盛文化传媒有限公司、深圳市中经智库文化传播有限公司策划，由知名管理实战专家滕宝红主持编写。

由于编者水平有限，加之时间仓促，书中难免出现疏漏与缺憾之处，敬请读者批评指正。

目　录

1

第四章　自我管理技能..............28

　　酒店经理除了要掌握基本管理技能，还要做好自我管理工作，即个人形象自检和自我反思。通过形象自检，酒店经理能保持良好的个人形象；通过自我反思，酒店经理可以获知个人失误，及早改进，并取得更大的进步。

第三部分　专业技能

第五章　智慧酒店建设..............34

　　在物联网时代，酒店只有积极地转型、创新，才能获得进一步发展，而建设智慧酒店已经成为许多酒店的选择。

第六章　酒店大数据运用..............44

　　在互联网技术迅速发展的时代背景下，大数据在各行业中的作用日益凸显。这对酒店行业来说，既是机遇，也是挑战。作为一个公共场所，酒店每天都要迎接大量宾客，因此在收集大数据方面有着天然的优势。

第七章　"互联网+"下的酒店营销...54

"互联网+"以互联网为平台，利用信息通信技术，将各种事物与互联网联系起来。"互联网+"的出现冲击了传统的酒店营销模式和营销理念，为酒店营销的创新打下了坚实的基础。"互联网+"的出现给酒店带来了很多启示和机遇，也增加了酒店开展竞争的筹码。

第一节　酒店微信营销....55

第二节　酒店App营销....60

第三节　微博营销....64

第四节　网站直销....71

第五节　酒店团购营销....75

第八章　营销事务管理…92

要想更快、更好地销售酒店产品和服务，如客房、酒水等，酒店经理就必须做好营销管理工作。积极开展营销工作能够提高酒店的知名度，吸引更多的客人入住酒店，消费酒店的产品和服务，进而为酒店创造更多的收益。

第九章　前厅事务管理…106

前厅是酒店的窗口，前厅服务质量的好坏直接影响着客人对酒店的印象，同时也影响着酒店的收入。因此，酒店经理必须在前厅部主管的配合下，做好前厅各项事务的管理工作。

第十章　客房事务管理.........131

客房服务质量的好坏不仅会直接影响客人对酒店的印象，还会影响酒店内部的工作环境与氛围。因此，客房事务管理是酒店经理的重要工作内容。

第十一章　酒店餐饮管理.........144

酒店餐饮管理的主要目标是按照规范化的服务程序和服务标准，采用一定的服务方法和服务技巧，及时为客人供餐，满足不同客人对餐饮的各种需求。

第十二章　酒店财务管理................157

为了加强对酒店收入环节的控制，杜绝收入流失，并满足酒店经营管理的需要，酒店经理必须做好财务管理工作，如酒店收入控制、融资管理、投资管理和税务管理等。

第十三章　人力资源管理................174

员工是企业的最大财富，是开展各项活动的第一要素。酒店经理应熟悉和掌握人力资源管理的各项内容，并指导人力资源部做好相关工作。

第十四章　日常巡视与值班管理...188

日常巡视与值班管理是酒店经理的日常工作，酒店经理必须做好这两项工作，确保酒店有一个安全的经营环境。

第十五章　酒店日常安全管理........201

酒店安全是指酒店所涉及范围内的所有人、财、物的安全。酒店安全是确保酒店各项工作正常开展的基础和前提。酒店经理要从多方面着手，做好酒店的日常安全管理工作。

第十六章 消防安全管理......212

作为酒店的主要负责人，酒店经理承担着安全管理尤其是消防安全管理的重任。一旦发生消防事件，不仅会给酒店和客人带来重大损失，也会对酒店的声誉产生重大的负面影响，因此，酒店经理必须充分重视消防安全管理工作。

第十七章 突发事件处理......231

在酒店的日常运营中，有些隐患不易提前发现，也就很难事先加以防范，因此突发事件和危机的发生也就在所难免。酒店经理应及时、有效地处理突发事件，降低事件造成的损害，减少酒店遭受的损失，尽可能消除其对酒店产生的不良影响。

第十八章　物资与设备管理..........243

　　酒店的正常运营离不开各类物资与设备，酒店经理必须管理好酒店的物资与设备，避免不必要的损耗与损坏，控制酒店经营成本。

第十九章　酒店成本控制...............253

　　要想做好成本控制工作，酒店经理首先要深入了解并掌握各种成本控制方法，如预算控制法等。

第一部分

岗位职责

第一章　酒店的组织架构与工作安排

导读 >>>

酒店经理要想有效地开展工作，就必须深入了解酒店的组织架构和日常工作流程，同时还要制订一年的工作计划。

Q先生：A经理，请问酒店经理应该怎样开展酒店的管理工作呢？

A经理：首先，你要了解酒店组织架构和日常工作流程。大型酒店的组织架构与中小型酒店的组织架构是不一样的。这些是你开展酒店管理工作必须掌握的知识。

Q先生：那么，我该怎样安排我的日常工作呢？

A经理：根据我的经验，你可以将日常工作按日、周、月、季度和年度进行安排，因为时间不同，要做的事情也有所不同，例如，每天要做的事情是常规事项，每年要做的事情则是需要长远计划的事情。只有做好安排，才能有条不紊、循序渐进地开展工作，才不至于手忙脚乱、不知所措。

说明：A经理是一名拥有多年工作经验的酒店经理，Q先生是一名刚上任的酒店经理。

第一节 酒店的组织架构

001 大型酒店的组织架构

大型酒店规模较大、分工较细，部门也相对较多，往往在总经理之下设置副总经理和总经理助理，助理之下再设总监。例如，在营销部经理、客房部经理、餐饮部经理之上再设一个业务副总经理，由其负责对营销部、客房部、餐饮部等部门的事务进行统筹管理。一旦三个部门之间发生问题，则由业务部副总经理出面进行协调。这样安排可以保证部门之间通力合作，确保各项工作顺利开展。大型酒店往往还设有专门的娱乐部门，为客人提供各种娱乐服务，以最大限度地满足客人的各种需求。

大型酒店的组织架构示例如图1-1所示。

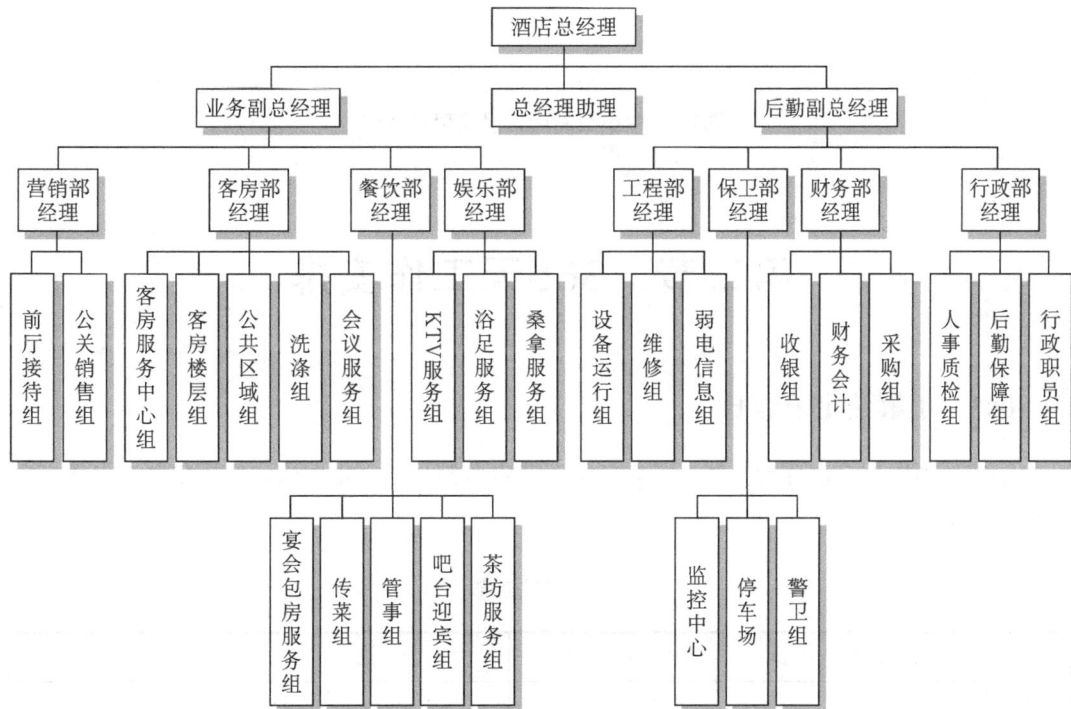

图1-1 大型酒店的组织架构示例

002　中小型酒店的组织架构

中小型酒店的功能相对单一，组织架构较为简单，一般由总经理直接领导各部门开展各项业务。中小型酒店的部门设置也相对简单，有些甚至没有设立专门的营销部来招揽客人。

中小型酒店的功能主要集中在餐饮和住宿两个方面。中小型酒店的组织架构示例如图1-2所示。

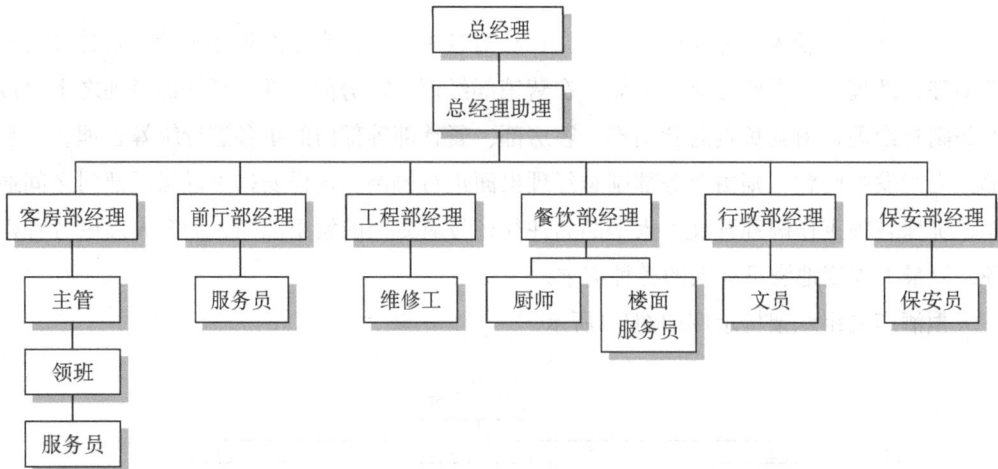

```
                            总经理
                              |
                           总经理助理
                              |
  ┌──────────┬──────────┬──────────┬──────────┬──────────┬──────────┐
客房部经理  前厅部经理  工程部经理  餐饮部经理  行政部经理  保安部经理
  |          |          |          |          |          |
 主管       服务员      维修工    厨师  楼面    文员       保安员
  |                           服务员
 领班
  |
 服务员
```

图1-2　中小型酒店的组织架构示例

第二节　365天工作安排

003　了解法定节假日

酒店经理要想合理分配时间，就必须了解法定节假日。一年中法定节假日共有11天，具体如表1-1所示。

表1-1　国家法定节假日

序号	节假日名称	放假天数	日期
1	新年	1天	1月1日
2	春节	3天	农历正月初一、初二、初三

序号	节假日名称	放假天数	日期
3	清明节	1天	农历清明当日
4	劳动节	1天	5月1日
5	端午节	1天	农历端午当日
6	中秋节	1天	农历中秋当日
7	国庆节	3天	10月1日、2日、3日

004　准确计算工作时间

工作时间也称法定工作时间，是指按照国家法律规定，劳动者为企业工作或生产的最长时间。如果超过法定工作时间，劳动者有权拒绝；如果劳动者接受，企业必须支付加班费用。

1．工作时间计算

年工作日：365天－104天（休息日）－11天（法定节假日）＝250天。

季工作日：250天÷4＝62.5天。

月工作日：250天÷12＝20.83天。

2．有效工作时间

有效工作时间就是员工直接用于完成规定的生产任务或作业所消耗的时间。在通常情况下，员工的上班时间为8小时，但员工的有效工作时间往往达不到8小时，要扣除准备和结束工作的时间、劳动者自然需要的中断时间或处理个人私事的时间。

005　采用阶段工作法

酒店经理可以采用阶段工作法对一年的工作进行具体安排。这里所说的阶段指的就是一日、一周、一月、季度和年度五个不同阶段。酒店经理应对每天、每周、每月、每季度和每年度的工作事项进行安排，具体如表1-2所示。

表1-2　酒店经理不同阶段的工作安排

阶段	工作事项
一日	（1）制订当日工作计划 （2）做好每日形象自检 （3）做好每日巡视工作

（续表）

阶段	工作事项
一日	（4）用表格与表单进行管理 （5）制定店内促销的相关政策和办法 ……
一周	（1）制订本周工作计划 （2）主持部门经理周例会 （3）做好VIP客人接待工作 （4）做好酒店日常安全管理工作 （5）做好酒店消防安全管理工作 （6）做好酒店卫生质量管理工作 （7）做好每周工作小结 （8）做好每周自我反思 ……
一月	（1）制订当月工作计划 （2）制定每月排班表 （3）做好酒店员工培训工作 （4）征求客人的意见与建议 （5）做好例行会议管理工作 （6）做好成本控制工作 （7）做好月度员工绩效考核工作 （8）编写月度工作总结 ……
季度	（1）制订本季度工作计划 （2）受理员工离职 （3）做好酒店新员工招聘工作 （4）做好员工薪酬管理工作 （5）举行季度员工生日会 （6）举行季度消防演习 （7）做好酒店公共关系管理工作 ……
年度	（1）编写年度工作总结 （2）制订下一年度工作计划 （3）制定酒店年度预算 （4）制定年度活动方案 （5）组织开展店庆活动 （6）组织开展年度优秀员工评选活动 （7）做好酒店文化建设工作 （8）制定酒店安全责任书 （9）做好酒店员工年终绩效考核工作 ……

第二章 酒店经理岗位须知

导读 >>>

　　酒店经理岗位须知主要包含两部分内容，分别是岗位要求和工作内容。岗位要求描述了酒店经理的任职资格，只有符合这些要求，酒店经理才能胜任该工作；工作内容描述了酒店经理的主要工作事项，这些都是酒店经理必须了解和掌握的。

　　Q先生：A经理，一名合格的酒店经理应该达到怎样的标准？

　　A经理：你要具备良好的个人形象、职业道德和心理素质，同时还要具有丰富的专业知识和较强的个人能力，只有这样才能胜任这份工作。

　　Q先生：我刚刚入职，还不清楚酒店经理应该做哪些工作，您能教教我吗？

　　A经理：酒店经理的工作千头万绪，但具体来说可分为两大部分，分别是日常管理工作和专业管理工作。前者是指制订工作计划、汇报工作与下达指示等；后者则是每天要完成的专业事务，如楼面作业管理、厨房事务管理等。

第一节 酒店经理的岗位要求

006 个人形象要求

酒店属于面向大众的服务行业，作为酒店经理，若没有良好的个人形象，即使再有能力、管理得再好，也会让他人对自己的整体评价大打折扣，从而影响自己在下属心目中的形象和地位。酒店经理的个人形象要求包括穿着服饰、言谈举止、神态等方面，具体说明如表2-1所示。

表2-1 酒店经理的个人形象要求

序号	形象素质	具体说明
1	穿着服饰	大方、整洁是酒店经理着装的基本原则。无论穿什么风格和款式的服装，都要确保衣着雅致美观、外表整洁端庄
2	言谈举止	言谈举止能直接体现一个人的文化水准、性格特征、内在修养等，酒店经理代表着整个酒店的形象，因此在任何场合都要举止得体、谈吐文雅
3	神态	(1) 酒店经理的神态应该自然、温和、稳重，使人感到亲切、值得信赖。 (2) 在日常事务交往中，酒店经理一般采用"公事凝视"，给人以郑重、严肃的感觉。 (3) 面对下属时，酒店经理应使自己的神态亲切和柔和一些，以减轻对方的压力，拉近双方之间的距离

007 心理素质要求

酒店经理应该具备过硬的心理素质，其具体要求如图2-1所示。

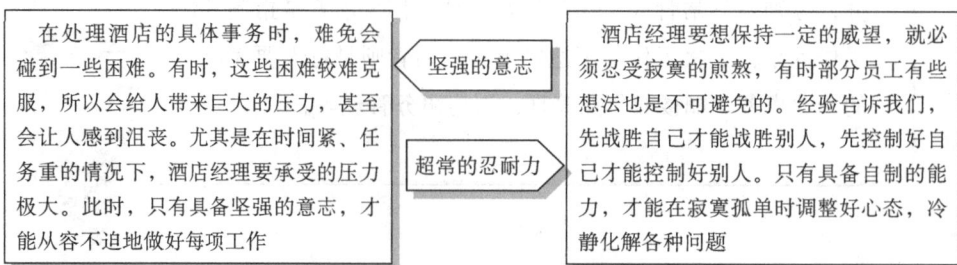

在处理酒店的具体事务时，难免会碰到一些困难。有时，这些困难较难克服，所以会给人带来巨大的压力，甚至会让人感到沮丧。尤其是在时间紧、任务重的情况下，酒店经理要承受的压力极大。此时，只有具备坚强的意志，才能从容不迫地做好每项工作

坚强的意志

超常的忍耐力

酒店经理要想保持一定的威望，就必须忍受寂寞的煎熬，有时部分员工有些想法也是不可避免的。经验告诉我们，先战胜自己才能战胜别人，先控制好自己才能控制别人。只有具备自制的能力，才能在寂寞孤单时调整好心态，冷静化解各种问题

图2-1 酒店经理的心理素质要求

008　个人能力要求

酒店工作涉及面广，既复杂又琐碎，这就需要酒店经理具备表2-2所示的几项能力。

表2-2　酒店经理的个人能力要求

序号	能力	具体要求
1	计划能力	计划能力是指通过预先思考制订出周详的计划、策略、方案、程序及目标等的能力。拥有良好的计划能力，工作效率就会得到大幅度提升。酒店经理计划工作的内容如下。 （1）确定工作方针，编制实施方案。 （2）确定工作目标。 （3）改善工作流程和方法等
2	组织能力	组织能力是指管理人员通过建立适当的系统来协调内部的人力和物力资源、提升工作效率，以达到预定管理目标的能力，其具体内容如下。 （1）设定酒店各部门的职责及权限。 （2）明确酒店各岗位的工作范围及任务。 （3）配置与利用酒店各项人力和物力资源。 （4）协调酒店与其他组织之间的关系并与其开展合作等
3	人事管理能力	人事管理能力是指挑选、培训、考核、激励员工以及与员工沟通等方面的能力。酒店经理必须知道如何指挥下属开展工作、如何下达指示、如何督办工作、如何汇报工作、如何主持会议等。酒店经理还要掌握考核和激励员工的方法，以充分调动员工的工作积极性
4	领导能力	领导能力是指引导团队成员实现团队目标的能力，主要包括引导、授权、关系管理和执行管理等。但要注意，指挥和影响下属不能只靠发号施令，还需要培训及激励。其具体内容如下。 （1）带领员工为公司的利益而工作。 （2）评价员工工作表现。 （3）维持工作纪律。 （4）处理员工抱怨等
5	控制能力	控制能力是指按照事先设定的计划和指示把控工作进度，发现偏差时立即进行适当的修正（如监督下属工作、控制酒店成本、纠正错误、衡量下属的工作成绩、向上司反映工作上的困难以寻求支持与帮助等），以确保工作目标顺利实现的能力

009　职业道德要求

酒店经理的职业道德要求主要有以下几点：

（1）遵纪守法，廉洁奉公；

（2）敬业爱岗，忠于职守；

（3）团结协作，顾全大局；

（4）不卑不亢，一视同仁；

（5）真诚公道，信誉第一。

第二节　酒店经理的工作内容

010　日常管理工作内容

酒店经理的日常管理工作包括制订工作计划、汇报工作、下达指示、进行有效授权、团队管理、日常沟通管理、个人形象自检以及自我反思等，具体如表2-3所示。

表2-3　酒店经理日常管理工作内容

序号	工作	具体内容
1	制订工作计划	酒店经理的首要任务是制订清晰、有效的工作计划，如长期的战略规划和短期的年度培训计划、人员招聘计划、年度预算等
2	汇报工作与下达指示	汇报工作与下达指示是酒店经理日常管理工作的一个重要组成部分，也是其必须掌握的基本管理技能。酒店经理要学习汇报工作与下达指示的各种方法，并在工作中熟练运用
3	进行有效授权	酒店经理在授权时必须对自己的职位和职责有一个明确认识，按照责任大小对工作进行分类排序，亲自对工作中较为重点的部分进行监控，其他工作可授权给他人来完成，但要注意对授权对象进行督导
4	团队管理	酒店经理在团队中扮演着领导的角色，其主要任务和职责就是与员工一起制订计划，召开团队会议，修正员工在工作中出现的错误，担负起管理整个团队的责任，确保最终实现团队目标
5	日常沟通管理	沟通是开展工作的前提，没有沟通，酒店经理就很难有效开展日常管理工作。酒店经理要充分认识到沟通的重要性，若在沟通过程中出现问题要及时解决
6	个人形象自检	要想做好酒店管理工作，酒店经理首先要做好个人形象自检。没有良好的个人形象，酒店经理就很难树立个人威信，也就无法带领团队取得更好的成绩
7	自我反思	酒店经理应该定期或不定期进行自我反思，并如实记录反思结果，以便及时改进

011　专业管理工作内容

酒店经理的专业管理工作涉及酒店管理各个方面的具体事项，如前厅事务管理、酒店餐饮管理等，具体如表2-4所示。

表2-4　酒店经理专业管理工作内容

序号	工作	内容具体
1	前厅事务管理	前厅是酒店的窗口，前厅服务的质量直接影响着客人对酒店的印象，同时也影响着酒店的收入。因此，酒店经理必须在前厅部主管的配合下，做好各项前厅事务的管理工作
2	客房服务管理	客房服务的质量不仅直接影响着客人对酒店的印象，还会影响酒店内部的工作环境与气氛。因此，客房管理是酒店经理的重点工作内容
3	酒店餐饮管理	酒店经理应指导员工按照规范化的服务程序和服务标准，采用科学合理的服务方法和服务技巧，及时为客人供餐，满足不同客人对餐饮的各种需求，提高客人对酒店的满意度
4	营销事务管理	要想更快、更好地销售酒店产品，如客房、酒水等，酒店经理就必须做好营销管理工作。积极开展营销工作，不仅能提高酒店的知名度，还能吸引更多客人入住酒店、消费酒店的产品，进而为酒店带来更多的收益
5	酒店财务管理	为了加强对酒店收入环节的控制，杜绝收入流失，同时满足酒店经营管理的需要，酒店经理一定要做好财务管理工作，包括酒店收入控制、融资管理、投资管理及税务管理等
6	人力资源管理	员工是企业的最大财富，是开展各项活动的第一要素。酒店经理应熟悉和掌握人力资源管理的各项内容，并指导人力资源部做好相关工作
7	日常巡视与值班管理	日常巡视与值班管理是酒店经理的常规工作，酒店经理必须做好这两项工作，确保酒店有一个安全的经营环境
8	酒店日常安全管理	酒店安全是指酒店所涉及范围内的所有人、财、物的安全，酒店安全是确保酒店各项工作正常开展的基础和前提。酒店经理要从多个方面入手，做好酒店的安全管理工作
9	消防安全管理	作为酒店的主要负责人，酒店经理承担着各项安全管理工作的重任，尤其是消防安全管理。因为一旦发生消防事故，不仅会给酒店和客人带来重大损失，也会对酒店的声誉产生重大负面影响
10	突发事件处理	在酒店管理工作中，有些隐患不易提前发现，也就很难在事先加以防范，因此突发事件和危机的发生也就在所难免。酒店经理应及时而有效地处理突发事件，降低事件造成的危害，减少酒店受到的损失，消除其对酒店产生的不良影响

（续表）

序号	工作	内容具体
11	物资与设备管理	酒店的正常运营离不开各类物资与设备，酒店经理必须严格管理酒店的物资与设备，避免不必要的损耗和破坏，控制酒店经营成本
12	酒店成本控制	要想做好成本控制工作，酒店经理首先要了解和掌握各种成本控制方法，如预算控制法等
13	公共关系管理	酒店经理每天都要同许多机构打交道，如政府部门、行业协会、新闻媒体等。为了使酒店能够正常运营，酒店经理必须与这些能对酒店产生重大影响的机构建立良好的关系，做好公共关系管理工作

第二部分

管理技能

第三章　基本管理技能

导读 >>>

　　基本管理技能是酒店经理在日常管理工作中需要用到的一系列管理技能，如制订工作计划、进行有效授权、开展沟通工作等。只有掌握了这些基本管理技能，酒店经理才能高效地开展工作。

　　Q先生：A经理，最近我在工作中遇到一点问题，那就是不知道该怎么向下级下达指示。

　　A经理：首先你要摆正位置、放平心态，不要因为自己担任酒店经理就傲慢自大、颐指气使，这会令下级产生反感情绪；其次，你还要掌握一些下达指示的技巧，让下级心甘情愿地接受你的指示。

　　Q先生：好的，我明白了。您能教我一些授权和沟通的技巧吗？

　　A经理：授权不是一项简单的工作，你要掌握科学的授权方法，避免踏入授权的误区，同时要做好团队管理工作。沟通分很多种，如上行沟通、下行沟通和平行沟通，你要根据不同的情况采用相应的技巧。

第一节 制订工作计划

012 工作计划的格式

工作计划的格式一般包含下列几个要素。

(1) 工作计划的名称,包括制订计划的部门和计划期限两个要素,如"××酒店××年××月工作计划"。

(2) 工作计划的具体要求,一般包括工作的目的和要求、工作任务和指标以及实施的步骤和措施等,也就是为什么做、做什么、怎么做、做到什么程度。

(3) 制订工作计划的日期。

013 工作计划的内容

酒店经理要想提高管理效率,就必须做好计划工作。工作计划的内容可用"5W1H"来概括,具体如图3-1所示。

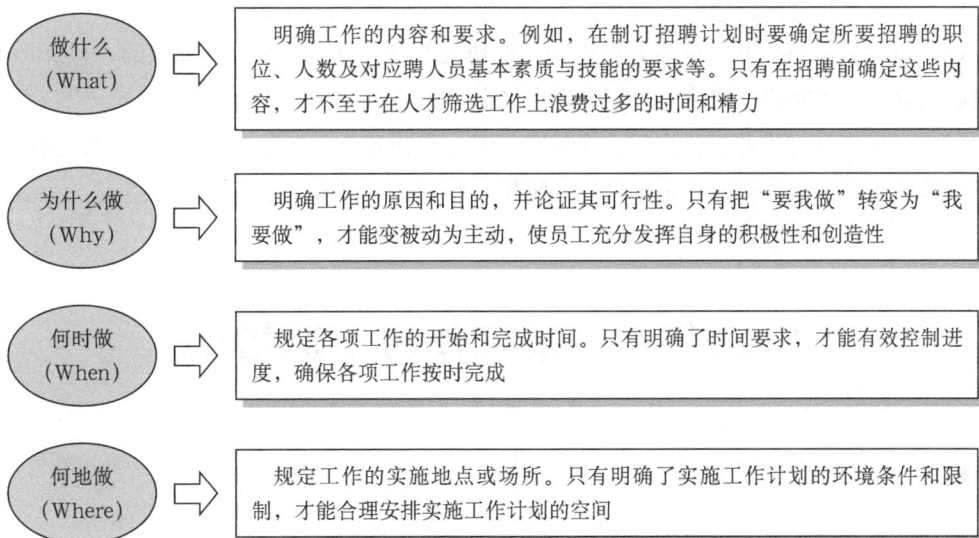

做什么 (What)	⇒	明确工作的内容和要求。例如,在制订招聘计划时要确定所要招聘的职位、人数及对应聘人员基本素质与技能的要求等。只有在招聘前确定这些内容,才不至于在人才筛选工作上浪费过多的时间和精力
为什么做 (Why)	⇒	明确工作的原因和目的,并论证其可行性。只有把"要我做"转变为"我要做",才能变被动为主动,使员工充分发挥自身的积极性和创造性
何时做 (When)	⇒	规定各项工作的开始和完成时间。只有明确了时间要求,才能有效控制进度,确保各项工作按时完成
何地做 (Where)	⇒	规定工作的实施地点或场所。只有明确了实施工作计划的环境条件和限制,才能合理安排实施工作计划的空间

| 谁去做
（Who） | ⇨ | 规定由哪些部门和人员去实施工作计划。例如，组织消防演习时，酒店经理要安排好消防组织结构，并确定每个阶段的责任部门和协助配合部门、责任人和协作人等 |

| 如何做
（How） | ⇨ | 规定实施工作计划的步骤、流程和具体方法等。只有明确以上内容，才能对酒店资源进行合理调配，对各部门权责进行科学分配，并对各种派生计划进行综合平衡等 |

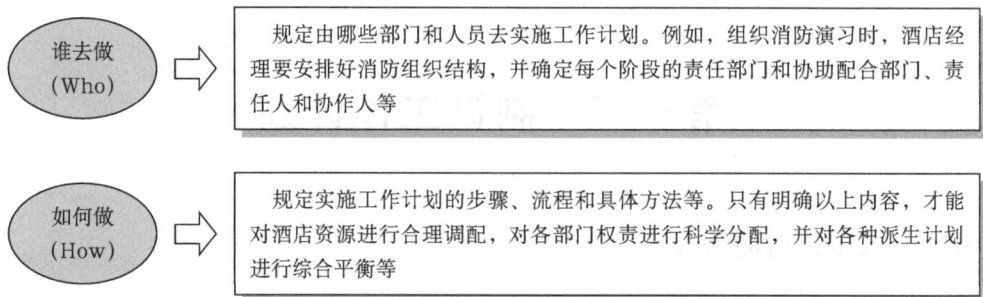

图3-1　工作计划的内容

014　工作计划的制订步骤

工作计划的制订步骤如下。

（1）认真学习和研究相关法律法规，确保制订出来的工作计划不违反相关法律法规。

（2）认真分析本酒店的具体情况，这是制订计划的依据和基础。

（3）根据本酒店的实际情况确定工作方针、工作任务、工作要求，再据此确定工作的具体办法、措施以及步骤。

（4）根据工作中可能出现的偏差、缺点、障碍、困难，确定防范或应对的办法和措施，以免发生问题时陷入被动。

（5）根据工作任务的需要，合理调配酒店资源并明确各部门分工。

（6）将计划草案交酒店全体人员讨论。计划是要靠所有员工来共同完成的，只有正确反映他们的要求，才能使计划成为大家自觉为之奋斗的目标。

（7）计划制订完成并经批准后，全体员工都要坚决贯彻执行。在执行过程中，酒店经理可根据具体情况对计划加以补充、修订，使其更加完善、切合实际。

第二节　汇报工作与下达指示

015　向上级汇报工作

酒店经理在向上级汇报工作时应注意以下几点。

（1）遵守时间，不可失约。酒店经理应树立守时观念，不要过早抵达，以免上级未做好相应准备；也不要迟到，以免让上级等候过久。

（2）轻轻敲门，经允许才能进门。不可未经允许就破门而入，即便门开着，也要用适当的方式告诉上级有人来了，以便上级及时调整体态、心理。

（3）要注意仪表、姿态，确保文雅大方、彬彬有礼。

（4）汇报时要吐字清晰、语速适当、语调平缓。

（5）当上级不注意礼仪时不可冲动，仍然要坚持以礼相待，也可通过以身示范来暗示上级纠正错误，或者直言相告，但要注意表达方式。

（6）汇报结束后，如果上级谈兴犹在，不可有不耐烦的态度或神情，在上级表示结束后才可以告辞。

（7）告辞时要整理好自己的材料、茶具、座椅等，当领导送别时要主动说"谢谢"或"请留步"。

016　听取下级汇报

酒店经理在听取下级汇报时要注意以下几点。

（1）应守时。如果已约定时间，应准时等候。如有可能，可稍提前一点时间，并做好相应准备。

（2）应及时招呼汇报者进门入座，不可态度傲慢、盛气凌人。

（3）要善于倾听。当下级汇报工作时要认真倾听，并与之保持目光交流，鼓励下级积极地提出自己的想法和见解。

（4）应适当反馈。如果有不清楚的问题应及时提出来，要求汇报者重复或解释，也可以适当提问，但要注意所提的问题不能打消对方汇报的兴致。不要随意批评、拍板，要先思而后言。

（5）听取汇报时不要有不礼貌的行为。希望下级结束汇报时，可以通过适当的体态语或用委婉的语气来提示对方，不能粗暴打断。

（6）当下级告辞时，应站立相送。如果汇报人数不多，还应送至门口，并亲切道别。

017　下达指示

作为酒店的主要管理者，酒店经理经常要下达指示。有些酒店经理对此项技能不以为然："不就是下命令吗，那还不简单？"请你考虑一下，自己是否曾这样下过指示：

"把招聘文件整理完送给我看一下！"

"把培训计划拿给我看一下！"

如果你经常这样下指示，那现在请你从执行者的角度去想想，收到这样的指示，你会按照指示去执行吗？能达到指示的要求吗？可能大多数人的答案都是"不会"，为什么呢？因为很难听懂指示的真正含义。如果你是新人，接到这样的指示，恐怕更是一头雾水、无从着手。

在下达指示时，酒店经理要注意以下几个问题。

（1）下达指示时可采用当面谈话、电话、书面通知、托人传递等方式，其中最直接有效的方式是当面谈话。要求下属完成高难度项目时，应把奖励和处罚措施都说清楚，以激励下属努力完成工作。

（2）下达指示、命令之前，可以先向下属询问一些相关的问题，通过下属的回答来了解其对所谈话题的感兴趣程度和理解程度，然后把自己的真实意图表达出来。

（3）除了绝对机密情报，应对下属说明发出该指示的原因。

（4）如果需要更正已发出的指示，应对下属说明更正的原因或理由。如果不加任何说明，极容易引起下属的不满，甚至导致其消极对待工作。

（5）尽量当面下达指示，必要的时候要亲自示范，还可以让下属将指示复述一遍，以确认下属真正听清楚、理解了。

另外，双方最好能将指示记录在工作日记本中，这样既便于下属记忆和传达指示，又便于酒店经理检查与监督指示的执行情况。

第三节　进行有效授权

018　明确授权要素

授权是指主管将职权或职责授给某位下属，由其代为完成管理性或事务性的工作。授权包含工作指派、权力授予及责任担当三个要素，具体如表3-1所示。

表3-1　授权的三个要素

序号	要素	具体内容
1	工作指派	酒店经理在指派工作时，除了要向员工交代清楚工作性质与工作范围，还要让员工了解应取得什么样的工作绩效。并不是所有工作都能指派给员工完成。例如，目标的确立、政策的研拟、员工的考核与奖惩等工作都必须由酒店经理亲自去做，不得授权他人
2	权力授予	酒店经理在授权时应注意权责统一，授予员工的权力应以刚好能够完成指派的工作为限度。倘若授予员工的权力过小，则指派的工作将无法完成；反之，倘若授予员工的权力过大，则会导致权力失衡
3	责任担当	酒店经理向员工授权，就意味着员工承担了与权力对等的一份责任，这就是员工的责任担当。另外，酒店经理对所授权员工也有一种责任担当，即当该员工无法完成工作或错误地执行了工作指令时，酒店经理要承担相应的责任

019　避免踏入授权误区

授权是一种可以令员工边做边学的在职训练，这种在职训练可以增强员工的归属感与满足感。许多酒店经理明明非常了解授权的好处，却视授权为畏途，不敢轻易对员工授权，其主要原因如表3-2所示。

表3-2　不敢授权的原因

序号	原因	具体内容
1	担心员工做错事	担心员工做错事的酒店经理实际上对员工缺乏信心。员工难免会做错事，若酒店经理能予以适当的训练与培养，他们做错事的可能性必然会降低。授权是一种在职训练，酒店经理不能因为害怕员工做错事而不授权给员工，而应提供充分的训练机会来提升员工的能力，让员工在学习中成长
2	担心员工工作表现太好	有些酒店经理因担心员工锋芒太露或"功高震主"而不愿授权给员工。其实，员工良好的工作表现可以反映出酒店经理知人善任与领导有方，从侧面说明酒店经理具备良好的管理能力
3	担心丧失对员工的控制	只有领导力薄弱的酒店经理才会在授权之后失去对员工的控制。在授权的时候，若酒店经理能划定明确的授权范围，注意权责相称，并建立追踪制度，就不用担心权力失衡
4	不愿放弃得心应手的工作	基于惯性或惰性，许多酒店经理往往不愿将得心应手的工作授权给员工完成。另外，有许多酒店经理以"自己做比费唇舌去教导员工做更省事"为理由而拒绝授权给员工

（续表）

序号	原因	具体内容
5	找不到合适的授权对象	每一位员工都具有一定的可塑性，因此均可通过授权予以塑造。如果真的找不到一位可以授权的员工，那才真正是酒店经理的过失，因为这说明酒店经理并没有把员工的招聘、培训与考核工作做好

020 掌握必要的授权方法

1. 授权的步骤

授权分为作出授权决定、交代情况和跟踪了解三个步骤（见表3-3），酒店经理要对每一步可能发生的情况有所预料。

表3-3 授权的步骤

序号	类别	具体内容
1	作出授权决定	授权应该是有回报的。员工一旦掌握了完成某项工作的技能，日后不需重复交代就能很好地完成这些工作，酒店经理就可以一劳永逸了
2	交代情况	要向员工交代情况，并确保员工已经完全理解了授权内容——应该做什么、什么时候完成及完成到什么程度等
3	跟踪了解	在被授权员工工作的过程中，酒店经理要检查工作的质量，并积极提供反馈意见，但要谨防把事情做过头，因为有效监督与过分干预之间只有一线之隔

2. 全面授权

酒店经理授权员工完成某项任务的时候，除了要清楚地交代工作任务，还必须提供完成此项任务所需的全部信息。为了避免员工产生误解，酒店经理必须解释清楚自己要的是什么，说明这项任务会对自己的工作产生怎样的影响，并与员工讨论可能会碰到的困难和应采取的措施，还要在工作进行过程中解答员工提出的疑问。

3. 强化被授权者的职责

授权意味着把任务的控制权交给了别人，也意味着把这项任务的职责交给了别人。因此，酒店经理在授权前应与员工讨论工作标准、工作目标及工作责任，使下属明确自己的责任范围和权限范围，确保权责对应、权责统一。

第四节　团队管理

021　团队管理的基本要点

团队管理的基本要点如表3-4所示。

表3-4　团队管理的基本要点

序号	要点	内容
1	制定完善的规章制度	没有规矩，不成方圆。没有完善的规章制度，一个组织就很难健康发展、正常运转。规章制度包含很多种，如纪律条例、组织条例、财务条例、保密条例和奖惩制度等。完善的规章制度是一个组织不断发展壮大的基础和前提
2	树立明确的共同目标	酒店经理应为团队设定一个共同的目标，设定目标时要注意以下几点。 （1）目标要具体、可衡量。 （2）要设立完成目标的最后期限，并兼顾挑战性和可实现性。 （3）设定团队目标时，要考虑团队各成员的个人目标
3	及时提供信息	员工在工作当中会遇到信息不充分或不对称的情况，这就要求酒店经理能及时为员工提供相应的信息，以便其更好地为客人提供服务
4	营造积极进取、团结向上的工作氛围	假如缺乏积极进取、团结向上的工作氛围，团队成员的力量就很难凝聚在一起，团队目标也就不可能达成。酒店经理应通过以下几项措施来营造良好的工作氛围。 （1）奖罚分明。对工作成绩突出者给予奖励，对出工不出力者给予相应的惩罚。 （2）让每一位成员都承担一定的压力，并帮助他们将这种压力转变为实现目标的动力。 （3）在生活中多关心、照顾团队成员，让大家都能感受到团队的温暖
5	培养良好的沟通能力	由于每个人的知识结构和能力存在差别，所以对同一问题的认识也不相同，而良好的沟通能力是解决这一问题的金钥匙。酒店经理应重点培养团队成员的沟通能力，以免因内部协作问题而影响团队绩效

022　团队建设的措施

酒店经理进行团队建设时应采取以下措施。

（1）珍惜人才。热忱投入、出色完成本职工作的人是团队最宝贵的资源和资本。

（2）尊重人。为优秀的人才创造一个和谐、能激发工作热情的工作环境，这是上至经理下至部门主管一切工作的核心和重点。

（3）尊重每一位员工的个性，尊重员工的个人意愿，尊重员工的选择权利，为员工提供良好的工作环境，营造和谐的工作氛围，倡导简单、真诚的人际关系。

（4）打造、培养自己的团队，持续培养专业的、富有激情和创造力的队伍，让每一位员工都成长为全面发展、能独当一面的综合型人才。

（5）倡导健康的生活方式，鼓励所有员工在工作之余追求身心健康、家庭和谐以及个人生活的极大丰富。

（6）鼓励各种形式的沟通，提倡信息共享，帮助每一位员工以空杯心态增强自己的学习能力，迅速提升自己各方面的工作技能和综合素质。

第五节　日常沟通管理

023　常见的沟通方式

常见的沟通方式如表3-5所示。

表3-5　常见的沟通方式

序号	沟通方式	具体内容
1	书面语言沟通	以报告、备忘录、信函等文字形式进行沟通。采用文字形式进行沟通的原则如下。 （1）文字要简洁，尽可能使用简单的语言表达自己的想法。 （2）如果文件内容较多，则应在文件之前加目录或摘要。 （3）合理安排结构顺序，将最重要的内容放在最前面。 （4）要有一个清晰、明确的标题
2	口头语言沟通	以口头语言进行面对面的沟通。采用这种沟通方式时需要沟通者掌握有效沟通的几个要点，如自信、发音清晰、逻辑性强、心态良好、幽默、机智、友善等
3	非语言沟通	以非语言的方式进行沟通，包括眼神、面部表情、手势、体态和其他肢体语言等

024　常见的沟通障碍

常见的沟通障碍一般来自三个方面，即传送方、接收方及传送渠道，如表3-6所示。

表3-6　常见的沟通障碍

障碍来源	传送方	传送渠道	接收方
主要障碍	（1）用词错误，词不达意 （2）咬文嚼字，过于啰唆 （3）口齿不清 （4）只会说不会听 （5）态度不正确 （6）反应不灵敏	（1）经他人转达而产生误会 （2）环境选择不当 （3）沟通时机不当 （4）有人故意进行破坏、挑拨	（1）听不清楚对方的话 （2）只听自己喜欢的部分 （3）对传送方有偏见 （4）光环效应 （5）情绪不佳 （6）没有听出对方的言外之意

025　通过沟通达成共识

酒店经理与员工沟通时不仅要向对方表明自己的态度和想法，还要欢迎并感谢对方提出不同意见或建议。只要员工愿意说出自己的意见或建议，不论是正面的还是反面的，都是好事。一方面，酒店经理可以倾听员工内心真正的声音；另一方面，即使员工对酒店政策有诸多不满，但只要员工愿意说出来，就给了酒店经理一个解释和说服员工的机会。通过沟通达成共识的具体做法如下。

（1）先听后说。

（2）避免做出情绪上的直接反应。

（3）态度诚恳，说话实际。

（4）若沟通后无法达成共识，应予协调；若协调未果，应进行谈判；若谈判无果，应申诉裁决。

026　上行沟通

遇到问题需要与上级沟通时，最好提前准备好几个备选方案让上级选择，这样做一方面可以节省沟通时间，提高沟通效率，另一方面可以确保问题在自己划定的范围内得到解决。下面列举几个例子供读者参考。

（1）您看是明天上午开会还是下午开会？

（2）这项工作交给张三还是李四更合适呢？

（3）这次公司组织旅游，我们是去 A 市还是去 B 市呢？

这里有一条经验值得借鉴：领导平日工作很忙，但再忙总得吃饭和下班回家，对于那些只需要简单回答"是"或"不是"的问题，可以到公司餐厅或停车场等候领导，抓住一切机会与领导沟通。

027　平行沟通

平行沟通是指并非上下级关系的人员之间的沟通。平行沟通的注意事项如图3-2所示。

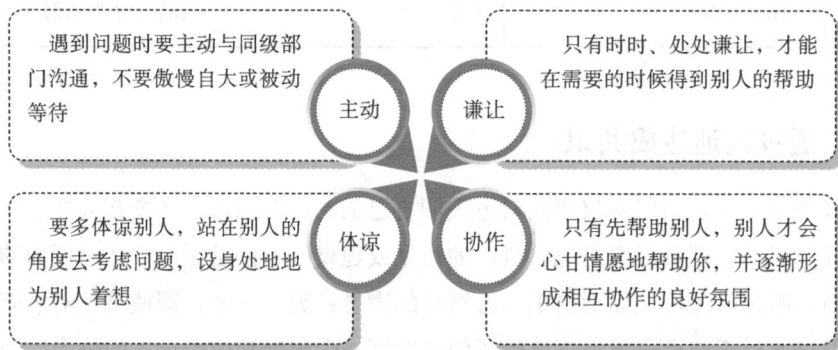

遇到问题时要主动与同级部门沟通，不要傲慢自大或被动等待

主动

谦让

只有时时、处处谦让，才能在需要的时候得到别人的帮助

要多体谅别人，站在别人的角度去考虑问题，设身处地地为别人着想

体谅

协作

只有先帮助别人，别人才会心甘情愿地帮助你，并逐渐形成相互协作的良好氛围

图3-2　平行沟通的注意事项

028　下行沟通

要想与下属进行有效的沟通，酒店经理至少要做到以下三点。

（1）多了解状况。跟下属沟通时，要多学习、多了解、多询问、多做功课。只有把状况了解清楚，下属才会觉得你言之有物，才会心甘情愿地与你沟通。

（2）不要一味责骂。当下属犯错时，要耐心地与下属分析产生问题的原因，帮助其制定改进措施，并将激励与责罚有机地结合起来。

（3）提供方法，紧盯过程。与下属沟通时，重要的是提供方法和紧盯过程。如果你管理过仓库，就告诉他存货是怎么被浪费的；如果你做过财务，就告诉他回款为什么常常有问题。

029　需要立即沟通的情况

当工作中出现表3-7所示的情况时，酒店经理一定要立即与员工进行沟通。

表3-7　需要立即沟通的情况

序号	情况	说明
1	阶段性绩效考核结束之前的绩效沟通	通过绩效沟通让员工认识到自己的优势和不足，并帮助其制订绩效提升计划，以不断提高员工的个人能力和工作绩效
2	员工的工作职责、工作内容发生变化	在这种情况下，首先要向员工解释哪些内容发生了变化，变化的原因是什么，这种变化对酒店有什么好处等；然后征求员工对这种变化的看法；最后要对变化后的工作职责、工作内容进行确认
3	员工在工作中出现重大问题	注意沟通时的语气，向员工表明沟通的目标是解决问题和帮助其改进工作，而不是为了追究责任，希望其能坦诚分析原因
4	员工在工作中表现出现明显的变化，如表现异常优异或非常差	（1）对于表现异常优异的员工，要及时对其表现突出的方面提出表扬，并了解和分析出现变化的原因，以加强和延续这种良好势头。 （2）对于表现非常差的员工，要向其指明表现不佳的现象，询问其是否遇到了什么问题，然后帮助其找出原因和制定改进措施，并在日常工作中提供指导和帮助
5	员工的工资、福利或其他利益发生重大变化	此时要向员工解释变化的原因，不管是增加还是减少，都要说明酒店这么做的依据。尤其是减少时，更要阐述清楚酒店对调整的慎重态度，并表明什么时候会再次作出调整
6	员工提出合理化建议或看法	（1）如建议被采纳，应及时告诉员工并对其进行奖励，明确指出该建议对酒店发展的帮助，对员工提出这么好的建议表示感谢。 （2）如建议未被采纳，也应告知员工建议未被采纳的原因，表明酒店和酒店经理本人对其建议的重视，肯定其对酒店工作的关心和支持，希望其继续提出合理化建议
7	员工之间出现矛盾或冲突	此时要了解和分析引发矛盾的原因，根据双方的出发点、对工作的影响、矛盾的轻重程度等分别与双方进行沟通和调解
8	员工对自己产生误会	酒店经理首先要检讨自己，看自身工作有无不妥或错误之处。如有，则制定改进方案或措施，向员工道歉并说明自己改进的决心，希望其能谅解；如无，则向员工澄清误会

（续表）

序号	情况	说明
9	新员工到岗或员工离开公司	（1）新员工到岗时，酒店经理要与其确定工作职责和工作内容，明确工作要求和自己对其的希望。通过沟通，充分了解新员工的情况，帮助其制订学习和培训计划，使其尽快融入团队中。 （2）员工辞职时，酒店经理要与其进行充分沟通，对其为酒店所作贡献表示感谢，了解其辞职的真实原因和对酒店的看法，便于今后更好地改进工作
10	员工生病或家庭发生重大变故	酒店经理应关心员工的生活，了解和体谅其生活中的困难，并提供力所能及的帮助，培养相互之间的感情，增强员工的归属感，提高员工对公司的满意度

030　掌握倾听的方法

倾听的方法如表3-8所示。

表3-8　倾听的方法

序号	方法	具体运用要点
1	主动、耐心	如果主观上就不愿意去倾听和理解对方，就不可能取得良好的沟通效果
2	保持目光接触	与员工进行目光接触可使自己集中注意力，降低分神的可能性，同时也能鼓励员工大胆发言
3	表现出兴趣	通过非语言信号（如赞许的点头）和适当的面部表情等表示自己正在专心倾听
4	避免分神	在倾听的过程中不要做看表、翻动文件或其他类似的分神动作，这样员工会认为你觉得他的讲话内容无聊
5	换位思考	将自己置于倾听者的位置来理解员工的所见、所感，不要将自己的要求和意志强加到员工身上
6	把握整体	在倾听的过程中要注意一切细节，如果只听词语而忽视其他声音信息和非语言信号，将会漏掉很多细节信息

（续表）

序号	方法	具体运用要点
7	适时提问	分析自己听到的内容并适时提问，确保正确地理解了对方所讲的内容，并向员工表明自己正在倾听
8	复述	遇到含混不清或不太容易理解的内容时，用自己的语言复述对方所讲的内容
9	不随意打断对方	尽量让员工将其想法表达完整，不要试图去揣测员工的思路
10	整合对方所讲内容	一边倾听一边整合，以便更好地理解讲话者的思路
11	不要讲太多	在倾听的过程中要多听少说，说的时候也要抓住重点、言简意赅
12	灵活转换角色	在沟通的过程中，要不断地在讲话者和倾听者两个角色之间相互转换。从倾听者的角度来说，应该关注讲话者所说的内容，在获得发言机会前不要总是去斟酌自己的讲话内容

第四章　自我管理技能

导读 >>>

　　酒店经理除了要掌握基本管理技能，还要做好自我管理工作，即个人形象自检和自我反思。通过形象自检，酒店经理能保持良好的个人形象；通过自我反思，酒店经理可以获知个人失误，及早改进，并取得更大的进步。

　　Q先生：A经理，最近酒店有人说我不该留长指甲，说这会影响酒店形象，是这样吗？

　　A经理：这得根据酒店的具体规定来看。我建议你在每天上班之前，按照酒店规定对自己的形象进行自检，仔细检查你的着装、打扮等是否符合酒店规定。如果不符合规定，就要改正过来。

　　Q先生：前几天我因为一次工作失误与一位同事发生争吵，伤了他的自尊心，我心里很不安，我该怎么办呢？

　　A经理：如果确实是因为你的工作失误而导致争吵的，你应该向你的同事道歉。你可以定期进行自我反思，将自己平时犯的错误仔细记录下来，找出解决方案，并将其应用在实际工作中，这样才能不断取得进步。

第一节　个人形象自检

031　男士形象自检

男士形象自检的内容如表4-1所示。

表4-1　男士形象自检表

序号	项目	检查标准	自检结果
1	头发	(1) 发型简洁大方，不怪异 (2) 头发干净、整洁，长短适宜 (3) 无头屑，无过多的发胶、发乳 (4) 额前头发未遮住眼睛 (5) 鬓角修剪整齐	
2	面部	(1) 胡须已剃净 (2) 鼻毛不外露 (3) 脸部清洁、滋润 (4) 牙齿无污垢 (5) 耳朵干净	
3	手	(1) 干净整洁，无污物、异味 (2) 指甲定期修剪	
4	外套	(1) 与工作环境相匹配 (2) 外套上没有脱落的头发、头皮屑，无灰尘、油渍、汗渍 (3) 衣袋平整，没放太多物品，无棉尘、脏物	
5	衬衫	(1) 领口整洁、挺括 (2) 袖口清洁，长短适宜 (3) 领带平整、端正，款式大方	
6	裤子	(1) 熨烫平整 (2) 裤缝折痕清晰 (3) 裤长合适 (4) 拉链结实，已拉好 (5) 无污垢和斑点	

(续表)

序号	项目	检查标准	自检结果
7	袜	(1) 干净 (2) 每日换洗 (3) 与衣服的颜色、款式相协调	
8	鞋	(1) 上油擦亮 (2) 鞋后跟未磨损、变形 (3) 与衣服的颜色、款式相协调	
9	其他	(1) 面带微笑 (2) 精神饱满	

032　女士形象自检

女士形象自检的内容如表4-2所示。

表4-2　女士形象自检表

序号	项目	检查重点	自检结果
1	头发	(1) 保持干净整洁，有自然光泽，没有太多发胶 (2) 发型大方、得体 (3) 额前头发未遮住眼睛 (4) 未佩戴过多或过于夸张的饰品	
2	面部	(1) 化淡妆 (2) 口红、眼影颜色自然 (3) 脸部清洁、滋润 (4) 牙齿无污垢 (5) 耳朵干净	
3	手	(1) 干净、整洁、无异味 (2) 指甲已修剪整齐，长短合适 (3) 指甲油浓淡合适，无脱落现象	
4	饰品	(1) 与整体穿衣风格相协调 (2) 款式精致，材质优良 (3) 不妨碍正常工作	
5	外套	(1) 与工作环境相匹配 (2) 外套上没有脱落的头发、头皮屑，无灰尘、油渍、汗渍 (3) 衣袋平整，没放太多物品，无棉尘、脏物	

（续表）

序号	项目	检查重点	自检结果
6	衬衫	（1）领口整洁、挺括 （2）袖口清洁，长短适宜 （3）表面无明显的内衣轮廓痕迹	
7	裙子	（1）长短合适 （2）松紧合适，不过于肥大或贴身 （3）拉链结实，已拉好 （4）干净、整洁、无污物	
8	长筒袜	（1）与衣服颜色、款式相协调 （2）干净、整洁，无脱线或抽丝	
9	鞋	（1）干净、整洁，定期上油 （2）款式大方、简洁，没有过多装饰 （3）鞋跟高度合适，走动时不会发出过大声音 （4）鞋后跟未磨损、变形 （5）与衣服的颜色、款式相协调	
10	其他	（1）面带微笑 （2）精神饱满	

第二节　自我反思

033　了解自我反思内容

作为酒店的主要负责人，酒店经理的工作主要是管理，也就是与酒店内外各类人员如领导、各部门经理和员工、媒体机构等沟通交流，完成各项管理工作。

既然是与人交流，就难免会出现沟通不畅或其他问题。例如，与员工沟通时过于急躁，以致发生冲突，伤害了员工的自尊心；或者处理客人投诉时态度太粗暴，导致与该客人之间的关系变得非常恶劣，最后失去了这位客人。因此，酒店经理在日常工作中应经常进行自我反思，改正工作中的错误，弥补自身的短板，不断提升个人综合素质和能力。

034 做好自我反思记录

酒店经理应对自己在工作中出现的问题进行深刻反思，不断提高自己的管理水平。一般来说，酒店经理应每周进行一次全面反思，将反思结果记录下来，并提出解决方案，具体如表4-3所示。

表4-3 自我反思记录表

日期：_____

日期＼内容	个人问题	解决方案
周一		
周二		
周三		
周四		
周五		
周六		
周日		

035 自我反思推广运用

酒店经理要将自我反思的结果如实记录下来，并经常检查这些记录表，不断从中吸取经验教训，以便更好地开展工作。

同时，酒店经理还可以将自我反思方法在酒店内部进行推广，要求员工也采用这种方法来自省其身，促进大家共同进步。

第三部分

专业技能

第五章　智慧酒店建设

导读 >>>

在物联网时代，酒店只有积极地转型、创新，才能获得进一步发展，而建设智慧酒店已经成为许多酒店的选择。

Q先生：A经理，现在有一个新概念叫"智慧酒店"，我朋友任职的一个酒店已经在进行相关的升级改造了。

A先生：智慧酒店是指利用物联网、云计算、移动互联网等新一代信息技术，通过酒店内各类旅游信息的自动感知、及时传送和数据挖掘分析，实现旅游电子化、信息化和智能化，满足客人的个性化需求，提高客人入住酒店的满意度，提升酒店的管理水平，降低酒店的运营成本，帮助酒店达成开源、节流、增效的目的。

Q先生：原来如此。我朋友任职的酒店好像只是改变了一些硬件设施。

A先生：要实现智慧酒店并不是一件容易的事，不仅要改造硬件，还要整合云计算、物联网、移动通信技术和人工智能，只有将这四大技术进行整合、集成应用，才能实现智慧酒店。

Q先生：不管怎么样，这是一个发展趋势，我要多多了解和学习。

第一节　智慧酒店的功能与建设内容

036　智慧酒店的功能

很多酒店都在推进智能化建设。作为直接向客人提供服务的场所，酒店应充分考虑客人的个人隐私、个性化需求，使其感受到高科技带来的舒适和便利。同时，酒店还要考虑物耗、能耗、人员成本，使其降到最低，以创造更多效益。

1. 智能门禁系统

智能门禁安全管理系统是新型安全管理系统，它集自动识别技术和现代安全管理措施为一体，涉及电子、机械、光学、计算机、通信、生物等诸多新技术。它是实现重要部门出入口安全管理的有效工具。

2. 智能取电开关

智能取电开关是指通过采集取电开关卡片中的信息实现插卡取电、拔卡断电等操作，未经授权的卡无法取电。

3. 交互视频体系

酒店引进交互式的视频技术，既可以提高效率，又可以降低管理成本。

4. 计算机网络体系

入住酒店的多为商旅人士，该群体对计算机的需求很强烈。客房需配备计算机，满足客人上网、收发邮件等需求。

5. 展示体系

展示体系分为两类，一类是向客人展示酒店的资料与服务，如酒店的发展历程、分支网络、企业文化、酒店服务、特色菜系等；第二类是向客人展示当地特产、风土人情等。

6. 互动体系

互动体系能让客人在客房内与前台服务员进行互动。例如，前台服务员发布信息后，客人立刻就能在客房内查看，客人也可以在房间内点餐、订票、租车、退房等。

7. 信息查看体系

客人可在房间内查询信息，如天气、航班动态、列车时刻、轮船时刻、客车时刻、市区公交线路、高速路况、市区路况等。

037 智慧酒店的建设内容

1. 快捷预订服务

通过智慧酒店App，用户可以查找当前区域内所有酒店的信息，然后根据酒店信息随时选择酒店、房型、入住时间和离开时间。

2. 酒店及客房实景展示

用户通过智慧酒店App的远程实景查看功能，可以远程查看酒店大堂、客房的真实环境，也可以远程呼叫酒店服务人员进行语音通话，面对面地预订酒店。

3. 精准导航

声波感知仪具有高精度的定位和导航能力，其定位精度高度为1.5～2米。酒店可以将其部署在酒店的不同区域。

(1) 声波感知仪应用在酒店停车场

当用户将爱车开入停车场入口时，智慧酒店App收到声波感知仪发送的数据，就会显示路线，指引用户将爱车停到指定位置。当用户要将爱车开走时，打开智慧酒店App即可轻松、快捷地找到自己的爱车。

(2) 声波感知仪应用在酒店内部

当用户进入自己预订的酒店时，只需使用智慧酒店App获取声波感知仪发送的数据，即可根据App指示的导航路线找到自己预订的酒店。智慧酒店App可以提供酒店内公共及娱乐区域的精确导航服务，使用户享受便捷服务。

4. 移动快捷支付

用户通过智慧酒店App选择好入住的酒店后，只需将手机接触POS设备即可看到相关的预订信息及需要支付的金额，用手机二次接触POS设备即可完成支付。

5. 移动呼叫服务

传统的呼叫服务要通过一系列复杂的流程才能实现，而智慧酒店App可通过移动终端为客人提供服务，这样一来就大大提升了客人对酒店服务的满意度。

6. 电子会员卡

电子会员卡取代了传统的会员卡，让客人的手机变成了一张移动的电子会员卡。

7. 声波门闸

酒店可利用声波感知仪设备打造智慧门闸，客人只需下载并安装智慧酒店App，即可通过智慧酒店App开启酒店门闸。

8．数据整合营销平台

（1）大数据收集。

①统计人流量：通过App，酒店管理者可以统计人流量。

②收集用户信息：通过App，酒店管理者可以收集客人信息，以此开展营销分析。

③统计顾客服务量：通过App，酒店管理者可以统计服务量，以便调整客服人员的配置。

④收入统计：通过App，酒店管理者可以统计酒店的收入情况。

（2）大数据分析：通过分析顾客数据（如来访时间、查看哪类客房等信息），从而为酒店二次营销和精准营销提供精确的数据。酒店可以根据分析结果向特定客户或常客推出不同的促销活动。

9．智能化的运营管理

（1）上网流量管理：管理酒店内客人连接 Wi-Fi 上网的流量，并可随时屏蔽和开通。

（2）互动营销管理：利用智慧酒店 App 开展多样化的互动活动，向顾客发放含有酒店象征性元素的纪念品，以实现宣传酒店、吸引更多的顾客光顾、带动酒店效益提升等目的。

（3）优惠券、会员卡管理：根据酒店的会员卡和积分规则来设计会员卡和优惠券管理、发放、使用规则。

第二节　智慧酒店建设的实施

038　常规设施建设

智慧酒店能为客人提供个性化服务，是因为引入了诸多先进的信息技术，这些技术的实现离不开常规设施建设，具体如表5-1所示。

表5-1　常规设施建设

序号	建设内容	具体说明
1	网络与通信系统	（1）网络。酒店应实现无线宽带网络全覆盖，使客人在酒店中可以方便地将手机、计算机等终端以无线方式接入网络；酒店应采用带宽管理技术和多种计费方式；应具有防病毒和木马的手段；应实现上网行为监控功能、上网日志记录功能，以便对敏感信息进行报警提示；酒店应建有较为完善的宽带信息网络，实现酒店各功能区的有效接入

（续表）

序号	建设内容	具体说明
1	网络与通信系统	（2）移动通信。移动运营商信号应覆盖酒店所有区域，确保移动通信方便，3G、4G信号覆盖全面，手机语音和数据通信畅通 （3）固定电话。酒店固定电话交换机应接入SIP终端，可从计算机、平板电脑上发起呼叫。酒店应提供可视电话服务、收发传真服务；酒店应设立电话报警点，电话旁公示酒店救援电话、咨询电话、投诉电话，客人可拨打报警点电话向接警处的值班人员求助
2	广播电视系统	客房里的电视机应提供适宜数量的中文节目和外文节目，具有视频点播功能，配备有线和卫星电视；酒店公共区域应能播放背景音乐
3	会议设施	（1）具备灯光分区控制、亮度调节、隔音、同声传译等功能 （2）具备会议投票、表决、主席台控制系统 （3）具备电视电话会议功能、多媒体演讲系统 （4）具备远程会议系统 （5）具备会议自动签到系统 （6）具备会议统计系统 （7）能够通过网络或智能终端等设备提供预订服务
4	网站服务	酒店应建设具有独立国际、国内域名的酒店官方网站；网站应提供多语言信息服务，应提供手机WAP网站及手机App；酒店应建有网站电子商务平台，提供24小时网上咨询、预订与支付服务
5	数字虚拟酒店	酒店应运用虚拟现实技术、三维建模仿真技术、360度实景照片或视频等技术建立数字虚拟酒店，实现虚拟漫游。数字虚拟酒店应在酒店网站、触摸屏、智能手机上发布

以上这些设施设备和服务应该应用最新的信息技术，实现对酒店内各类信息进行自动感知、及时传送和数据挖掘分析，建立起智慧酒店需要的信息感知与传输平台、数据管理与服务平台以及信息共享和服务平台。

039　智能系统建设

智能系统是智慧酒店的核心系统，包括智能停车场管理系统、自助入住/退房系统、智能电梯系统、智能监控系统、智能信息终端系统和智能控制系统等，具体如表5-2所示。

表5-2 智能系统建设

序号	建设内容	具体说明
1	智能停车场管理系统	酒店应建设智能停车场管理系统，提供智能卡计时、计费或视频车牌识别计时计费服务；车库入口应显示空闲车位数量；应提供电子化寻车、定位、导引服务。停车场智能控制系统以集成了用户个人信息的非接触式IC卡作为车辆出入停车场的凭证，以先进的图像对比功能实时监控出入场车辆，以稳定的通信技术和强大的数据库管理软件管理车辆信息。该系统将先进的IC卡识别技术和图像视频比较，通过计算机进行图像处理和自动识别，对车辆进出停车场的收费、保安和管理等进行全方位管理
2	自助入住/退房系统	智慧酒店应提供远程登记服务，或在酒店内建立自助取卡登记/退房系统。客人进入酒店，选择登记并提供身份证等有效证件，经过系统核实后，进入房间自选模块，选定房间后，系统会提示客人缴纳押金。押金缴纳完毕，系统自动吐出房卡。退房时，工作人员确认无误后，系统给予退房权限，客人交回房卡，系统进行结算。客人可选择打印发票或账单
3	智能电梯系统	智慧酒店应建立智能电梯系统，通过射频识别（RFID）技术自动识别客人的房卡信息，升降至客人所在楼层；无卡者进入电梯，应拒绝其任何按键操作；应配备盲文，供盲人操作。智能电梯具有安全和节能的特点，使酒店变得更加高档、智能化。授权用户通过刷卡才能使用电梯，访客需通过对讲系统或通过门厅保安发放的临时授权卡才能使用电梯。这样做可以有效地阻止无必要的电梯运行（如小孩玩耍乱按电梯、使用电梯者按错楼层等），真正实现了电梯的有效运行，延长了电梯的使用寿命
4	智能监控系统	智能监控系统应具有防盗、防破坏功能，视频清晰度高，能在黑夜环境中识别车牌号码；应设置电子围栏，对超过围栏的人进行提醒；图像信息可供其他系统调用；应能识别火灾并与消防系统联动
5	智能信息终端系统	客房信息终端系统应支持多种终端（电视、电话和移动终端），应具有多种功能（包括音视频播放、全球定位、3G无线通信、触摸控制、无线网络、视频通话），应支持多种语言
6	智能控制系统	客房智能控制系统应设置控制单元，支持TCP/IP协议，可扩展性好。智能终端可控制空调、灯光、电视、窗帘等，具有模式（睡眠、舒适等）设定功能
7	其他控制系统	智能导航系统（自动感应客人的房卡信息，点亮指示牌，指引客人找到自己的房间）、智能可视对讲系统（为客人提供视频咨询服务）和电视门禁系统（通过电视视频看到来访者的实时图像）

040 智能云服务建设

智能云服务建设的内容如表5-3所示。

表5-3　智能云服务建设

序号	建设内容	具体说明
1	信息呈现	（1）通过网站和智能信息终端显示酒店所在地的天气、温度和空气质量以及房间内的温度、湿度等信息 （2）通过网站和智能信息终端显示酒店简介、酒店公告、酒店特色餐饮、会议设施简介、服务指南和客房展示等信息 （3）通过网站和智能信息终端显示航班、火车、长途汽车、地铁、公交线路图及相关信息 （4）通过网站和智能信息终端显示酒店周边的"吃、住、行、游、购、娱"信息 （5）通过网站和智能信息终端提供地图查询服务 （6）通过网站和智能信息终端显示客人消费明细 （7）通过网站和智能信息终端发布公告 （8）通过网站和智能信息终端显示公益信息、地域文化、政策法规等信息
2	多媒体服务	（1）通过网站和智能信息终端为客人提供租借物品服务、客房服务、点餐服务 （2）通过网站和智能信息终端为客人提供查看前台留言服务、服务通知退房服务 （3）连接酒店收费系统，将消费账合并到客房计费 （4）餐厅提供平板电脑智能点餐服务

041　智慧管理系统建设

智慧管理系统包括ERP系统、PMS系统、CRM系统以及应急预案和应急响应系统，具体如表5-4所示。

表5-4　智慧管理系统建设

序号	建设内容	具体说明
1	ERP系统	企业资源计划（Enterprise Resource Planning, ERP）系统包括物资管理、人力资源管理和财务管理等功能
2	PMS系统	物业管理（Property Management System, PMS）系统包括预订、客房状态查询、留言、出账管理、报表、夜审等功能，该系统可以十分方便地与其他系统对接
3	CRM系统	客户关系管理（Customer Relationship Management, CRM）系统包括客人回访、客人档案管理、满意度调查、投诉处理等功能，该系统能对各类数据进行挖掘和分析
4	应急预案和应急响应系统	应急预案和应急响应系统包含报警终端、摄像头、喇叭等设备，具备集成音视频报警、视频监控和广播喊话等功能

此外，酒店还应与旅游行政主管部门实现技术对接，配合旅游行政主管部门的在线监管，实现旅游数据的及时上报，实现上下旅游游信息的对接。

第三节 智慧酒店的实现方法

传统酒店升级为智慧酒店的方法如下。

042 利用现有资源进行升级改造

酒店可利用现有设施、设备和系统等资源进行升级改造。

目前，大部分的智慧酒店建设就是对在营酒店进行改造。考虑到前期投入和因地制宜等因素，酒店应立足于现有设施、设备和信息系统，在客人历史需求和入住数据分析以及系统整合可行性分析的基础上，合理投入资金，引进新技术。具体措施如图5-1所示。

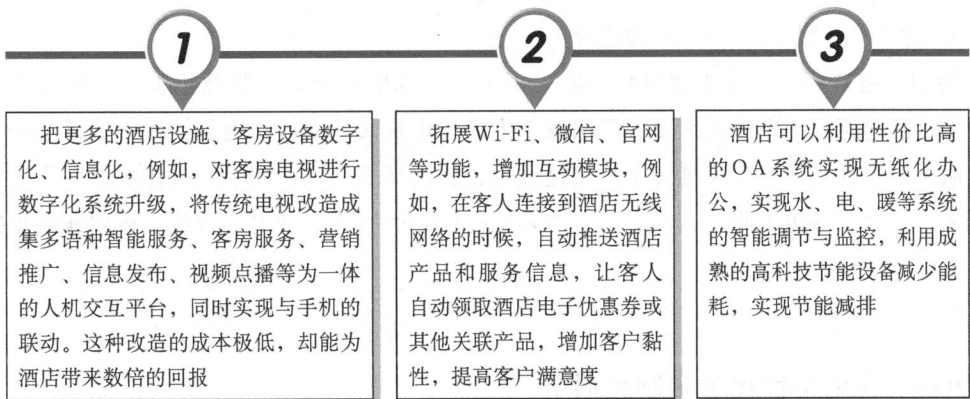

① 把更多的酒店设施、客房设备数字化、信息化，例如，对客房电视进行数字化系统升级，将传统电视改造成集多语种智能服务、客房服务、营销推广、信息发布、视频点播等为一体的人机交互平台，同时实现与手机的联动。这种改造的成本极低，却能为酒店带来数倍的回报

② 拓展Wi-Fi、微信、官网等功能，增加互动模块，例如，在客人连接到酒店无线网络的时候，自动推送酒店产品和服务信息，让客人自动领取酒店电子优惠券或其他关联产品，增加客户黏性，提高客户满意度

③ 酒店可以利用性价比高的OA系统实现无纸化办公，实现水、电、暖等系统的智能调节与监控，利用成熟的高科技节能设备减少能耗，实现节能减排

图5-1 酒店利用现有资源进行升级改造

043 丰富客人住店场景

丰富客人的住店场景能够充实客人的碎片化时间，提升客人的体验。现代人特别是年轻人的生活节奏很快，对服务的要求很高。他们到酒店不单纯是为了吃住，而是为了追求符合个性需求的多样化、差异化体验。因此，酒店要针对不同的客人，利用信息化手段丰富客人住店场景，具体措施如图5-2所示。

利用微信、App的移动属性，将洗衣、订餐、送物、叫车等服务转移到移动端，并优化传统客房服务流程，提高服务效率

适度引入智能设备，提供自助入住、微信订房和开门、IPTV智能电视等服务，提升客人的体验

图5-2 丰富客人住店场景的措施

044 做好差异化经营

针对酒店定位和客群，酒店应引进先进技术，做好差异化经营，让客人流连忘返。智慧酒店重在应用，在技术方面，要利用新技术去持续满足客人的不同需求；在经营管理方面要由酒店全体员工分析酒店定位和酒店服务对象，考虑什么时候用多少投入选择什么样的技术去实现新的服务。

如今，酒店业态进一步丰富，酒店的竞争仍在加剧，利用移动互联网、物联网和各种信息技术做差异化经营是一种很好的选择。

例如，适合年轻人的主题特色酒店、民宿等可以引入全流程智慧化服务，从入住、消费、活动到离店基本上不再需要人工服务，人的作用是做好交流和内部管理工作。星级或高端酒店可以充分利用自身设施齐全、功能强大、档次高的特点，利用先进技术增加相应的高端服务，例如，利用人脸识别系统为重要客人提供专属服务，利用虚拟现实和增强现实技术为客人提供放映室或游戏室。

045 突出个性化和定制化服务

酒店可利用大数据实现精准营销，并可提升个性化和定制化服务，提升客人的满意度。

虽然当今酒店获取外部信息的数量、质量、时效还远远满足不了酒店对大数据的需求，但来自酒店内部的PMS系统、CRS系统、CRM系统和微信、官网及客控、梯控等控制系统的数据已经不少。酒店可以对这些储存在介质或终端或云端的内部经营数据进行有效采集、汇总、处理和分析，再通过与相关联的航空公司、景区、外部餐饮、商城或游船公司合作，提取出客人职务、行业、年龄、性别、生日、家庭成员、出发地、旅行目的地、同行者、入住酒店类型、房型、天数、就餐、口味、购买商品、娱乐偏好、用车需求等大量有用数据。

　　酒店可以利用这些数据进行智慧酒店改造，设计营销活动，开展与相关业态的合作，把精准营销做到极致。

　　例如，酒店可组织某类客人参加购物、游玩、派对等活动，为客人准备生日礼物，为客人提供更符合其需求的房间、用品、美食、健身项目、用车和旅行安排，提供个性化和定制服务。

第六章　酒店大数据运用

导读 >>>

在互联网技术迅速发展的时代背景下，大数据在各行业中的作用日益凸显。这对酒店行业来说，既是机遇，也是挑战。作为一个公共场所，酒店每天都要迎接大量宾客，因此在收集大数据方面有着天然的优势。

Q先生：A经理，我觉得可以运用大数据技术来处理酒店的一些信息。

A先生：以前酒店也在收集客人的反馈信息、喜好及消费习惯，这就是大数据的收集工作。但在酒店长期的运营过程中，由于要控制人力成本，人员的流动性逐渐增大，这导致很多酒店已经慢慢忽视了这项工作。

Q先生：嗯，酒店运用大数据其实有许多好处。通过分析客人的信息，如喜好、反馈等，我们就可以为客人提供更加个性化的服务；借助于大数据，我就可以精准地定位客户……

A先生：你有这些想法非常不错。时代在进步，酒店管理人员的思想也要随之进步。管理人员进步了，才能提出更好的经营策略，才能为酒店创造更多的收益。

Q先生：嗯，我加油学习！

第一节　酒店大数据的分类

对酒店行业来说，一位客人从预订到入住再到离店，这一系列动作会产生以下三类数据。

046　住前数据

住前数据即入住行为发生前产生的数据，包括顾客在网页及App中搜索、浏览、预订、选择相关产品时产生的数据。这类数据能够非常客观地反映用户的真实需求与偏好。

例如，点击率高的房型一定是消费者最关注的；某类酒店（高端、中档、精品等）中搜索量最多的品牌一定是某一时期口碑最好的；某酒店品牌搜索量、预订量最高的门店一定是在软、硬件上拥有独特优势的……

此外，客人付款又取消后的流向、对点评的关注程度等信息，对酒店经理来说都是极具参考价值的数据。然而，住前数据中的大部分高价值信息都被"在线旅行社"牢牢掌握，目前国内酒店要想大规模地获取这类数据还存在一定的困难。

047　住中数据

住中数据即在入住的过程中产生的数据，包括房价、入住人数、对酒店哪类服务的需求最多、餐厅的哪些食品最受欢迎、入住和离店的时间段、投诉的原因等。

这部分数据能在一定程度上反映酒店的整体经营状况，这也是目前国内酒店掌握最多、使用最广泛的数据。

一般来说，酒店能在酒店经营管理系统中获取住中数据的大部分；其他的部分，则必须借助于大数据分析工具获取。

048　住后数据

住后数据即客人完成入住，离店之后产生的数据，如对酒店的整体评价、对某一特定区域或服务的评价、离店之后的流向（是否转向其他酒店消费）、希望今后获得怎样的产品和服务等。

这类数据可以较真实地反映酒店产品及服务在顾客心中的价值。同时，这些数据也是酒店进行质量管理、新产品开发、市场营销和竞争策略调整的重要依据。

然而，获取住后数据存在一定难度（可能需要开展具有针对性的回访，开发调查问卷等），加之国内酒店对这类数据的认识和使用也较晚，因此，对住后数据的开发和利用今后很可能会成为酒店行业的重点关注方向。

第二节　酒店大数据的运用

049　酒店大数据应用点——开源

开源可以让酒店更好地进行精准营销，从而获得更多的客人。开源工作主要可从以下几个方面入手。

1. 交叉营销

由于酒店与出行之间具有上下游关系，酒店可以根据客人属性进行多维度的刻画，将不同维度的属性与酒店消费行为进行交叉、关联。

例如，在获得航空公司等上游信息后，酒店可以精准推荐与之相匹配的酒店；酒店还可以根据客人的消费数据，在客人进店后对其进行捆绑销售、搭配销售。酒店还可以通过分析历史数据得出关联数据。例如，通过情人节红酒的销量增长数据，就能提前预测出销量。

2. 个性化体验

如今，年轻人更愿意为自己的喜好买单。酒店要想满足此类客人的喜好，就要为其提供个性化体验，而这是离不开大数据的。要想明确个性化体验能够带来多高的转化率和续约率，就要对接上下游数据，将其量化、货币化。假如提高8%的用户体验，就能带来10%的回报，那就是值得去做的。

3. 动态定价模式

在通常情况下，消费者会在携程旅行网（以下简称为"携程"）、酒店官网上比价，因此酒店的价格制定策略十分关键。酒店可以实时监测价格，利用大数据平台将不同数据关联起来，及时汇总竞争对手和各渠道的价格，并结合酒店内部基础数据（房间、人员）对价格进行动态调整，以此实现收益最大化。

050　酒店大数据应用点——节流

节流可以减少酒店房间空置和其他资源的浪费。酒店可从以下几个方面入手。

1. 节能

对规模巨大的酒店而言，能源是一项重要的成本，如何优化能源利用、降低能源成本是酒店经理需要重点考虑的问题。由于能源设备一般是集中采购的，单个门店的成功试点可以为整个集团带来丰厚的回报。在积累了大量的数据之后，酒店应对故障设备、故障类别、故障部门等数据进行分析，按照时间和门店维度，在庞杂的信息中发现潜在的规律和价值。

例如，某酒店通过分析损坏灯泡，发现损坏灯泡的品牌较为集中，因此酒店对灯泡采购方案进行了调整，剔除了故障率和能耗过高的品牌。仅灯泡这一项，就能为整个集团节约数百万元甚至上千万元的成本。

2. 运营管理

酒店行业数据相对低频，酒店如果想进行变革，就要收集出行等相对容易收集的数据，使其变成一个相对比较高频的数据，这样才能进行预测，知道哪些场景是相对比较高频的场景。因此，酒店经理要灵活运用各种技术。

3. 选址

酒店选址决策系统是很多酒店一直想做但没有做成的，因为需要整合商圈、客流、潜客、市场、物业等层面的海量信息。酒店要在数据共享的基础上进行大数据分析，得出投资回收期、内部收益率等财务指标，为酒店选址决策提供参照依据。

051　前期市场定位大数据应用

建造一家酒店，首先要进行项目评估和可行性分析。具体要考虑的问题如下。

（1）酒店的文化主题是什么？

（2）酒店的规模和档次如何？

（3）设计什么样的产品？

（4）酒店的客源来自何处？

（5）制定什么样的价格体系？

（6）未来市场的供需情况等。

上述内容都需要在建造酒店之前就确定下来，这就是我们常说的前期市场定位。

在通常情况下，在做前期市场定位时，相关数据主要来自统计年鉴、行业管理部门数据、相关行业报告、行业专家意见及属地市场调查等。这些数据多存在样本量不足、时间滞后和准确度低等缺陷。随着大数据时代的来临，云计算和数据挖掘技术不仅能给酒店提供足够多的样本和数据，还能通过建立数学模型，借助历史数据对未来市场进行预测，为酒店收集、统计和分析数据提供了坚实的基础。

052 在营销管理中应用大数据

在酒店的营销工作中，无论是产品、渠道、价格还是顾客，每个方面都与数据息息相关。

1．市场信息收集方面

随着酒店营销理念的不断更新，传统的营销模式面临着严峻的挑战，这对管理者掌握市场信息、了解竞争对手的动态、制定合理的价格提出了更高的要求。市场竞争的分析也由原来的对客房出租率、平均房价的分析转变为对竞争群的数据分析。

例如，市场渗透指数（MPI）、平均房价指数（ARI）、收入指数（RGI）等都是值得分析的指标。从维度上来讲，还有时间维度、市场份额及同比变化率等。

通过对这些市场标杆数据进行分析，酒店经理可以充分掌握市场供求关系变化，了解酒店潜在的市场需求，准确获得竞争者的相关信息，最终确定酒店在市场中的地位，从而制定出正确的营销策略，打造出差异化的产品，制定出合适的价格。

例如，客人正在安排家庭周末自驾游时，突然收到某度假酒店的推广信息，此推广信息不仅包括客房信息，还包括餐饮、娱乐场所以及附近景点的信息。这对正在安排周末旅行的客人来说十分重要，客人选择这家酒店的概率也会大大提高。

又如，周一上午，某公司行政助理正在给领导安排出差行程，他突然在互联网上发现某商务酒店推出了接机住店一条龙服务，并且在网络会议室等方面有很大的优势，该行政助理选择这家酒店的概率也会很高。

综上所述，营销的本质就是在恰当的时间、地点、场景与恰当的消费者产生连接。

2．顾客信息收集方面

如果酒店平时善于积累、收集和整理掌握客人在酒店的消费行为等方面的信息（见图6-1），便可通过统计和分析来掌握客人的消费行为和兴趣偏好。

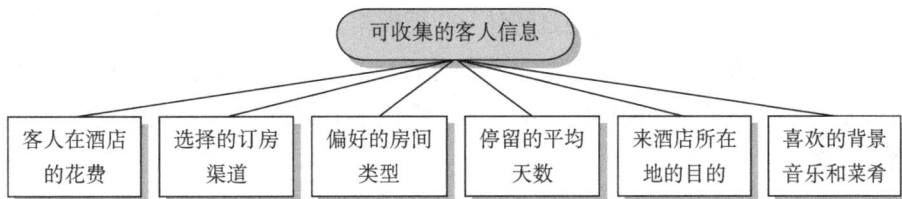

图6-1　可收集的客人信息

　　如果酒店积累并掌握了这些数据，当客人再次到店时发现酒店已经准备好了自己喜欢的房间，播放着自己爱听的音乐，做好了自己喜欢吃的菜肴，那么这位客人肯定会成为酒店的忠诚顾客。

　　例如，客人准备和家人来酒店为自己庆生，酒店就可以在客人入住的时候送上诚挚的祝福以及个性化的礼物。客人之前在其他酒店有入住记录，记录了客人对水果、电视节目以及空调温度有一定的偏好。如果酒店能在客人入住前就提前做好安排，当客人一进入房间，看到房间里摆放着自己喜欢吃的水果，播放着自己喜欢的节目，房间的温度非常舒服，客人对酒店的第一印象一定会很好。如果客人在上次入住酒店时有不好的体验，酒店在排房时就可以根据酒店的入住率为客人做一次免费的升级，并在系统中告知前台员工，前台员工在为客人办理入住时就可以提示这个个性化的安排，客人一定会感到十分惊喜。

　　数据蕴含着出奇制胜的力量。如果酒店经理善于在营销过程中运用数据，将使酒店在市场竞争中立于不败之地。

053　在收益管理中应用大数据

　　作为实现酒店收益最大化的一项管理工作，收益管理近年来受到了业界的普遍关注和应用。收益管理是指把合适的产品或服务，在合适的时间，以合适的价格，通过合适的销售渠道，出售给合适的客人，最终实现酒店收益最大化。收益管理的重要环节如图6-2所示。

图6-2　收益管理的重要环节

（1）需求预测。需求预测是指通过统计与分析数据，采取科学的预测方法建立数学模型，使酒店掌握和了解潜在的市场需求，未来一段时间每个细分市场的订房量及价格走势等，从而通过价格的杠杆来调节市场的供需平衡，并针对不同的细分市场实行动态定价和差别定价，具体如图 6-3 所示。

图6-3　需求预测的作用

以上措施可以保证酒店在不同市场周期中的收益最大化。需求预测可以提高酒店经理对市场的判断的前瞻性，并在不同的市场周期以合适的价格投放合适的产品，获得更多的潜在收益。

（2）细分市场。细分市场为酒店准确预测订房量和实施差别定价提供了条件。差别定价是指通过对同一种酒店产品（如同类型的客房、餐食和康乐项目等）按不同的细分市场制定不同价格的行为和方法。其特点是对拥有高支付意愿的顾客收取高价，对拥有低支付意愿的顾客收取低价，从而把产品留给最有价值的顾客。其科学性体现在通过需求预测来制定和更新价格，使各个细分市场的收益最大化。

（3）敏感度分析。敏感度分析是指通过需求价格弹性分析技术，对不同细分市场的价格进行优化，最大限度地挖掘市场的潜在收入。酒店经理可通过价格优化方法找到酒店在不同市场周期中每个细分市场的最佳价格，并通过预订控制手段为最有价值的顾客预留或保留客房，这样一来，就较好地解决了房间因过早被折扣顾客预订而未能使酒店收益最大化的难题。

054　在客评管理中应用大数据

有市场调查显示，超过70%的客人在订房前都会浏览该酒店的客评，这已经成为决定客人是否预订这家酒店的主要因素之一。从某种角度来看，客评已经成为人们衡量酒店品牌价值和服务质量的重要因素。多维度地收集、统计和分析客评数据有助于酒店深入了解客人的消费行为、价值取向以及酒店服务存在的不足，对改进和创新服务，量化服务价值，制定合理的价格及提高服务质量都能起到推动作用。酒店平时要善于收集、积累和统计客评方面的大数据，多维度地进行比较分析，从中发现有价值的节点，这样做有益于提高酒店的营销和质量管理水平，使酒店获取更多的收益。

055 建立客史档案，用好传统数据

建立客史档案是酒店开展客户关系管理（Customer Relationship Management，CRM）的基础。通过CRM提高客户忠诚度、提升利润，在20世纪80年代就是国外酒店行业的重要研究课题了。

例如，客人一到酒店，便会在房间发现自己常用的洗浴用品，在茶几上找到自己常读的杂志，在餐厅收到定制的特殊食品，这些都是典型的客户关系管理案例。这些看似奇妙的案例总会让酒店经理怦然心动，但只要做好客史档案工作，善用传统数据，这些事情也有可能发生在自己的酒店。

酒店的传统数据包括但不限于出租率、平均房价、营业毛利等。对已经引入酒店经营管理系统的酒店而言，这类数据的归纳整理显然不是问题。对这类数据进行精细分析，不仅能够帮助酒店开展客户关系管理，还可以帮助酒店明确经营变动轨迹，在一定程度上帮助酒店总结出市场变化规律。

056 数据管理标准化

为了使酒店管理趋于科学化与自动化，酒店经理应采取能使酒店进入良性循环发展轨道的管理方式，即数据管理标准化。具体措施如图6-4所示。

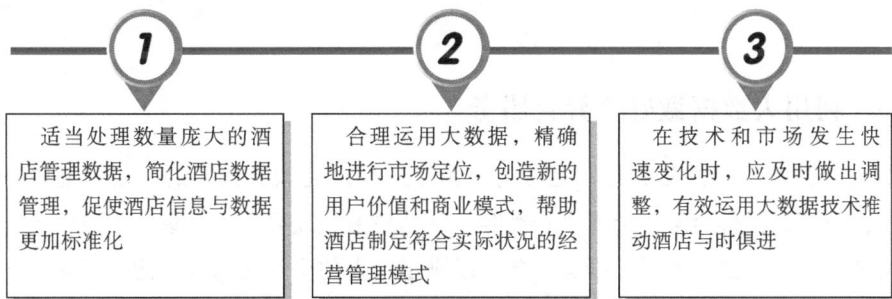

1	2	3
适当处理数量庞大的酒店管理数据，简化酒店数据管理，促使酒店信息与数据更加标准化	合理运用大数据，精确地进行市场定位，创造新的用户价值和商业模式，帮助酒店制定符合实际状况的经营管理模式	在技术和市场发生快速变化时，应及时做出调整，有效运用大数据技术推动酒店与时俱进

图6-4 数据管理标准化的具体措施

057　信息管理安全化

目前，技术系统设计存在漏洞、客户信息泄露等问题时有发生，威胁着酒店的正常经营管理与发展。因此，酒店应及时更新大数据管理系统，设置专门的技术部门，由其保障酒店客人及运营信息的安全，降低信息安全风险。同时，酒店要注重酒店数据的安全性，保证酒店信息的正常流动。

酒店经理应要求技术部门设计酒店数据管理的具体标准，将信息安全风险降到最低，提升顾客满意度，提高酒店的收益率与影响力。

058　加强对大数据技术应用人才的培训

酒店的经营管理离不开大数据技术的支撑，因此酒店经理应不断加强对大数据技术应用人才的培训，具体措施如图6-5所示。

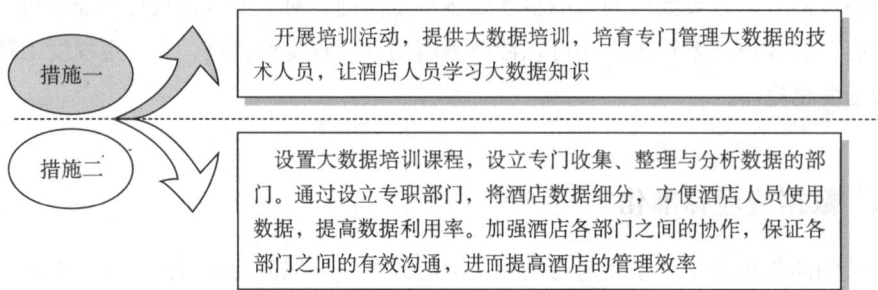

措施一　开展培训活动，提供大数据培训，培育专门管理大数据的技术人员，让酒店人员学习大数据知识

措施二　设置大数据培训课程，设立专门收集、整理与分析数据的部门。通过设立专职部门，将酒店数据细分，方便酒店人员使用数据，提高数据利用率。加强酒店各部门之间的协作，保证各部门之间的有效沟通，进而提高酒店的管理效率

图6-5　大数据技术应用人才的培训措施

059　利用大数据做好差异化服务

差异化服务也叫个性化服务，是相对于酒店的标准化服务而言的，是指通过收集、分析、整理、分类数据得出某一个或某一类客人的消费习惯或喜好，在该客人或该类客人下次来消费时主动向客人提供信息和推荐服务，以满足客人的个性化需求。想做好差异化服务，就要注意以下几点。

1. 利用大数据系统做好数据收集工作

（1）餐饮消费数据包括消费时间，消费金额，宴请人数，喜欢在哪个包厢用餐，喜欢哪些菜肴，饮用什么品牌的白酒、红酒、饮料，酒量如何，结账方式，是否需要发票等。

（2）客房消费数据包括客人喜欢的房型、朝向、楼层，付款方式，房间物品使用情况，是否需要多配备几个衣架，客人喜欢什么电视节目等。

2．数据的分析和整理是关键

通过长期收集和整理数据，酒店可以掌握客人的一系列消费习惯，酒店要对这些消费习惯进行分析，算出客人在酒店消费的频率，然后明确客人的消费习惯的细节，才能做到投其所好。因此，数据的整理和分析是关键。

3．量身定制服务项目是差异化服务的最终体现

酒店应根据前两步得出的结果为客人量身定制最合适的服务项目，并精准地投放广告，这样才能让客人感到惊喜。

例如，在客人提出想用餐时，酒店可以直接为客人提供其最想要的包厢，安排其最喜欢的菜肴、最爱喝的红酒等。

当客人想入住的时候，酒店应直接为客人安排对方最喜欢的楼层、房间、朝向等，把服务在客人开口之前做好，处处让客人感到惊喜。客人要求的，酒店做到了，客人只会给60分；客人没有要求的，酒店做到了，客人就会给90分。这样的服务才是能够留住客人的差异化服务。

第七章 "互联网+"下的酒店营销

导读 >>>

　　"互联网+"以互联网为平台，利用信息通信技术，将各种事物与互联网联系起来。"互联网+"的出现冲击了传统的酒店营销模式和营销理念，为酒店营销的创新打下了坚实的基础。"互联网+"的出现给酒店带来了很多启示和机遇，也增加了酒店开展竞争的筹码。

　　Q先生：现在，人们旅行出差时，只要打开手机就可以完成预订客房、在线支付等操作。

　　A先生：是的，现在是"互联网+"时代，我们必须改变思维，要拥有互联网思维。我们要让客户通过微信、App便捷地了解酒店的房型、价格、配套设施等，直接在线预订房间和支付房费，尤其要借此渠道使其成为酒店的会员……

　　Q先生：在这些方面，我们有点落后了。

　　A先生：嗯，亡羊补牢，犹未为晚。我们要加紧开展这方面的工作。同时，以往已经开展的微博营销、官网营销等工作也不可放松。

　　Q先生：好的，我相信我们只要坚持线上线下一起推广，酒店的客源会越来越广。

第一节　酒店微信营销

060　利用品牌式营销推广酒店微信公众平台

　　酒店可借助品牌式营销引导微信用户关注酒店微信公众平台，增强公众对酒店微信公众平台的认知和认同，进而将关注转化为购买。在此过程中，酒店可从图7-1所示的几个方面入手。

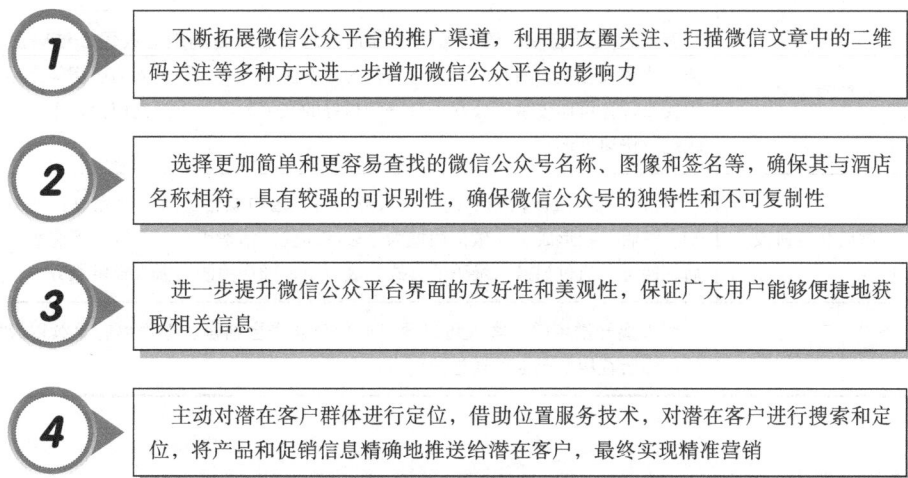

1 不断拓展微信公众平台的推广渠道，利用朋友圈关注、扫描微信文章中的二维码关注等多种方式进一步增加微信公众平台的影响力

2 选择更加简单和更容易查找的微信公众号名称、图像和签名等，确保其与酒店名称相符，具有较强的可识别性，确保微信公众号的独特性和不可复制性

3 进一步提升微信公众平台界面的友好性和美观性，保证广大用户能够便捷地获取相关信息

4 主动对潜在客户群体进行定位，借助位置服务技术，对潜在客户进行搜索和定位，将产品和促销信息精确地推送给潜在客户，最终实现精准营销

图7-1　酒店进行品牌式营销的策略

061　利用体验式营销推广酒店微信公众平台

　　酒店可利用体验式营销充分满足客人在信息获取和产品消费方面的要求，进一步提升体验式服务的水平。酒店在全面了解客人基本特征的同时，应当对客人和酒店的接触界面进行整体设计，充分借助微信公众平台为客人创造最好的消费体验。酒店在确定接触界面的同时，也应确定微信公众平台的业务场景，确保实现平台相关功能。

　　酒店可根据表7-1所示的几个阶段推动体验式营销工作。

55

表7-1　体验式营销的几个阶段

序号	阶段	营销说明
1	营销推广阶段	在营销推广阶段，应当借助优惠卡和特色餐饮品尝等多种方式促使广大受众关注微信公众平台，并在微信公众平台上展示酒店的产品或服务，也可设置抽奖环节，促使大家完成购买
2	购买支付阶段	在购买支付阶段，以微信公众平台为基础为客人提供酒店的实际位置，并提供实景看房功能，确保受众能够深入了解酒店的相关信息
3	完成购买之后	在客人完成购买之后，酒店应当以订单信息为基础，在交付服务之前提供信息通知服务。对于全新客人，应当通过微信了解其实际爱好，从而为其提供个性化的服务。对于老客人，应当通过微信为其制定科学的服务方案，并获得客人的认可；在客人认可之后，应当为其提供个性化和有针对性的服务
4	入住酒店之后	客人进入酒店后，酒店可主动推送信息或在醒目的地方放置二维码供客人扫描，使客人在极短的时间内了解入住的基本流程。客人在进入酒店房间之后，如果想要投诉，可通过微信公众平台将编辑好的文字和图片发送到前台，前台据此对问题进行快速处理
5	酒店住宿阶段	在酒店住宿阶段，酒店的相关服务也可以通过微信公众平台完成。当前，多家知名酒店已经形成了以微信商城为基础的体验式消费平台，在客人产生购买意愿之后，便可以通过扫描二维码的方式完成下单，随后由酒店派人提供服务
6	离开酒店阶段	客人离开酒店前，客人可以通过微信公众平台结账、办理离店手续以及领取发票，酒店查房情况也可通过微信告诉客人

062　利用红包式营销推广酒店微信公众平台

用微信发红包操作十分简单，金额可自行设定。红包式营销不仅具有较强的趣味性和吸引力，而且能满足用户的心理需求，因此获得了广大用户的认可。酒店开展红包式营销的具体策略如图7-2所示。

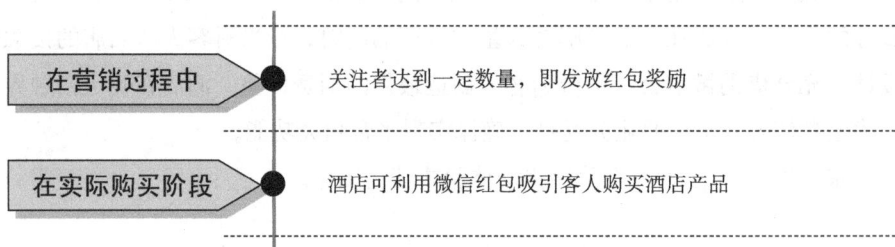

在营销过程中	●	关注者达到一定数量，即发放红包奖励
在实际购买阶段	●	酒店可利用微信红包吸引客人购买酒店产品

在完成购买之后	可将微信红包作为折扣直接返还给客人
在客人入住之后	酒店可在微信公众平台通过抽奖和有奖竞猜等多种方式为已经入住的客人带来乐趣
在客人离开之后	酒店可在节假日向客人发放红包，从而提升客人对酒店的好感，吸引客人再次入住酒店

图7-2 红包式营销的策略

063 利用酒店微信公众号吸引粉丝

1．线下推广

线下永远是获取微信粉丝的最佳渠道，线下推广的具体方式如图7-3所示。

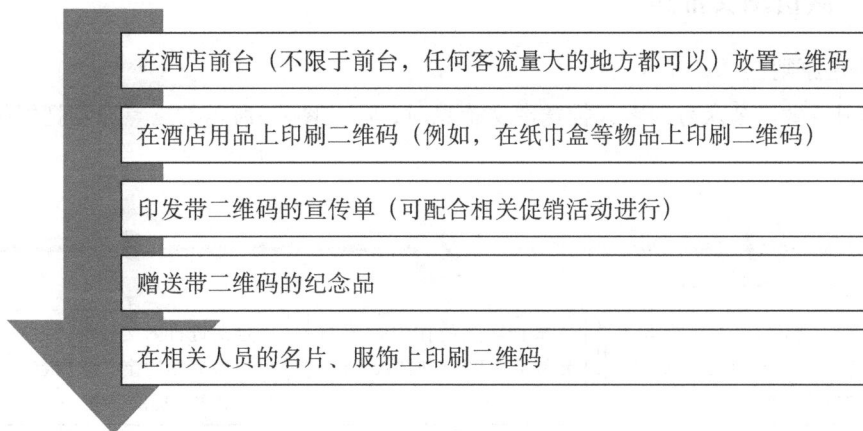

在酒店前台（不限于前台，任何客流量大的地方都可以）放置二维码

在酒店用品上印刷二维码（例如，在纸巾盒等物品上印刷二维码）

印发带二维码的宣传单（可配合相关促销活动进行）

赠送带二维码的纪念品

在相关人员的名片、服饰上印刷二维码

图7-3 线下推广的方式

2．线上推广

酒店也可利用图7-4所示的方式加大线上推广力度，以获取更多的微信粉丝。

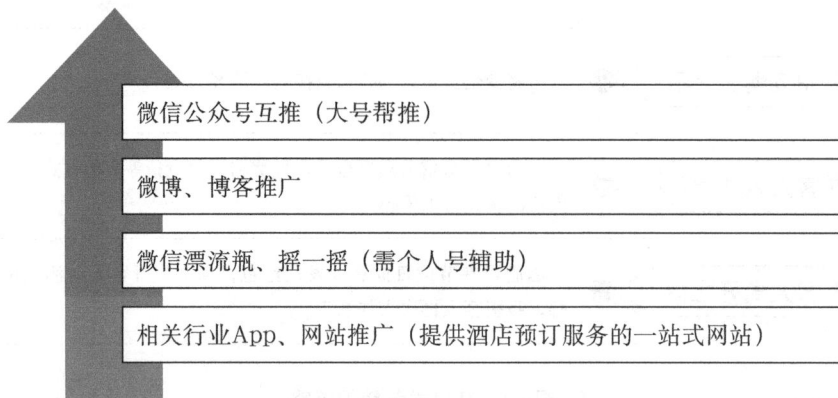

微信公众号互推（大号帮推）

微博、博客推广

微信漂流瓶、摇一摇（需个人号辅助）

相关行业App、网站推广（提供酒店预订服务的一站式网站）

图7-4　线上推广的方式

在完成最初的粉丝积累后，酒店要对微信公众号进行日常维护，将优惠信息推送给客人，刺激客人进行二次消费；也可以通过微信公众号与粉丝互动，提升其活跃度；或者经常推送美文，通过软性的营销手段塑造酒店的品牌形象。

064　微信图文推送

1. 推送原则

酒店利用微信公众号向客人推送图文信息时，应按图7-5所示的三点原则把握推送的时间及内容。

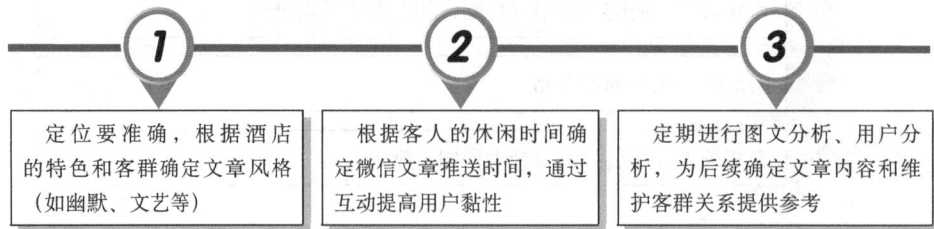

① 定位要准确，根据酒店的特色和客群确定文章风格（如幽默、文艺等）

② 根据客人的休闲时间确定微信文章推送时间，通过互动提高用户黏性

③ 定期进行图文分析、用户分析，为后续确定文章内容和维护客群关系提供参考

图7-5　微信图文推送的原则

2. 推送时间要与客人休闲时间相吻合

微信文章的推送周期最好是每周一次，这样不会打扰到客人。在节假日推送促销活动信息时，可增加推送次数，或以多图文的形式推送。

每周推送的时间最好固定，这样就可以利用休闲或碎片化时间培养客人的阅读习惯，而且不会使推送的信息很快被其他信息所覆盖。利用微信公众号推送文章的四个最佳时间段分别是7∶00～8∶00、12∶00～13∶00、18∶00～19∶00和21∶00～22∶30。

3．推送文章的类型

推送文章的类型主要有以下几类。

（1）酒店推出的促销、优惠、打折等活动信息，可用于提高用户黏性。

（2）客人的住店体验，真切的感受更能打动消费者。

（3）当地景区、美食、娱乐的介绍，可让微信公众号更具趣味性。

（4）酒店经营过程中的小故事，可提升酒店形象，扩大酒店影响力。

4．及时互动才能提高用户黏性

微信公众号只有两个窗口可以与客人互动，分别是消息管理和留言管理。

消息管理中的信息是客人直接在公众号输入的信息（48小时内可以回复，过期将无法回复），留言管理是客人在酒店推送的公众号文章后面的留言。酒店前台可兼任客服，最好起个好听、好记、亲切感强的名字，如"小美"，在轮班时对客人信息进行回复。

5．定期分析效果，让运营更精准

每周对微信公众号中的图文和用户数据进行统计分析，为后续优化文章内容、推送时间等提供依据。

065　微信小程序营销

微信小程序简称小程序，是一种不需要下载、安装即可使用的应用程序。酒店小程序的应用场景如图7-6所示。

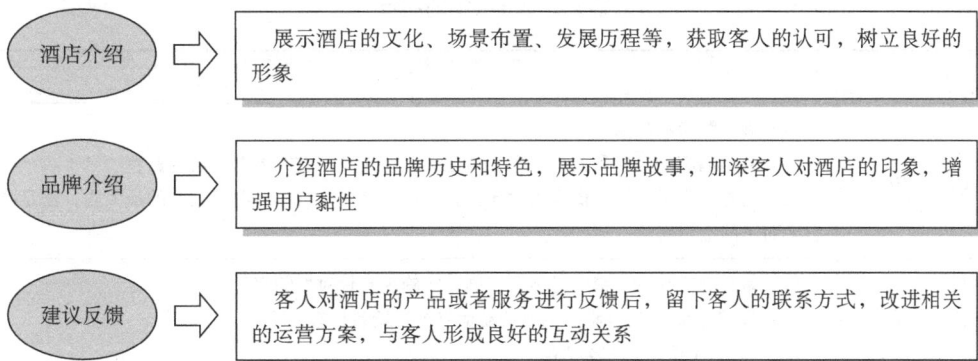

酒店介绍	⇒	展示酒店的文化、场景布置、发展历程等，获取客人的认可，树立良好的形象
品牌介绍	⇒	介绍酒店的品牌历史和特色，展示品牌故事，加深客人对酒店的印象，增强用户黏性
建议反馈	⇒	客人对酒店的产品或者服务进行反馈后，留下客人的联系方式，改进相关的运营方案，与客人形成良好的互动关系

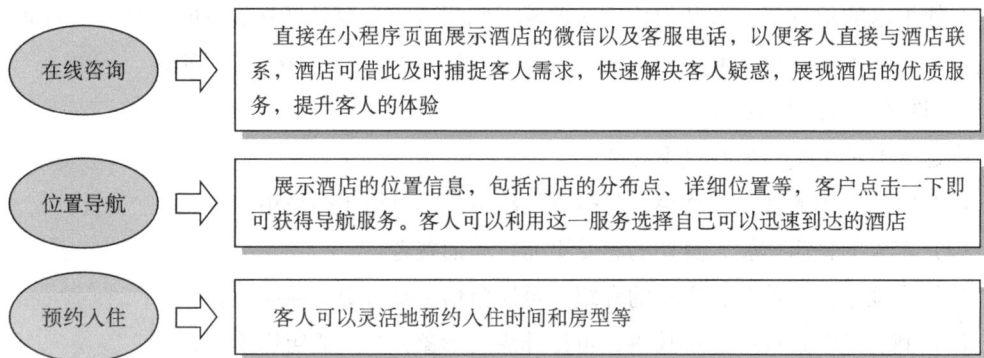

在线咨询 ⇨ 直接在小程序页面展示酒店的微信以及客服电话，以便客人直接与酒店联系，酒店可借此及时捕捉客人需求，快速解决客人疑惑，展现酒店的优质服务，提升客人的体验

位置导航 ⇨ 展示酒店的位置信息，包括门店的分布点、详细位置等，客户点击一下即可获得导航服务。客人可以利用这一服务选择自己可以迅速到达的酒店

预约入住 ⇨ 客人可以灵活地预约入住时间和房型等

图7-6　酒店小程序的应用场景

第二节　酒店App营销

App营销是指通过手机App开展的营销活动。App营销是移动互联网营销的核心内容，是品牌获取用户的重要渠道，也是连接线上与线下的重要枢纽。

066　App营销的亮点

App营销是一种精准的营销方式，它能帮助酒店传播品牌形象，推广产品，维护客户关系，转化销售，从而提升酒店产品销量。App营销具有表7-2所示的四个亮点。

表7-2　App营销的亮点

亮点	说明
品牌传播	(1) 展示酒店的形象 (2) 宣传酒店的经营和服务理念，增强现有客人及潜在客人对酒店的黏性 (3) 可作为产品展厅，供客人对比、查询产品信息；可实现漏斗效应的最大化，满足品牌自上而下的推广需求
精准营销	(1) 帮助酒店筛选、锁定目标客户群，实施更有针对性的宣传 (2) 售前可通过 App 将产品或活动信息推送给目标客户群 (3) 24 小时绑定潜在客户群

（续表）

亮点	说明
门店的销售助手	(1) 突破传统的销售形式，通过图片、表格和文字全面展示产品的卖点 (2) 使用手机和平板电脑向顾客介绍产品，展示图片和不同方案 (3) 工作人员可随身携带 iPad，销售更简便、更高效 (4) 提升用户体验，增加线索量
完善的售前售后服务体系	(1) 建立完善的售前、售后服务体系，方便客人操作，同时提高酒店的工作效率 (2) 客人可通过手机查询个人档案并在线订房 (3) 客人使用手机即可在线续约，十分便捷 (4) 客人可通过 App 快速拨打酒店电话 (5) 第一时间把最新活动信息、促销信息推送给客人，更快捷、精准地完成推广工作

067 酒店App的主要功能

1．礼宾服务

在运营过程中，酒店最重视的是服务质量和客人的满意度。App可以帮助酒店实现这些目标。客人在下载、安装App之后，就可以通过App查询周边的景点、美食等信息。同时，客人还能通过App自助办理入住、离店手续等，十分方便。

2．预定功能

在酒店的服务中，预订十分重要。酒店可通过App为客人推送产品信息、促销信息，客人一旦产生需要，就能在第一时间进行预订。这种线上预订的方式更符合客人的消费习惯，也能为酒店创造更多的效益。

3．周边服务

酒店App为客人提供了各种周边服务，客人能够很方便地了解酒店周边的旅游景点、特色小吃、风土人情等。

4．移动在线支付

酒店App提供了移动在线支付功能，该功能为用户提供了便捷的支付环境，便于酒店管理资金，还能促使酒店形成安全、稳定的资金链。

5．与客人互动

酒店可利用App与客人互动，将酒店近期的优惠、促销信息推送给客人，在节假日为客人送上温馨的祝福。酒店可收集客人的反馈信息，调整营销战略，优化服务体系，使酒店的营销工作更具有针对性。

068 酒店App的营销推广方式

目前，酒店App的营销推广方式主要有图7-7所示的几种。

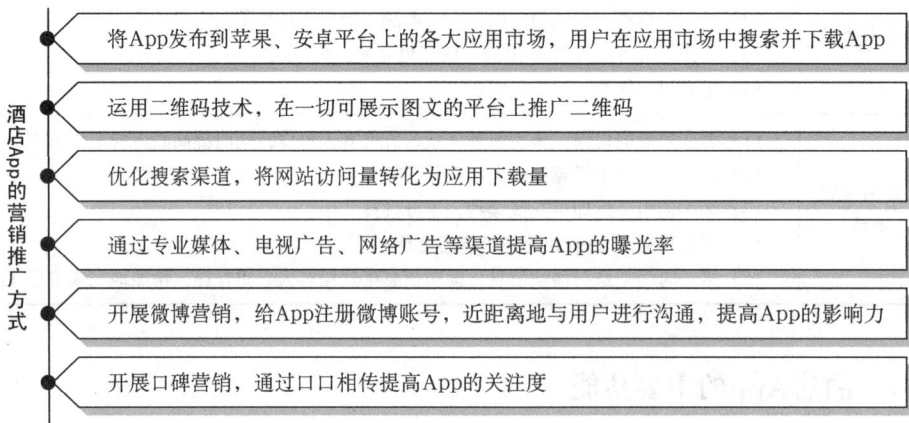

将App发布到苹果、安卓平台上的各大应用市场，用户在应用市场中搜索并下载App

运用二维码技术，在一切可展示图文的平台上推广二维码

优化搜索渠道，将网站访问量转化为应用下载量

通过专业媒体、电视广告、网络广告等渠道提高App的曝光率

开展微博营销，给App注册微博账号，近距离地与用户进行沟通，提高App的影响力

开展口碑营销，通过口口相传提高App的关注度

图7-7　App营销推广方式

069 酒店App的营销技巧

酒店要想做好App营销工作，必须讲究技巧，具体技巧如图7-8所示。

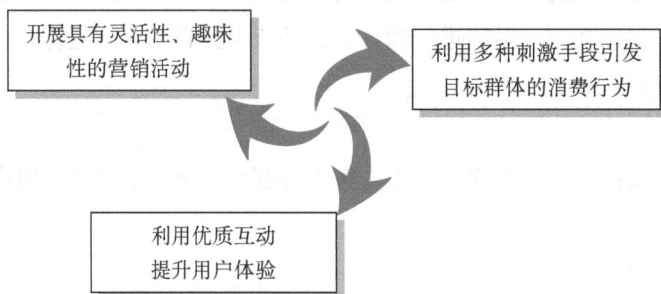

开展具有灵活性、趣味性的营销活动

利用多种刺激手段引发目标群体的消费行为

利用优质互动提升用户体验

图7-8　App营销的技巧

1. 利用具有灵活性、趣味性的营销活动促进销售

酒店App就像一个迷你版的官网，产品信息、企业信息、动态信息、预约功能、积分查询等功能都可以在酒店App上实现，因此它是酒店十分重要的营销阵地。酒店可利用App开展具有灵活性、趣味性的营销活动，吸引用户进店，从而完成图7-9所示的销售流程。

吸引用户进店 → 获取用户信息 → 与用户沟通 → 成交

图7-9 App平台的销售流程

2．利用多种刺激手段引发用户群体的消费行为

酒店App可实时为目标消费群体推送品牌、产品及活动信息（见图7-10），对消费者进行刺激和引导。通过酒店App能有效地提高广告的曝光率和到达率。

图7-10 酒店App中的促销信息

酒店可根据自身的目标客群设计具体的刺激方式，既可以是物质刺激，如优惠促销、诱人的奖品、丰厚的酬劳等，也可以是情感刺激，如乐趣、成就感等。

3．利用优质互动改善用户体验

良好的互动不仅能提升品牌形象，还可以大大改善用户体验。

酒店App本身就是一个有效的互动平台（见图7-11），既可以让酒店及时地将各种信息推送给用户，又可以让用户直接通过App订房。此外，酒店App还可以提供会员礼遇、旅游、订车、买卡等多种服务。

图7-11　酒店App的互动功能

第三节　微博营销

微博不仅是一个社交平台，也是一个营销平台。

070　得到粉丝认同，强化体验功能

酒店微博不能仅仅介绍产品、服务及其价格，还要让消费者建立起对酒店产品和服务的认同。酒店要利用微博平台开展体验活动，让消费者通过深入体验认同酒店品牌并产生消费冲动。

1．扣人心弦的体验主题

体验主题一要强调用户体验，二要融入酒店品牌基因。

例如，香格里拉酒店集团携手新浪微博举办"我的香格里拉"摄影大赛活动。粉丝踊跃

参与，共拍摄了3000多幅照片，他们用镜头捕捉和诠释了自己心中的"香格里拉"。所有照片在北京国贸大酒店、上海浦东香格里拉大酒店、广州香格里拉大酒店和成都香格里拉大酒店巡回展出，这能吸引更多人成了香格里拉的粉丝。

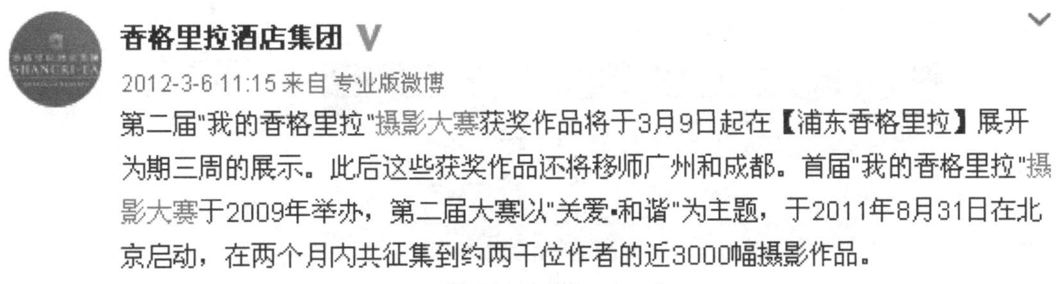

香格里拉酒店集团 V
2012-3-6 11:15 来自 专业版微博
第二届"我的香格里拉"摄影大赛获奖作品将于3月9日起在【浦东香格里拉】展开为期三周的展示。此后这些获奖作品还将移师广州和成都。首届"我的香格里拉"摄影大赛于2009年举办，第二届大赛以"关爱·和谐"为主题，于2011年8月31日在北京启动，在两个月内共征集到约两千位作者的近3000幅摄影作品。

图7-12 酒店微博截图（1）

2．多样化的体验形式

体验的形式多种多样。

（1）主题讨论。粉丝们可针对特定主题进行讨论和沟通，阐述各自的观点，不断加深对主题的理解和体会。

（2）图片欣赏与作品创作。图片极具视觉冲击力，分享与体验主题相关的图片有助于加深粉丝对品牌的印象。

071 注重内心情感和娱乐功能

微博内容要聚焦于粉丝真正关心的事情，单调的产品促销和广告会让粉丝们敬而远之。因此，微博内容应流露出一定的情感，多采用粉丝喜欢的语言，并用口语及笑脸表情来表达情感。在语言风格上，酒店可以创造富有特色的语言风格，因为有趣的语言风格更容易引发粉丝的转发和仿效。

酒店微博还可用社会名人、高管、员工或是自创虚拟形象来为酒店代言。例如，7天酒店微博自创"小7"品牌卡通形象，让粉丝们倍感亲切（见图7-13）。

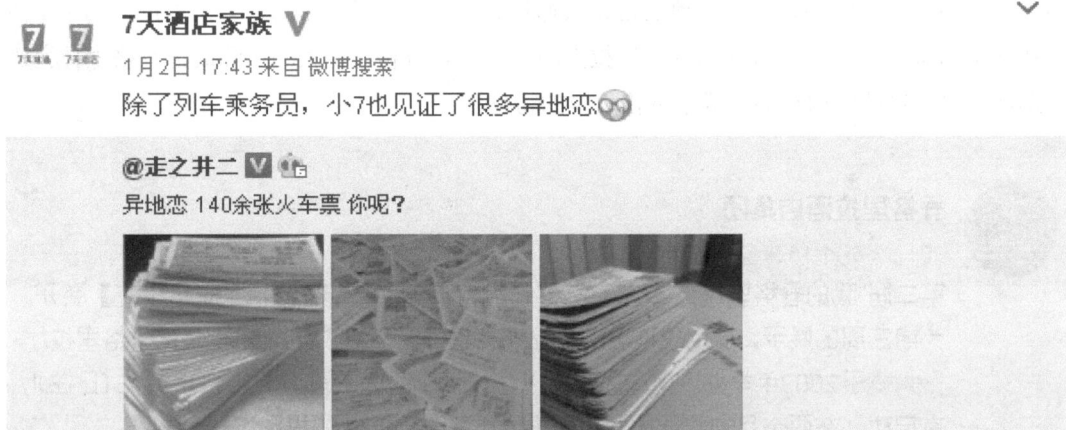

7天酒店家族 V

1月2日17:43来自 微博搜索

除了列车乘务员，小7也见证了很多异地恋💕

@走之井二 V 🐷

异地恋 140余张火车票 你呢？

图7-13 酒店微博截图（2）

酒店可在微博中塑造粉丝感兴趣的酒店典型人物形象，如大堂经理、大厨、调酒师、服务生等，用他们的眼光和口气来阐述现实中发生的趣事，以此吸引粉丝。

072 为粉丝提供多样化的服务

有相当多的微博粉丝看到微博上的促销信息后会去订房、订餐。酒店要为微博粉丝提供多样化的信息服务和消费选择，具体措施如图7-14所示。

1 在旅游旺季，酒店可把客房每周预订信息及时对外发布，包括酒店的星级、房间数量、预订率和预订电话等信息

2 酒店可借助微博平台的电子商务、电子支付等功能实现预订、支付、点评一体化的在线体验流程

3 酒店可通过超链接、图片和视频来展示酒店的软硬件设施、服务过程、环境氛围等，让粉丝们"眼见为实"

图7-14 酒店为粉丝提供的多样化服务

073 发挥意见领袖的作用

酒店应充分发挥微博中意见领袖的号召力，让尽可能多的目标顾客主动并且乐意接受酒

店所要传达的信息，以提升微博营销的效果。

例如，香格里拉酒店集团举办的第二届"我的香格里拉"摄影大赛的评委包括著名电影导演田壮壮，中央美院设计学院副院长、摄影系教授王川，复旦大学视觉文化研究中心副主任顾铮和知名媒体人洪晃（见图7-15）。粉丝们大量转发该活动，吸引了众多微博粉丝的注意，成功实现了宣传酒店品牌的目的。

香格里拉酒店集团 V

2011-12-26 18:58 来自 专业版微博

2011"我的香格里拉"摄影大赛颁奖典礼日前在北京举行。大赛评委田壮壮、王川、顾铮、洪晃及主办方代表到场为选手颁奖。此次大赛以"关爱·和谐"为主题，共评出金奖1名、银奖2名、铜奖3名、单项奖4名及优秀奖10名。颁奖典礼当天还启动了获奖作品巡展。获奖佳作欣赏请登录 ✐ 网页链接

图7-15　酒店微博截图（3）

074　精心展示酒店个性

酒店微博的设计风格十分重要，一定要精心设计酒店微博的头像、文字简介、标签等基本展示元素。酒店微博的头像多采用品牌Logo，也可采用建筑外观、酒店客房图片等（见图7-16），这能提高酒店品牌的识别度。酒店简介宜简洁，最好能在第一时间夺人眼球。标签也非常重要，它是潜在粉丝通过微博内部搜索引擎搜索到酒店的重要途径。

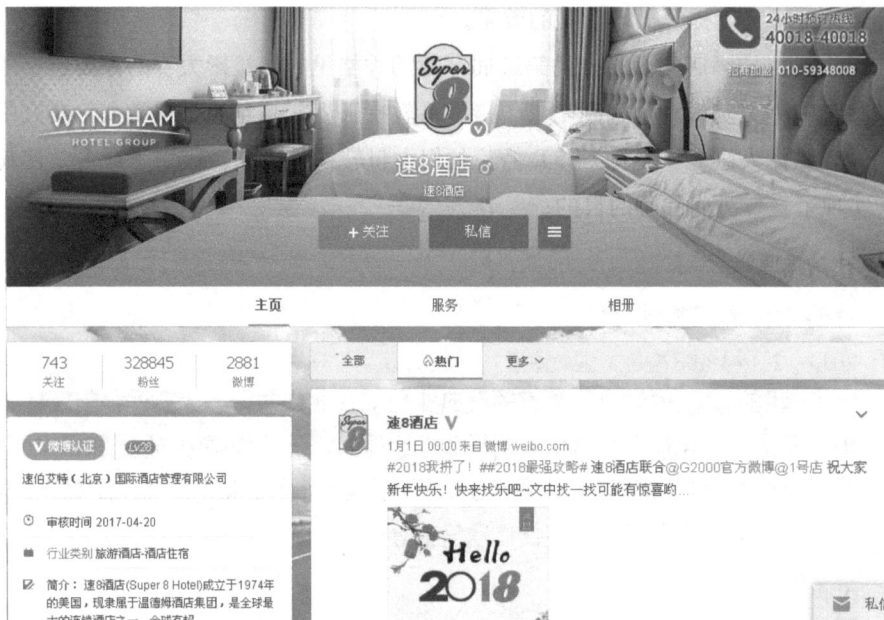

图7-16　酒店微博截图（4）

075　选择优秀的微博平台

选择一个有影响力的微博平台无疑能事半功倍。

例如，新浪以其"名人战术"吸引了大量用户，最终成为微博大战的胜利者。

酒店经理要以酒店的特色和定位为基础，寻找合适的微博平台来集中展示酒店的风采，让别人看到酒店微博就能想到酒店品牌。

076　重视对微博的管理

微博的维护人员必须具有营销和客户服务经验，对消费习惯和消费心理比较了解，能够迅速地察觉消费者的潜在需求。酒店微博的管理人员必须经过系统而专业的培训，不能只停留在技术操作层面上，还要接受商业公关技巧的培训。酒店经理必须重视对微博的管理，使微博真正发挥作用。

077 掌握微博发布技巧

发布微博是一项持久的、连续的工作，要把它当成日常工作来抓。微博内容的写作至关重要，其表现方式应以展示酒店形象为主，尽可能避免情绪化的表达。同时，也要避免成为"话痨"，更新速度太快反而容易引来粉丝的反感。因此，酒店要合理把握发布时间，向正确的目标人群发布正确的内容。

078 放大传播效应

获得尽可能多的关注是酒店微博营销的基础。酒店应尽可能地在微博平台上开展互动，包括关注业内同行，关注与酒店业相关的行业动态，关注那些关注自己的人，转发、评论他人微博等，以此获得他人关注。同时，酒店应在营销方式上下功夫，发布的内容最好是原创的酒店可以制作精品内容，免费赠送客房或折扣券，巧妙借助热点事件拉近与粉丝的距离，发起公益活动吸引粉丝参与互动等，从而放大传播效应。

079 利用并发掘微博用途

微博是收集客人反馈的最佳渠道，酒店经理应指派专人维护官方微博，在第一时间回答粉丝的疑问，解决他们的实际问题，让他们体验到与酒店零距离交互的价值，从而对酒店产生信任感。另外，酒店也要对前台、预订、销售等所有与客人接触的部门进行微博知识培训，并利用各种与客人接触的机会进行微博推广。

080 重视微博的服务质量管理

酒店微博的一个重要作用是宣传推广酒店专业而周到的服务，以此吸引更多的客户。酒店服务是无形性的，客户对服务质量的评价也难以衡量。当有客人在微博上抱怨酒店时，微博管理人员应充分重视并及时处理，否则将影响酒店的形象。

081 微博植入广告式营销

在现实生活中，人们购买产品时会"严重地"受到自己信任的朋友评价的影响。微博是人际交流的场所，在人们交流的过程中植入广告是微博植入式广告的核心。常见的微博植入式广告营销形式如下。

1. 用户体验独白

有很多人每天都在微博里记述自己的生活经验和感受，这些内容往往会涉及他们使用过的产品。这些内容构成了真实的口碑。如果发起一个活动，让使用酒店产品的用户讲述自己的体验，并提供一些小奖励，就能激励用户向朋友传播该品牌（见图7-17）。

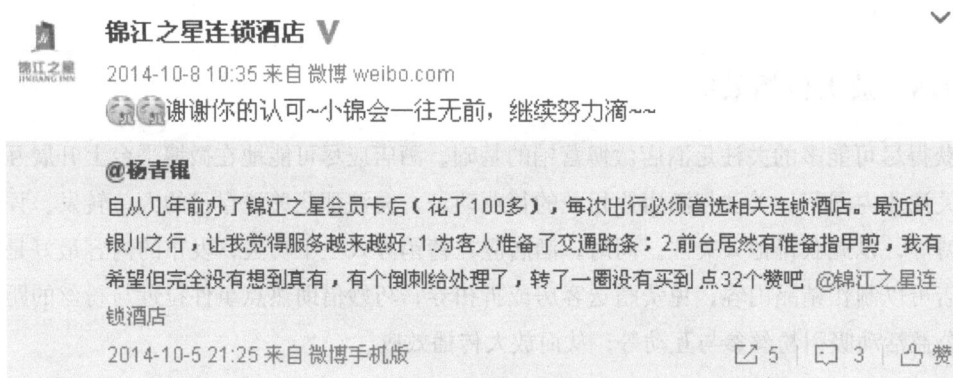

锦江之星连锁酒店 Ⓥ

2014-10-8 10:35 来自微博 weibo.com

🐱🐱谢谢你的认可~小锦会一往无前，继续努力滴~~

@杨青锟

自从几年前办了锦江之星会员卡后（花了100多），每次出行必须首选相关连锁酒店。最近的银川之行，让我觉得服务越来越好：1.为客人准备了交通路条；2.前台居然有准备指甲剪，我有希望但完全没有想到真有，有个倒刺给处理了，转了一圈没有买到 点32个赞吧 @锦江之星连锁酒店

2014-10-5 21:25 来自微博手机版 ↗5 💬3 👍赞

图7-17　酒店微博截图（5）

2. 植入"段子"

好玩、幽默的"段子"（有时配上图片和视频）总能吸引大量粉丝。因此，酒店微博把品牌植入这些受欢迎的"段子"之中（见图7-18），受众一般不会反感。

7天酒店家族 Ⓥ

3月21日 18:00 来自微博 weibo.com

今天不仅是#春分#还是#世界睡眠日#耶！春分十里不如睡你~怎么都睡不腻！合法打瞌睡1天怎么够，还要再来7天🐱我在7天等你哟~戳链接马上睡：🔗网页链接

图7-18　酒店微博截图（6）

3．植入舆论热点

酒店可在微博中基于热点人物、热点事件做植入广告。舆论热点有发生、成长、高潮和退潮四个阶段，酒店要敏锐地发现舆论热点，不要等热点退潮后再做文章，那就无法引起粉丝的兴趣了。

4．植入活动

微博互动适合植入秒杀、抽奖、竞猜、促销等活动（见图7-19）。

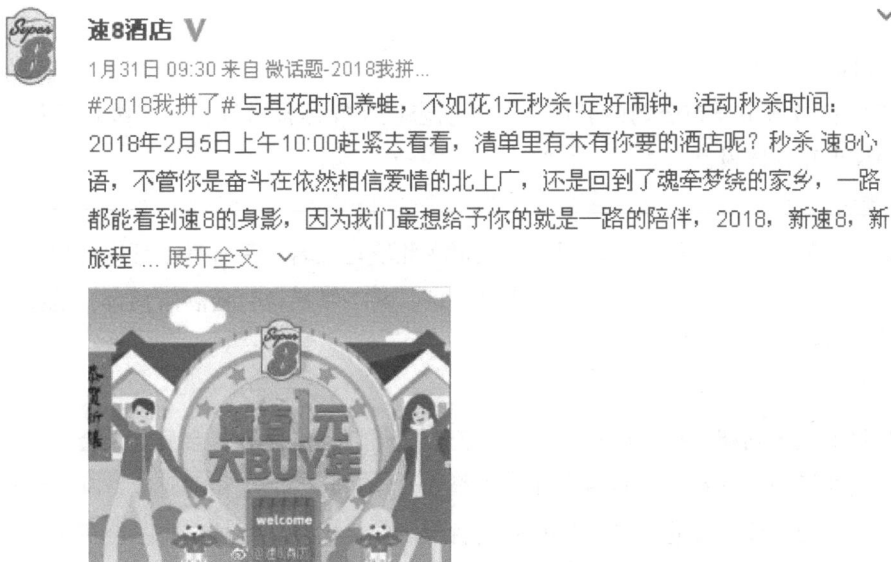

速8酒店 V

1月31日 09:30 来自 微话题-2018我拼...

#2018我拼了# 与其花时间养蛙，不如花1元秒杀!定好闹钟，活动秒杀时间：2018年2月5日上午10:00赶紧去看看，清单里有木有你要的酒店呢? 秒杀 速8心语，不管你是奋斗在依然相信爱情的北上广，还是回到了魂牵梦绕的家乡，一路都能看到速8的身影，因为我们最想给予你的就是一路的陪伴，2018，新速8，新旅程 ... 展开全文 ∨

图7-19 酒店微博截图（7）

第四节 网站直销

082 酒店网站栏目设计

不同品牌、不同档次的酒店，其风格也不一样。在建设网站时，应根据酒店的实际情况来设计功能模块。以下是常见的网站栏目。

1．网站首页

网站首页是酒店网站的第一窗口，是决定用户对酒店第一印象的关键页面，其布局和页面风格对网站整体定位起着决定性的作用。网站首页一定要有独特的风格和形象，这样才能对外展示酒店的良好形象。

2．公司简介

该栏目主要是对酒店的介绍和说明，如公司概况、特色和服务宗旨、公司历史、大事记、企业文化、公司荣誉等。其二级栏目包括公司介绍、品牌故事、总裁致辞、企业文化和大事记等。

3．新闻

酒店应在微博中发布公司的新闻、行业动态以及媒体报道等。其二级栏目包括公司新闻、促销优惠和媒体报道。

4．酒店预订

该栏目一般以电子表格形式呈现，客人可在此填写姓名、手机号、订房房型、人数、入住天数、到店日期、离店日期、联系方式等信息。其二级栏目包括酒店预订、地图查询、价格查询和订单管理（后台）。

5．品牌汇

该栏目的主要功能包括用户注册、登录、会员预订、点评等。会员登录会员中心即可享受酒店提供的折扣，查看自己的酒店订单和积分，修改联系信息和密码等。其二级栏目包括我的订单、我的点评、我的资料、我的常住酒店、会员权益、会员公告、会员手册和会员点评。

6．客人点评

该栏目是一个互动栏目，入住酒店的客人登录会员中心即可发布点评。酒店可以对客人的点评进行回复。其二级栏目包括客人点评和酒店回复。

7．会员中心

该栏目的主要内容是酒店会员权益介绍以及常见操作指南等。其二级栏目包括会员权益、会员公告、会员手册和会员点评。

8．人才招聘

该栏目为对酒店感兴趣的人才提供了一个毛遂自荐的机会，有助于酒店网罗各路英才。其二级栏目包括人才战略和人才招聘。

9．联系我们

该栏目是客人与酒店之间的沟通渠道，为对酒店感兴趣的客人提供了详细的联系方式。

其二级栏目包括联系方式和酒店地图。

10．附属栏目

附属栏目可以提供一些实用工具或信息，如网站流量统计系统、二维码、微信信息等。其二级栏目包括友情链接、联系我们、免责条款、酒店加盟和酒店登录等。

083 网站建设的要点

一个好的网站能增强用户对酒店的信任度。在建设网站时，要注意以下要点。

1．首页设计要有特色

首页的设计要突出酒店行业的特殊性，具体要求如下。

（1）在设计上尽量个性化，例如，以动画的方式展示酒店的整体形象（见图7-20）。为了使浏览者能多方位地了解酒店，可在首页简要说明酒店的概况、特色、接待能力和服务宗旨，还可以介绍酒店的一些成功案例、接待过的知名人士及举办过的大型活动等。

图7-20 酒店网站首页截图

（2）在房间介绍方面，可推荐几个不同档次的房间来满足不同消费者的需求。

（3）在方案实现方面，可以图文结合的方式更直观地展示相关信息。

2．慎重选择域名

网站的域名就像每个家庭的门牌号码一样，既要好记，又要好听，可以采用数字、拼音、英语、缩写等形式。

此外，酒店选择网站域名时还应兼顾国际用户。域名具有唯一性，一个域名一旦注册成功，任何其他机构都无法注册相同的域名。域名是酒店网站十分重要的网络商标，在网络营销中起着十分重要的作用。在选择域名时，要确保域名与酒店网站的名称、标识相统一。

3．具有行业共性

建设酒店网站时，要考虑酒店业的特点，并做好以下几个方面。

（1）把网站作为展示酒店品牌形象的空间，注重品牌塑造，重视页面设计。

（2）用网站来销售产品，充分展示产品，促进销售。

（3）突出互动性，采用360度全景图片或视频、3D技术等增强网站的趣味性。

084　创建本地视频

相关研究表明，66%用户在作出旅行决策时会观看有关旅行的视频。因此，如果酒店的主页有视频内容，就可以吸引潜在客人。

酒店可制作一个简短的视频，介绍本地的景点，如各大公园、徒步旅行线路、当地热闹的夜生活、文化活动或距酒店几步之遥的美丽沙滩等；或者多捕获当地节日活动的镜头，如美食节、喜剧演出、艺术展览和农贸市场等。这样做能够给用户充分的理由作出预订决策。

085　创建独特的目的地旅行指南

虽然宣传视频能让用户对酒店有所了解，但要想让用户对附近的景点有更深入的了解，还需创建一个专门的页面。

酒店可借鉴爱彼迎（Airbnb）的成功经验，Airbnb做了以此为主题的指导手册，每个手册都展示了Airbnb房主推荐的本地景点。每个景点都有书面说明，地图上标明了酒店与景点的距离，同时还提供了景点官方网站链接。

086　在酒店主页上突出当地特色

据统计，55%的用户在网站主页停留的时间少于15秒。因此，在用户打开酒店主页的那一刻，就要给他们一个留下来的理由。

虽然用户浏览酒店网站的目的是为了了解房间和配套服务设施，但酒店主页可以做得更多，它可以突出当地特色，给用户留下深刻印象，让用户了解此行的价值。在主页中加入目的地的特色简介能帮助本酒店从诸多酒店中脱颖而出。

087 创建关于当地活动事件的博客

维护一个博客需要一定的时间，但只要方法得当，它就能够成为宣传酒店附近景点的强大工具。酒店在创作博客内容时，要思考用户真正在乎什么样的体验。浏览点评网站并引导用户反馈是收集有益意见的一种简单可行的方法。

酒店可以推出非常受欢迎的音乐表演场地、当地人喜爱的美食餐厅、热门话题、家庭出游景点、最佳海滩之类的文章。

文章除了可以将用户吸引到酒店网站，还可为电子邮件营销提供灵感。部分博客文章还可以经重新包装成一个完整的目的地指南。

第五节 酒店团购营销

088 团购既要低价也要限量

团购的优势在于酒店可以通过数量控制让一部分用户去传播和推广以低价体验到的高品质的产品。酒店可以把部分宣传费用用来弥补团购售价与实际售价的差价，最终获得更多的收益。

例如，国外著名的团购网站高朋网（Groupon）的独特之处在于：每天只推出一款折扣产品，每人限购一次。该网站运用激励机制让用户主动传播团购信息。

酒店可以通过收益管理以及市场细分，对团购市场的消费者行为进行分析、预测，确定最优价格和最佳存量分配模型，实现收益最大化。事实证明，无限制的团购并不能为酒店带来更多收益。

089 应做打包价而不是超低价

对酒店来说，团购超低价适用于服务较单一的酒店，如经济型酒店。而对完全服务型的酒店而言，团购应该使用打包价，即通过打包让酒店闲置资源得到有效利用，为酒店创造更多的价值。

例如，广州某酒店公主小镇客房（双床／大床）一间入住一晚+中西式自助早餐2份+龙泉水疗馆门票2张（含养生自助餐）+龙吧德国自酿啤酒2杯+康体项目，市场价为2 584元，而团购价为1 088元。如果只销售房间，价格肯定比1 088元低，但是客人可能会到酒店外面用餐，客人留在酒店的时间也相应减少，酒店的各种配套设施便有可能闲置。这种打包出售的方式看起来是让利给客人，但却盘活了酒店的资源，让酒店获得了更多的收益。

090　应注重团购的差异化

不少酒店的服务单一，虽然引入了团购，却常常不容易被客人记住。因此，酒店需要另辟蹊径，去寻找不容易被模仿的团购模式。

例如，酒店可与附近的景点合作，团购酒店产品即赠景点门票。事实证明，强调酒店地理位置的优越、服务设施的齐全、服务的周到，比仅仅强调价格的优惠更具吸引力。

091　让客人主动传播

部分酒店为了迅速打开市场，常常会在多个团购网站销售产品。它们认为销售渠道越多越好，产品越多越好，既没有对各团购网站的情况进行分析和比较，也没有对团购产品进行筛选，有的酒店甚至会推出多个团购方案，让客人眼花缭乱。其实，团购的真正价值在于降低客人的消费门槛，让更多的人进行消费体验，并通过口碑传播扩大宣传范围，而不是处处开花，信息满天飞，让人不知所措。

092　精准定位消费人群

目前，高档酒店的消费者更加注重服务品质，低价团购产品往往会导致这部分消费者隐性流失。因此，酒店在设计团购产品时，应该充分考虑目标消费群体的特点，在合适的网站上投放合适的团购产品，以满足目标消费群体的个性化需求。

第六节 OTA模式下的酒店营销

在线旅行社（Online Travel Agency，OTA）将传统的旅行社销售模式放到网络平台上，更广泛地传递了线路信息，其互动式的交流更方便了客人的咨询和订购。OTA模式改变了传统的酒店营销模式，各酒店应积极地在OTA模式下采用网络营销模式开展网络订购。

093 与携程旅行网合作

作为我国的综合性旅行服务公司，携程旅行网（以下简称"携程"）成功地将高科技产业与传统旅行业融合起来，向超过2.5亿的会员提供了集酒店预订、机票预订、旅游度假、商旅管理及旅游信息在内的全方位旅行服务，被誉为互联网与传统旅游无缝结合的典范。

携程在全球200个国家和地区与约100万家酒店建立了长期稳定的合作关系，其机票预订网络已覆盖国际国内绝大多数航线。规模化的运营不仅可以为会员提供更多的选择，还保障了服务的标准化和质量，并降低了运营成本。

1. 携程的产品特色

携程的产品线覆盖了食、住、行、游、娱、购六大方面。当消费者通过携程预订酒店时，携程将主动向其推荐该酒店的特色美食。值得一提的是，凡是有餐厅上榜"携程美食林"的酒店，都会被标注上"美食林"的标签，并展示在酒店的预订页面，供消费者选择。

随着旅游消费的升级，除"机+酒""景+酒"套餐之外，消费者对目的地用车、当地玩乐的需求日益强烈。携程拥有业内最丰富的产品线，借助"酒+×"的合作模式，可帮助酒店为消费者提供更丰富的产品和服务。

2. 携程的优势

截至目前，携程已同全球约100万家酒店建立了长期稳定的合作，为6亿用户提供预订服务，月均预订量超过2 500万间/夜。

3. 携程的加盟流程

携程的加盟流程非常简单，点击携程官网的"酒店加盟"按钮，按要求填写相应信息即可，具体如图7-21所示。

图7-21 携程的加盟流程

094 与艺龙旅行网合作

艺龙旅行网（以下简称为"艺龙"）是在线和移动住宿服务提供商，致力于打造专业、物超所值、智能便捷的住宿预订平台。艺龙通过移动端、PC端、24小时预订热线为消费者提供全球约35万家酒店的预订服务，覆盖全国700多个城市和地区，可满足不同人群的需求。

1．艺龙酒店产品的优势

艺龙可提供全球约35万家酒店的预订服务；提供2折起的会员价格，在线预订酒店可使用电子消费券；入住成功后，现金部分可直接提现或用于机票、酒店的预订。

2．艺龙的旅客体验

艺龙提供24小时呼叫中心服务；绝大多数酒店的订单即时确认；呼叫中心的客户满意率高达99.7%。

3．艺龙的合作模式

酒店与艺龙的合作模式包括表7-3所示的几种。

表7-3 酒店与艺龙的合作模式

序号	合作模式	具体说明	特点
1	链接跳转	合作伙伴网站、App或微信公众号通过链接跳转至艺龙的H5页面，并可实现联合登录。即用户在合作伙伴处登录后，到达艺龙H5页面时即可成为艺龙的用户。用户预订的业绩将会记录在合作伙伴名下，同时还可以识别是哪个用户的业绩	合作伙伴开发量小，上线快。用户界面体验与艺龙官方一致，有助于提升成单率
2	API集成	合作伙伴通过服务器调用艺龙开放平台的应用程序编程接口（Application Programming Interface，API），获取产品数据，完成用户的预订，并进行订单查询、更改或取消。用户面对的都是合作伙伴的网站，用户体验一致	合作伙伴预订平台更自由，数据本地化，有助于合作伙伴进行用户数据分析及营销

（续表）

序号	合作模式	具体说明	特点
3	HBA预订	HBA系统是艺龙自主开发的预订系统，合作伙伴的员工可以通过该系统查询、预订酒店，取消、变更订单	合作伙伴无开发量
4	白标网站	艺龙提供了一个没有头尾只有中间内容部分的网站，合作伙伴可以自行设置头尾，做出一个和自己主站风格一致的酒店频道	合作伙伴无开发量

095 与同程旅游网合作

同程旅游网（以下简称为"同程"）是我国优秀的休闲旅游在线服务商和一站式旅游预订平台，创立于2004年，总部设在苏州，拥有众多服务网点。

1．同程的特色

同程以"休闲旅游第一名"为战略目标，积极探索线上线下和体验相结合的"新旅游"模式，除了开展机票预订、火车票预订、酒店预订等业务，还积极布局境外游、国内游、周边游等业务，目前在景点门票预订、邮轮预订等多个领域处于市场领先位置。

2．同程的发展

同程的高速成长及其创新的商业模式赢得了业内人士的广泛认可。同程于2014年获得腾讯、携程等机构逾20亿元的投资，2015年7月又获得万达、腾讯、中信资本等超过60亿元的战略投资。

2017年12月29日，同程旅游集团旗下的同程旅游网与艺龙旅行网宣布正式合并为一家新公司——同程艺龙。

3．同程的加盟流程

加盟同程的流程十分简单，具体如图7-22所示。

提交合作信息　→　同程致电合作方负责人　→　确定合作

图7-22　加盟同程的流程

79

096 与去哪儿网合作

去哪儿网是我国领先的在线旅游平台，其网站上线于2005年5月，公司总部位于北京。去哪儿网致力于建立一个为整个旅游业价值链服务的生态系统，并通过科技来改变人们的旅行方式。去哪儿网通过其自有技术平台有效匹配旅游业的供需，满足旅游服务供应商和旅行者的需求。

1. 去哪儿网的"共享会员"模式

2017年12月21日，去哪儿网宣布将联手酒店集团创建会员制，与酒店集团互相打通会员制积分，共享权益，建立在线旅游新生态圈。

去哪儿网的"共享会员"模式主要是与酒店集团会员进行身份互认、积分交换，在平台直接享受酒店官网才能享受的权益。目前，去哪儿网已与速8中国、亚朵等国内外酒店集团签约，同时也和艺龙等OTA打通了会员权益。

业内人士认为，去哪儿网在酒店会员方面的创新举措打破了行业屏障。从消费端来说，消费者能享受到多更优质的服务；从行业端来说，平台和酒店集团结束了过往的单向竞争关系，共同打造了一个互利的新型生态圈。

2. 去哪儿网的"酒店旗舰店"

去哪儿网不仅和酒店构建了新型生态圈里，还推出了"酒店旗舰店"。以往，传统酒店业的竞争集中在早餐、睡眠系统上面。去哪儿网的"酒店旗舰店"则在电商、社交等各方面进行拓展，酒店集团可利用去哪儿网的大流量平台，推广差异化的创新服务。

097 OTA模式下酒店的营销策略

在OTA拥有巨大流量资源的市场环境下，酒店应该以积极理性的眼光看待OTA，采取合理的策略，充分利用OTA分销渠道来提升酒店的曝光率和美誉度，最大限度地避免利益被侵蚀，同时通过引流来开辟自有渠道，最终提高客房收益。OTA模式下酒店的营销策略如图7-23所示。

图7-23 OTA模式下酒店的营销策略

1．打造酒店微信自媒体平台

酒店急需能够与顾客沟通的直接途径，而微信平台可以以资讯推送的形式将酒店服务信息直接推送给顾客，引导顾客二次消费并且成为酒店的忠诚会员。

2．打造酒店联盟

为了应对OTA对流量的把控，有实力的酒店也在进行一系列的并购，打造酒店联盟。

例如，锦江酒店与锦江股份、锦江资本、联银创投、西藏弘毅、国盛投资及符合约定条件的投资人订立股东协议，共同斥资10亿元打造Wehotel，建立酒店联盟。

这样做有利于整合资源，有效提高运营效率和降低服务成本。最重要的是能够整合所有酒店的会员信息，逐渐构建起一个共享上亿会员的庞大网络，最终打造一个基于移动互联的共享经济平台。

3．与OTA深入合作

OTA为了提升线下体验，往往会挑选部分有实力的酒店，与之展开深入合作。

随着市场和消费者习惯的改变，酒店应与时俱进，保证预订渠道最优化、酒店收益最大化。因此，酒店应在加强自身移动端建设的同时，策略性地与OTA合作；利用OTA的会员优势、聚集效应，创建多元化的预订渠道，实现消费者、酒店与OTA的多方共赢。

4．加快转型

传统的酒店经营模式已不能满足客人的个性化需求，酒店需要积极、全面地了解客人偏好，加快转型速度，跟上时代发展潮流。

例如，日本某酒店集团推出了书店主题酒店，客人看书看累了，就可以在书海里睡觉。

5．采取积极的营销策略

线上营销在不断地发展变化，这意味着酒店的营销策略也要不断改进。酒店的营销团队应始终聚焦于线上营销战略的优化，只是维护网站和优化关键词是不够的。另外，酒店营销成功与否的衡量标准在于营销战略是否积极，品牌在各类渠道上是否有持续的存在感。

6．参与城市智慧项目建设

某些旅游业较发达的地区已经启动了智慧城市的建设，这对酒店来说是不可多得的机会。智慧化是酒店行业的必然趋势，作为智慧城市的一分子，酒店背靠智慧旅游城市这个品牌，自然能吸引到更多的客人。

7．使用酒店智慧管理软件

如今，随便走进一家酒店，都能体验到管理系统给酒店带来的便利之处。如今，酒店的管理系统功能强大，具有旅客管理、价格查询、服务展示、一键支付、微信托管、数据统计、周边景点推荐等功能。该系统能够帮助酒店降低管理成本，提高运营收益。

098 OTA模式下酒店的内容营销

OTA平台一般都是综合性的平台。酒店可在OTA平台上生产内容，通过内容吸引客人到预订页，从而完成流量导入。目前，在以携程为代表的OTA平台上可以开展的内容营销包括图7-24所示的几种。

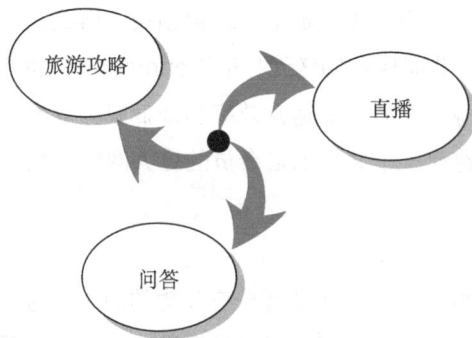

图7-24 内容营销的方式

1. 旅游攻略

除了以蚂蜂窝为代表的旅游攻略原创平台，大多数OTA平台也允许用户自己生产内容。在旅游频道，用户可以发布与旅游目的地相关的内容，如最常见的旅游攻略。酒店可通过撰写目的地行程攻略，把酒店信息加进去。

想要写出一篇优质的旅游攻略，首先要了解平台规则及读者要求，搞清楚什么样的内容才有可能受到读者的欢迎。旅游攻略的阅读者一般是即将出行或者有出行计划的人，他们是酒店的潜在客人，因此利用旅游攻略开展内容营销是酒店引流的一个重要方式。

一篇优质的游记内容能够获得很大的曝光量，尤其是那些被平台推荐至首页的游记。如果酒店想要获取额外的流量，可以在OTA平台上发布游记攻略。游记可以由酒店自己去写，也可以鼓励客人去写或者请别人写。游记可以一篇多发，写好后可以在其他平台同时发布，以提高阅读量。

2. 问答

除了旅游攻略，问答也是一种有效的引流方式，即在OTA平台的目的地攻略中，点击进入"问答"版块，寻找有关住宿行程安排的话题，对该话题进行回答。

酒店可在回答中把酒店信息加进去。回答的内容一定要有说服力，要突出酒店的特色。此外，酒店还可以创建账号，通过自问自答的形式来做推广。

3. 直播

视频直播是内容的一种呈现形式，它比文字和图片更直观，粉丝的体验效果也更好。

2017年3月月底，携程与斗鱼直播达成战略合作，在整合双方优势资源的基础上，推出首档全新酒店体验直播栏目《睡遍全世界》。《睡遍全世界》每期节目均邀请斗鱼直播的人气主播和来自各地的旅游达人，通过解密酒店、酒店游戏互动等方式，全方位体验国内外各大热门目的地的特色酒店，为用户呈现酒店最真实、最具吸引力的一面。

099　OTA模式下酒店的活动营销

除了内容营销，酒店还可以在OTA平台上参加各种活动，以此开展营销推广。

1. 参与平台活动

对于每一个活动，OTA平台都有自己的逻辑：活动主题是什么？针对什么类型旅客？展示在什么位置？活动时间多长？活动位置越好，曝光优势越明显。酒店参加活动就可以获取额外曝光量，提升转化率，获得更高的销量。那么，酒店应该如何参与平台活动呢？

酒店首先要分析活动主题是什么，针对哪种客源，展示渠道有哪些，推广资源有哪些，与自己是否匹配。只有适合自己的活动，才能获得好的营销效果。推广渠道一般有四种，如图7-25所示。

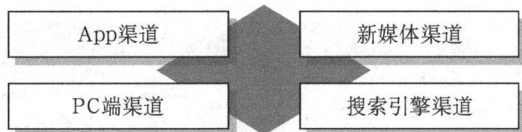

App渠道	新媒体渠道
PC端渠道	搜索引擎渠道

图7-25　推广渠道

其次，酒店要看区域内已经参与活动的酒店有多少，如果参与的酒店太多，参与的意义就不大。

最后，酒店要分析参与活动的竞争酒店，其中最关键的是价格分析。客人点击进入活动专题页面后，酒店一般都是利用优惠价格来吸引客人，因此价格是关键要素。

2. 自办活动

除了参加活动，一些OTA平台也给了酒店自办活动的权限。例如，在携程上，酒店可以通过举办各种活动来吸引潜在客人。

100 OTA模式下酒店的促销

OTA模式下酒店的促销方式主要有以下两种。

1．自主促销

目前，各OTA平台一般会提供图7-26所示的四种促销方式。

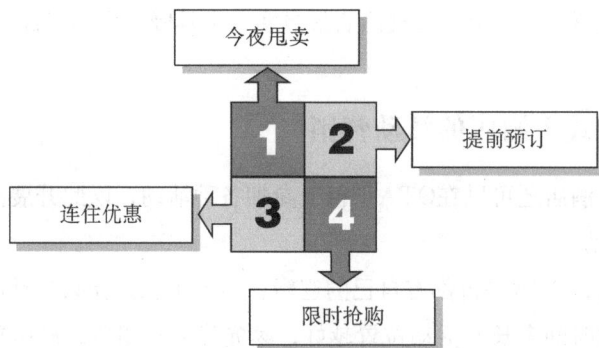

图7-26 OTA平台提供的促销方式

每种促销方式适用的场景都不一样，酒店要视具体情况采用。今夜甩卖促销示例如图7-27所示。

图7-27 今夜甩卖促销示例

2．利用优惠券、红包促销

酒店也可以利用优惠券或红包进行促销，吸引客人下单消费，提升间夜量（某个时间段内，酒店房间出租率的计算单位）。

客人可以搜索"促销优惠"，参与促销活动的酒店就会出现在搜索结果页。在淡季或流量较少的时候，酒店可以多参与一些促销活动，通过让利活动提升销量。

101 OTA模式下酒店的付费营销

OTA平台可采用各种方式对酒店进行包装，帮助其获取更高的曝光度，付费营销就是一种很典型的方式。付费营销最常见的三种手段如图7-28所示。

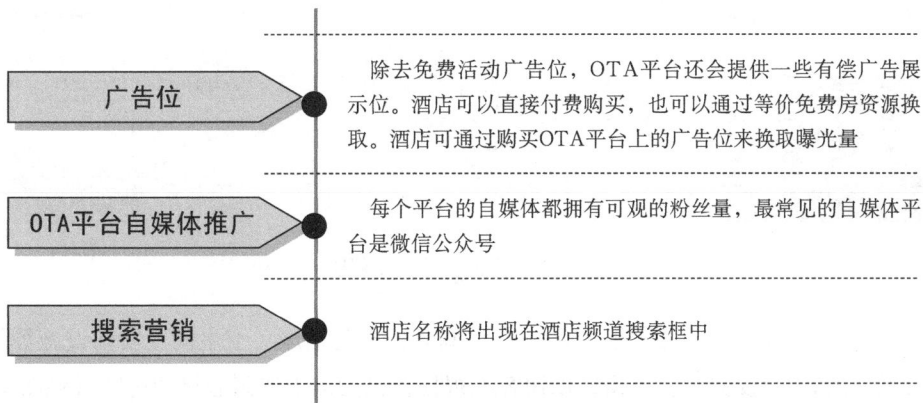

广告位	除去免费活动广告位，OTA平台还会提供一些有偿广告展示位。酒店可以直接付费购买，也可以通过等价免费房资源换取。酒店可通过购买OTA平台上的广告位来换取曝光量
OTA平台自媒体推广	每个平台的自媒体都拥有可观的粉丝量，最常见的自媒体平台是微信公众号
搜索营销	酒店名称将出现在酒店频道搜索框中

图7-28　付费营销的三种手段

102 提高酒店在OTA排名的技巧

1．为客人设计产品

客人在选择酒店时，当然会以酒店的产品为主要选择依据。酒店在OTA平台上线的产品应是专门为客人设计的。

（1）添加酒店名称后缀。无论酒店是否有分店，店名的后缀都非常重要（见图7-29）。

例如，"猴眺商务宾馆"与"猴眺优品商务酒店（人民广场店）"相比，当然是后者更吸引人。

图7-29　酒店展示页面截图

（2）酒店房型基础信息要完善。酒店房型基础信息包括床、卫生间、便利设施等的信息和图片，信息和图片要完善、丰富，以便客人根据自己的需求选到心仪的房间（见图7-30）。

图7-30　酒店设施介绍页面截图

（3）增值服务要展示到位。客人除了对酒店房间基础信息和图片有要求，还会关注房间是否可以加床，以及酒店是否提供早餐、房间升级等服务。酒店如果提供这些服务，一定要在OTA平台上写清楚（见图7-31）。

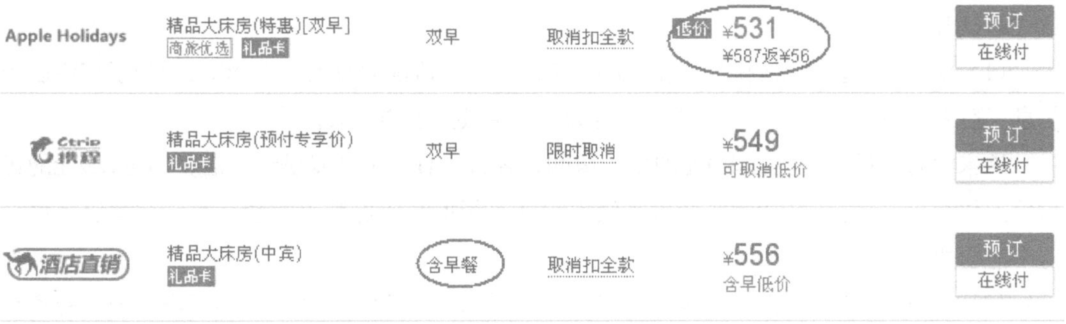

Apple Holidays	精品大床房(特惠)[双早] 商旅优选 礼品卡	双早	取消扣全款	低价 ¥531 ¥587返¥56	预订 在线付
Ctrip携程	精品大床房(预付专享价) 礼品卡	双早	限时取消	¥549 可取消低价	预订 在线付
酒店直销	精品大床房(中宾) 礼品卡	含早餐	取消扣全款	¥556 含早低价	预订 在线付

图7-31　优惠服务信息展示页面截图

2．包装美化产品

对于在OTA平台上线的产品，酒店一定要做好包装，以便吸引客人的眼球，增加点击率。

（1）房型名称的美化。例如，"雅致大床房""精致大床房""精致双床房""雅致休闲房"这类的房型名称比"大床房""双床房"等名称更好。

（2）首图的选择。酒店首图的选择非常重要，首图的展示效果会直接影响客人对酒店的第一印象。对酒店来说，首图有门头照片和客房照片两种选择。

如果客房在80间以上，门头的照片会比较大气，更适合做首图；客房量较小的酒店，用房间的照片更为直观（见图7-32）。

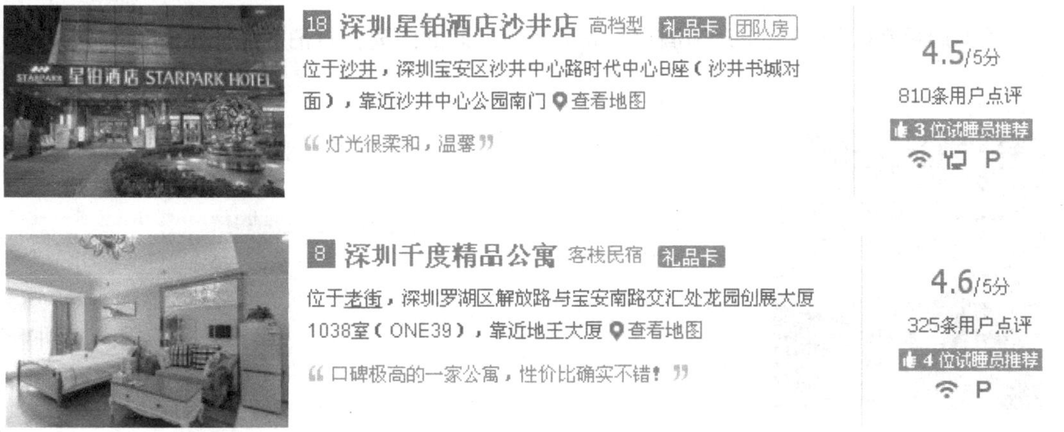

18 **深圳星铂酒店沙井店** 高档型 礼品卡 团队房
位于沙井，深圳宝安区沙井中心路时代中心B座（沙井书城对面），靠近沙井中心公园南门 查看地图
"灯光很柔和，温馨"
4.5/5分
810条用户点评
3 位试睡员推荐

8 **深圳千度精品公寓** 客栈民宿 礼品卡
位于老街，深圳罗湖区解放路与宝安南路交汇处龙园创展大厦1038室（ONE39），靠近地王大厦 查看地图
"口碑极高的一家公寓，性价比确实不错！"
4.6/5分
325条用户点评
4 位试睡员推荐

图7-32　酒店首图展示页面截图

（3）图片的视觉冲击力。酒店客房照片的视觉冲击力非常重要。拍摄时，要把房间拍得显大，酒店可以请专业摄影师来拍摄，也可用鱼眼镜头来展示房间内部。

3．引流客人

（1）活动引流。某家酒店一天的流量只有40人，这说明每天只有40人看到了该酒店的信息。后来，该酒店通过一个小活动将每天的流量做到了300人。

这家酒店的做法是，推出9元的生日房间，客人生日当天持身份证到店，即可以9元的优惠价入住酒店。该活动以9元的特价来吸引眼球，帮助酒店提升了流量，而且对酒店来说，这个活动的成本非常低。

（2）将自身优势最大化。一般举行会展时，会展场所附近的酒店都会爆满，但是距离会展场所有一定距离的酒店如何获客呢？具体方法如下。

①酒店可在OTA平台的后台为酒店名称增加地区后缀，如"（××会展中心店）"，直截了当地告诉客人这是展会场所附近的酒店（见图7-33）。

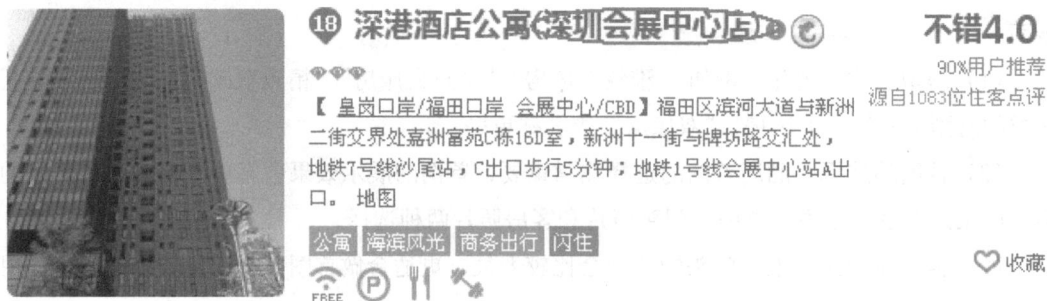

图7-33　酒店通过添加地区后缀吸引客人

②酒店可在OTA平台中介绍酒店与展会场所之间的距离，打消客人的顾虑。

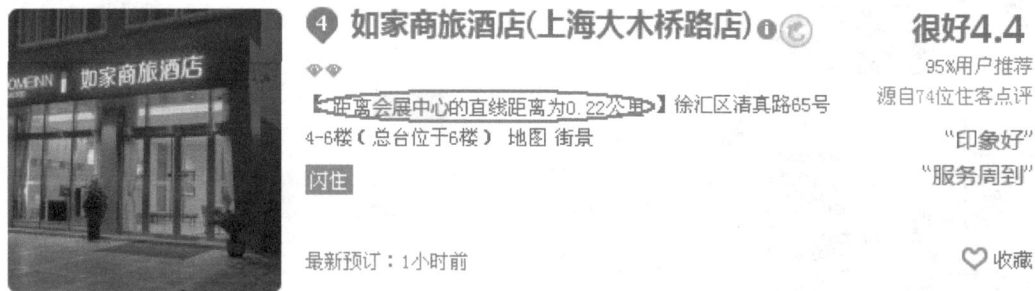

图7-34　酒店通过介绍距离吸引客人

（3）点评回复也有技巧。客人在OTA平台选择酒店的时候，一定会看热门评价和近期评论。如果评分较低，将会影响酒店在OTA平台中的排名，旅客很有可能就会选择其他酒店，从而导致酒店预订率低、订单少。

虽然酒店努力去让每一位客户都满意，但很难真正做到。如果客人给的评分较低，或者评价不好，酒店要及时去解决问题。例如，回复要有诚意，字数尽量多一些（见图7-35）。

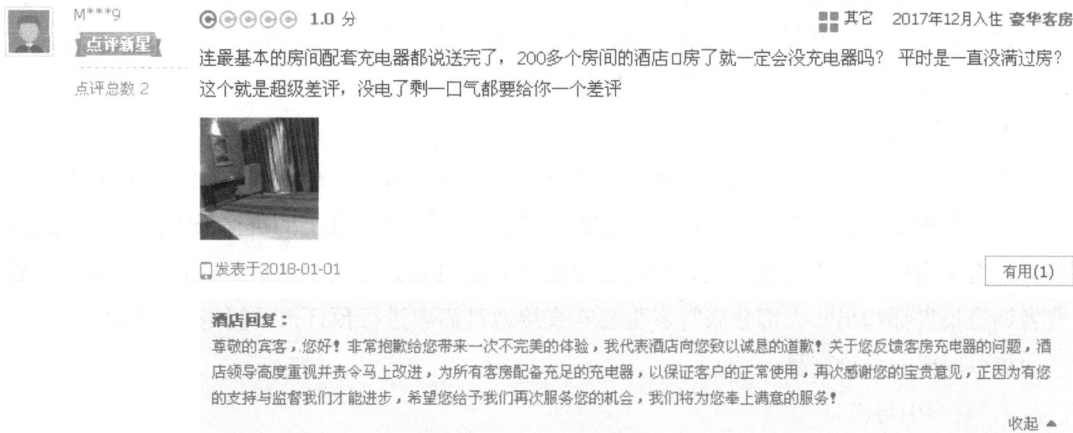

图7-35 回复点评

103 酒店转化OTA客人的技巧

OTA平台给酒店带来了高流量，酒店则需向OTA平台支付高额的佣金。因此，酒店应抓住机会，合理转化OTA客人，使之变成自有直销渠道的客人。酒店可通过OTA平台带来新的客流，提升顾客体验，提高顾客忠诚度，做好酒店的自有直销渠道。具体策略如图7-36所示。

图7-36 合理转化OTA客人的技巧

1．直销渠道的增值服务

直销渠道要不断推出新的促销方式，在保证价格一致的基础上，为客人提供更多的优惠。

例如，酒店OTA平台上的房间价格为"158元（不含早餐）"，在酒店微信预订平台上的房间价格应为"158元（含早餐或果盘）"。

久而久之，这一做法会让消费者相信酒店微信订房平台是更好的预订渠道，而微信预订平台将会成为消费者更青睐的预订平台。

此外，在举办这些促销活动的时候，酒店应该尝试互联网营销手段，如官网、微信、论坛、百科、视频、软文等，更好地将促销信息传达给消费者。

2．价格一致

很多酒店对价格一致原则不够重视，也没有采取有效措施规避价格不一致带来的风险。

相关数据显示，在2015年，65%以上的快捷酒店在OTA平台上的价格低于其直销渠道价格。只有全面贯彻价格一致原则，才能鼓励消费者通过官方直销渠道进行预订。很多旅游消费者调查报告都指出，大部分旅行者更喜欢直接通过酒店进行预订，前提是酒店网站和OTA平台提供同样的低价产品。

3．官网引导流量

官网是消费者最信任的渠道，因此酒店要推广自营直销平台，以实现直销渠道的流量积累和客人沉淀。酒店应设置OTA渠道的限制条件，合理控制OTA渠道的权重，如设置促销房的数量限制、附加条件等。酒店要清楚地知道OTA渠道并不是自营直销渠道的替代品。

4．直销渠道推广要有力度

长期以来，单体酒店不愿意或没有实力进行大规模的营销投入，而大型酒店则会花费巨额资金来开展品牌营销活动。对品牌酒店而言，这些活动都不是免费的，为此需要支付高额的费用。

单体酒店如果不愿意投入营销费用，就要利用或加入会员共享平台，享受会员体系的支持。当然，即便是品牌酒店，有可能也无法利用自有渠道有效地在当地市场开展营销，因此品牌酒店也应该安排充足的预算来进行本地市场推广，以及品牌不擅长的领域或不够重视的领域，如家庭旅游、社会团体的会议、本地俱乐部消费、社群活动和婚礼等。

5．直销渠道最优惠价格保证

（1）酒店可在直销渠道展示优惠信息，并在直销渠道发布软文，如《为什么要在××平台预订》。

（2）酒店可设计一个具有吸引力的奖励计划，并通过直销渠道进行推广。这些计划应为忠诚顾客提供奖励，如免费接站、免费升级房型或提供免费早餐等。

（3）酒店可通过社交媒体、宣传册和邮件营销等渠道来宣传最优惠价格保证和顾客答谢计划的相关信息。

6．前台服务引导

转化OTA客人最关键的一环就是酒店所有员工尤其前台员工的配合。前台服务引导的方法如图7-37所示。

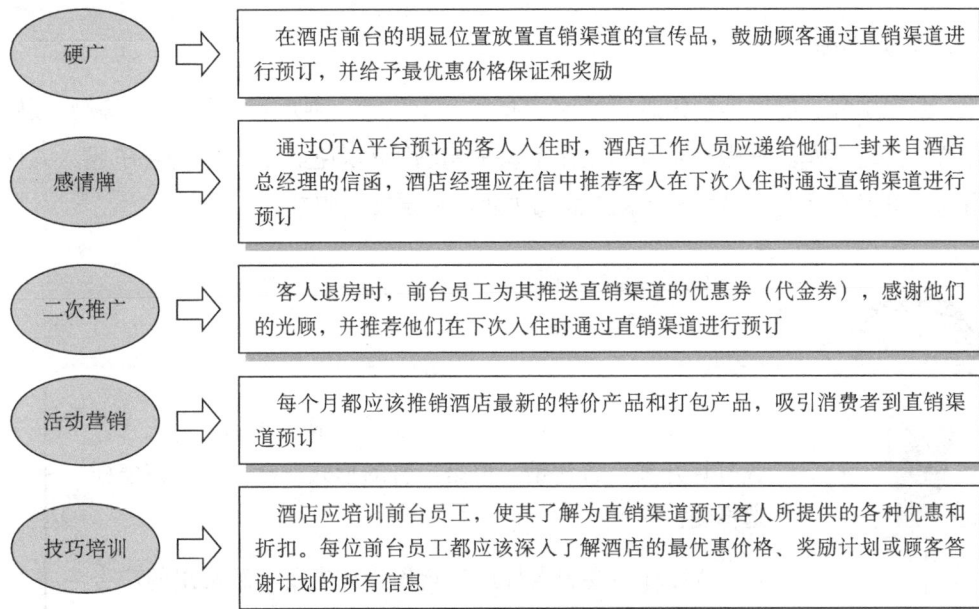

硬广	⇨	在酒店前台的明显位置放置直销渠道的宣传品，鼓励顾客通过直销渠道进行预订，并给予最优惠价格保证和奖励
感情牌	⇨	通过OTA平台预订的客人入住时，酒店工作人员应递给他们一封来自酒店总经理的信函，酒店经理应在信中推荐客人在下次入住时通过直销渠道进行预订
二次推广	⇨	客人退房时，前台员工为其推送直销渠道的优惠券（代金券），感谢他们的光顾，并推荐他们在下次入住时通过直销渠道进行预订
活动营销	⇨	每个月都应该推销酒店最新的特价产品和打包产品，吸引消费者到直销渠道预订
技巧培训	⇨	酒店应培训前台员工，使其了解为直销渠道预订客人所提供的各种优惠和折扣。每位前台员工都应该深入了解酒店的最优惠价格、奖励计划或顾客答谢计划的所有信息

图7-37　前台服务引导的方法

第八章　营销事务管理

导读 >>>

　　要想更快、更好地销售酒店产品和服务，如客房、酒水等，酒店经理就必须做好营销管理工作。积极开展营销工作能够提高酒店的知名度，吸引更多的客人入住酒店，消费酒店的产品和服务，进而为酒店创造更多的收益。

　　　　Q先生：A经理，为了提升酒店形象、增加酒店收入，我打算开展广告营销，但是广告的形式非常多，我该怎样选择呢？

　　　　A经理：要想做好广告营销，首先要了解常用的广告形式及其特点，如电视广告、网络广告等，然后根据酒店的具体情况选择最合适的形式。

　　　　Q先生：每到一些节假日，像春节、情人节等，我们都要举行各种活动来提升销售额，这些活动应该怎么开展呢？

　　　　A经理：你要对各种节假日的特点非常熟悉，然后结合酒店的实际情况制定相应的营销方案。另外，你也可以开展网络营销。当然，店内营销也不要忽视，这往往是提高酒店经营业绩的一个好方法。

第一节 酒店营销队伍建设

104 选聘合适的营销人员

营销人员可以从酒店内部选拔，也就是把本酒店内德才兼备、热爱并适合从事营销工作的人员调到营销部门工作；也可以从酒店外部招聘，也就是从高院的应届毕业生、其他企业物色合格人选。无论采用哪种渠道，都必须进行严格的考核并择优录用。

对酒店来说，如果聘错了人，不管花多少时间去指导、培训和激励他们，可能都无法让其胜任该工作。这样不仅浪费了时间和精力，还浪费了许多资金，必将给酒店造成损失。

105 设计营销队伍结构

营销队伍的结构主要有下列几种。

1. 地区结构式

每个营销人员被指派负责一个地区，作为该地区的销售代表。这种结构具有以下几个优点。

（1）营销人员的责任明确。由于一个地区只设一个营销人员，所以其必须承担由于个人努力的差别所带来的不同后果。

（2）地区责任能促使营销人员与当地客人加强联系，这种联系有助于提高营销效果。

（3）由于每个营销人员只在某个固定的区域内活动，因此其差旅费开支较少。

2. 产品结构式

产品结构式是指每个（组）营销人员负责一种或几种产品的营销工作。由于营销人员了解酒店产品的重要性，加之现在许多酒店采用事业部管理制，因此酒店可以按照其产品线确定营销队伍的结构。该结构特别适用于产品线复杂或产品之间关联度较小的情况。

3. 客户结构式

客户结构式是指根据客人的行业、规模、分销渠道的不同而分别配备营销人员。例如，酒店为不同行业安排不同的营销人员，为大客户或一般客户安排不同的营销人员，为已有业务和新业务安排不同的营销人员。这种结构的最大好处是每位营销人员对客户的特定需求非常熟悉，其缺点是如果各类客户的分布区域较广，那么营销人员的差旅费开支将很高。

4．综合结构式

因为酒店所面临的情况一般是比较复杂的，所以大部分酒店会综合应用以上结构，这样才能获得较好的营销效果。

106　明确营销队伍组建注意事项

组建营销队伍的注意事项如表8-1所示。

表8-1　营销队伍组建注意事项

序号	事项	具体内容
1	确定营销方式	确定以何种手段向客人进行营销，常用的营销方式包括电话营销、小组营销、会议营销、研讨会营销、微信营销、团购营销、App营销等
2	确定营销队伍的结构与分工	考虑如何将营销人员打造为一个有机的整体，从而提高营销队伍的工作效率。常用的分工方式有地区型分工、经营项目型分工、客人型分工，酒店经理和营销部主管可根据本酒店的实际情况选择合适的分工方式
3	注重营销队伍规模化	营销队伍规模指营销人员的多少。营销队伍规模通常视酒店规模、市场种类、业务范围、营销人员的工作时间和经验等因素而定。一般来说，营销人员越多，销售额就越高

107　防止营销人员老化

1．酒店营销人员老化的表现

营销人员老化的主要表现如下。

（1）业绩平平。营销人员的业绩在达到一定水平后，除非市场大环境发生变化，否则会一直维持在一个固定的水平，最多只是小幅度波动。

（2）走访减少。除非老客户主动上门，营销人员很少主动与客户联络，甚至连对刚消费完的客户都很少进行跟踪，更谈不上开拓和拜访新客户，很多时候只是坐在办公室里等电话。

（3）热情不足。营销人员上班经常迟到，制作业务报表时敷衍了事。

（4）缺乏创新。营销人员将大量时间花在接待和现场服务上，偏离了工作重心——主动出击、寻找市场机会。

2．营销人员老化的原因

营销人员老化会直接影响酒店的销售额，造成这一现象的原因主要有以下几条。

（1）满足于当前的经济收入。当获取更多收入已不再是生活的第一需求时，部分营销人员就会缺乏进一步提高自身业绩的动力。

（2）感觉没有前途。整个市场就这么大，乍一看大客户基本上都已签约，自己无从插手；长期从事销售工作，功劳苦劳都有，就是没有升迁机会，干劲不足。

（3）缺少竞争与奖励。核心营销人员相对固定，能力旗鼓相当，多和气少竞争，缺乏必要的激励制度。

（4）其他原因，如家庭原因、身体原因等。

3．防治措施

酒店经理和营销部主管应有针对性地采取以下几项防治措施。

（1）调整新老客户业务提成比例。以半年为标准，下调老客户的业务提成比例，而新客户业务提成比例上调为原来的 2 ~ 5 倍。

（2）取消每月的固定交通补助。营销人员每月按业绩以一定比例提取交通费，以此促使营销人员主动外出开发业务。

（3）设立最高业绩奖和业绩增长奖。在办公室张贴营销人员月业绩曲线图，清楚地反映各营销人员的业绩情况，适当创造竞争压力；对每月业绩最高者给予一定的奖励；对本月业绩比上月增长一定幅度者，同样给予一定的奖励。

（4）加强对营销人员的培训。与人力资源部配合，对营销人员进行推销礼仪、电话推销、推销技巧等方面的培训。开展行业交流活动，在提高营销人员的销售技能的同时，让他们认识到自己掌握的知识还远远不够，激发他们的学习动力。

（5）对优秀的营销人员给予升迁奖励。资深业务员拥有丰富的营销经验和客户关系，将其提升至更高职位后，可为其提供一个能更全面地施展其才能的平台，使其在新员工培训、营销整合、大客户维护等方面发挥更大的作用。

（6）强化营销部主管角色。改变营销人员从接单到送客的一条龙服务模式，使营销人员从烦琐的接待、协调事务中解脱出来，专心从事酒店产品销售工作。营销人员将合约、日程安排表及客户负责人移交给营销部主管后，客户在酒店内的所有活动均由营销部主管负责。

（7）招聘新员工，扩充营销队伍。从前厅及其他部门筛选优秀的员工进入营销部，为销售队伍补充新鲜血液的同时，以后浪推前浪的方式促进整个队伍的良性竞争。

（8）有意识地给营销人员新的工作任务与压力。与公关部配合，挖掘新的客源市场，然后分派给营销人员去联络客人，并提供必要的支持。

（9）严格执行考勤、报表制度。工作态度不端正且工作业绩不理想者，应考虑为其调换工作岗位，以便补充适合从事营销工作的人员。

第二节 重大节假日促销

108 了解重大节假日

在通常情况下，促销期间的销售额比非促销期间的销售额高出30%左右。如果酒店经理能把握住节假日消费市场的热点和需求变化趋势，制定出符合目标市场的促销方案，必能获得可观的收益。

酒店经理应将节假日促销活动当作每个季度的重点工作，督促营销部全体员工做好相关工作，并要求酒店所有部门积极参与。全年重大节假日如表8-2所示。

表8-2 全年重大节假日一览表

序号	季节	节日	月份
1	春季	农历正月初一（春节） 农历正月十五（元宵节） 2月14日（情人节） 3月8日（妇女节） 3月15日（国际消费者权益日）	二、三、四月份
2	夏季	5月1日（国际劳动节） 5月4日（中国青年节） 5月12日（国际护士节） 5月第二个星期日（母亲节） 6月1日（国际儿童节） 6月第三个星期日（父亲节） 农历五月初五（端午节）	五、六、七月份
3	秋季	8月1日（八一建军节） 农历七月初七（七夕节） 9月10日（中国教师节） 农历八月十五（中秋节） 10月1日（国庆节） 农历九月初九（重阳节）	八、九、十月份

序号	季节	节日	月份
4	冬季	12月24日（平安夜） 12月25日（圣诞节） 1月1日（元旦）	十一、十二、一月份

109 做好促销准备工作

每到重大节假日，酒店的客房入住率就会猛升，为了使酒店在获取最大化收益的同时培养一批批忠诚顾客，酒店经理应与营销部一起细致地做好促销准备工作，不能简单地坐等客人上门。

促销准备工作如图8-1所示。

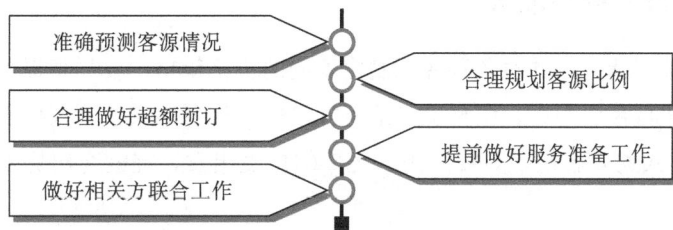

图8-1 促销准备工作

110 准确预测客源情况

只有做好客源预测工作，才能做好促销工作。预测客源需从多个方面着手，具体如表8-3所示。

表8-3 预测客源

序号	类别	具体内容
1	分析往年同期客源情况	细致研究往年同期的客房出租情况，如每日出租房间数、散客房间数以及来自协议的散客比例、来自订房中心的散客比例等，将以往的数据与今年节假日预订情况进行对比。由于旅行社团体往往会提前预订，而且越接近节假日团体预订的房间数才会越确定，所以酒店经理应要求营销部主管每隔一段时间与旅行社核对收客情况，防止旅行社为了控房而做虚假或水分较大的预订

（续表）

序号	类别	具体内容
2	关注节假日期间的天气状况	节假日期间的客源主要是游客，而游客的随意性较大，因此，若天气状况良好，可以留出部分房间以出售给临时上门散客；若天气状况不好，则要多招揽团体入住
3	了解本市同类酒店的预订情况	通过了解竞争对手和不同地段的酒店的预订情况，估计出本酒店的预订情况
4	关注各媒体报道	通常在节假日前几天，各大媒体都会对从相关行业、酒店处了解到的最新情况进行滚动式报道
5	通过其他渠道了解信息	从酒店主要客源地、同行、旅行社处了解相关信息

111　做好价格调整准备

酒店应根据预测情况，针对各种客源制定不同的价格策略。要尽量提前制定新的价格，以便留出足够时间与客户沟通。调整价格前有大量的工作要落实，不仅要通过电话、传真、E-mail、微信等方式通知客户，更要从关心客户的角度出发，提醒客户提前预订，以免临时预订时没有房间。

酒店经理要从长远的眼光来看待酒店与客人之间的关系，不能只做一锤子买卖，因为建立良好的信誉是发展未来客源的基础，绝不可因节假日游客激增而肆意涨价。

112　合理规划客源比例

酒店经理要根据营销部的调查与预测情况合理规划客源比例。如果预测天气状况不好，可以增加团体的预订量；如果预测天气状况较好，可以减少团体的预订量。酒店经理还可以通过提高价格来合理控制或筛选不同的细分市场。对于长期合作的团体，应尽量为其保留一定比例的房间。

113　合理做好超额预订

酒店常常会遇到客人预订了房间却"未出现"（No-show）的情况。由于客人不会因没有履约而承担经济责任，这样就会出现一些不受酒店欢迎的行为。例如，客人可能因为价格或出游人数不确定等因素而做多次、多处预订。这种行为在随意性较大的自费游客中较为普遍。通过多次、多处预订，自费游客可以享受较优惠的价格，而且可以确保抵达酒店时马上得到房间。

然而，No·show会造成酒店产生空房，除非客人提前通知酒店取消预订。为了避免No·show给酒店造成损失，酒店可以采用超额预订的做法，防范大量客人不履约的风险。然而，如果接受太多的超额预订，就要承担客人抵达酒店时没有房间可供其入住的风险。

为了降低超额预订的风险，酒店可以对以往节假日的No·show和取消预订的数据进行统计和对比，预测一个合理的比例，从而最大限度地降低因No·show而产生的损失。

114 提前做好服务准备

一到重大节假日，酒店所有的人力和设施设备都有可能超负荷运转，因此酒店经理必须提前检查相关设施设备，并根据预测情况合理安排人手。酒店可以在平时交叉训练员工，培养多面手，也可以从旅游职业学校预约一些学生兼职。

由于客人抵达时间一般在白天，而前一天客人的退房时间是在中午十二点左右，因此酒店经理必须安排好充足的服务人员，确保房间能快速打扫、收拾完毕。

115 做好相关方联合工作

酒店经理还要做好相关方面的联合工作，具体内容如下。

（1）与同行酒店及时互通信息，相互核对酒店房态，做到互送客源。

（2）与各大网络订房中心随时联络，及时通告酒店房态。

（3）与预订的客人进行核对，确认客人是否到来以及具体的抵达人数和抵达时间等。

（4）与电台等媒体定时联络。

116 开展促销活动

为了保证节假日的促销工作取得圆满成功，酒店经理需要督促营销部制定有针对性的促销方案，以便在节假日期间按照既定方案有条不紊地开展促销活动。下面是某酒店的情人节促销方案，供读者参考。

【实用案例】

××酒店"情人节"促销方案

一、活动目标

吸引客源，扩大酒店知名度，实现长远销售目标。

二、活动主题

与最爱的人共度温馨的情人节。

三、活动时间

2月13日～15日。

四、活动内容

（一）做好店内布置

提前做好店内布置，以粉色与粉紫色为主色调，播放轻柔、动人的音乐，突出情人节浪漫、温馨的主题，营造良好的店内气氛。

1. 大门口用松枝、鲜花、粉红色雪纱扎成心形拱门。

2. 在大门横梁上标明活动主题。

3. 玻璃墙处设立4米×2米的"情人留言板"。

4. 大厅内用粉红色雪纱、玫瑰花、粉红色气球点缀。

5. 休息房内用粉红色雪纱、玫瑰花、粉红色气球点缀。

（二）设置专属套餐／套房

酒店设"情人节爱侣专属套餐/套房"和"单身等待爱情专属套餐/套房"，客人消费达到一定额度，可获赠以下物品。

1. 同价值的消费券。

2. 玫瑰花、巧克力、香槟酒及双份早餐。

（三）设置"同心愿望树"和"情人留言板"等

2月13日开始，酒店在大厅内设置"同心愿望树"和"爱情寻觅树"，为期一周；同时设立"情人留言板"，供情侣在上面书写爱的挚言。

1. 凡在2月13日～15日入住酒店或者来酒店餐厅就餐的情侣、夫妻均可获赠一对"爱情守护瓶"及标签，客人们可将自己对爱人的承诺、祝福、愿望等写在标签上折叠后装入瓶中，男士用紫色丝带、女士用粉色丝带扎好瓶口，将其挂于"同心愿望树"上。2月15日以后，客人们可凭当日获赠消费券领回专属的"爱情守护瓶"，再次在餐厅就餐的情侣、夫妻可获赠甜蜜点心一份。

2. 凡在2月13日~15日入住酒店或者来酒店餐厅就餐的单身男、女青年，均可获赠一只"爱情守望瓶"及标签，客人可将自己对爱情的期望、交往信息等写在标签上折叠后装入瓶中，男士用紫色丝带、女士用粉色丝带扎好瓶口，将其挂于"爱情寻觅树"上。2月15日以后，在情人节期间告别单身的男女青年可携爱人取回"爱情守望瓶"，并凭当日消费证明获赠消费券，再次在餐厅就餐的情侣可获赠甜蜜点心一份。

（四）送玫瑰、扎气球赢奖品

餐厅前摆放玫瑰鲜花，设置情人节宣传板，配图介绍情人节来历、风俗等内容。宣传板周围用粉色气球装饰，气球内置空白或写有奖品名称的粉色便签。奖品包括布丁甜品、巧克力、醇香饮品、水果、情人节专属菜品、餐券等。准备一只扎气球用的长针，用粉色蝴蝶结装饰。

凡在2月14日来酒店餐厅就餐的情侣，男士可挑选一枝玫瑰送给自己的伴侣，并可携伴侣之手来到宣传板前一起扎破一只气球，迎接惊喜。

凡在2月14日来酒店餐厅就餐的单身男、女青年，男士如在餐厅内遇到心仪的单身女士，可挑选一枝玫瑰送给这位女士，并可邀请她一起至宣传板前扎破一只气球。

（五）服务流程

从前期的活动宣传、场地布置到活动进行期间，每个环节都要安排专人负责，要做到分工明确、有条不紊。

（六）广告方法

1. 街头派发宣传单。

2. 发布内部广告。

3. 投放报纸和网络广告。

（七）费用预算

1. 仿真玫瑰花：1000（朵）×0.3（元）=300（元）。

2. 玫瑰花：500（朵）×1.00（元）=500（元）。

3. 巧克力：50（盒）×20（元）=1000（元）。

4. 宣传单：5000（份）×0.1（元）=500（元）。

第三节　店内促销

117　店内促销涉及的人员

1．酒店高级管理人员

酒店经理和其他高级管理人员是酒店店内促销的组织者和实施者，要时刻关注并身体力行地实施店内促销工作。

2．营销部的全体工作人员

营销部应该保持与客人的接触和联系，帮助客人解决在店期间的生活、服务、接待等方面的问题。特别是团体客人和商务客人，这些客人进店以后，酒店经理要督促营销主管对其进行跟踪服务，经常走访客人，征求客人意见，解决客人的疑难问题等。

3．每位与客人直接接触的员工

如果前台接待员、出纳员、餐厅服务员、行李员、客房服务员等所有与客人直接接触的工作人员都能充分重视并严格执行店内促销政策，那么酒店的销售业绩将会大大增加。

118　店内促销的具体内容

酒店每个部门都是店内促销工作的主体。酒店经理应经常开展抽查工作，检查各部门是否认真开展了店内促销工作。店内促销的具体内容如表8-4所示。

表8-4　店内促销的具体内容

序号	内容	详细说明
1	前厅与客房的店内促销	酒店前厅部下属的总机房、总台（问讯、接待）、迎宾、门卫、机场代表等都是店内促销的促销员。客人入住之后，会经常提出一些生活服务方面的问题，请客房中心和楼层服务员帮助解决，而服务员应答客人的态度和技巧都会对店内促销的效果产生影响
2	餐饮方面的店内促销	各餐厅的服务员是最佳的推销员，服务员应与用餐客人保持良好的关系，将用餐客人的单位和姓名存入档案，与他们保持联系

（续表）

序号	内容	详细说明
3	康乐方面的店内促销	酒店内的各种康乐设施是吸引客人来店消费的因素之一，也是酒店获得更多经济效益的重要手段。康乐活动会员制是店内促销的一种形式，这需要康乐部各消费点员工的积极推销和热忱服务
4	酒店其他方面的店内促销	（1）组建员工业余艺术团，在客人来店举办重要活动或大型团体进店时进行演出，这也是一种推销和宣传 　　（2）组织大型推销活动。在举办这些活动之前，要对员工进行适当的培训，使其知晓这些活动的内容、特色，以便适时、适度向客人进行推销 　　（3）出租汽车业务推销。酒店的出租车司机应做到以下几点：主动问候；尽可能为客人开车门；在行车途中，适当地向客人介绍当地特色饮食和景点；播放优雅的音乐；规范着装，礼貌待客；客人付款后，礼貌地向客人致谢等

119　店内促销的相关工作和政策

1．培训工作

酒店员工是店内促销工作的执行者。酒店经理应安排营销部对员工进行培训，教他们如何进行店内推销。

促销培训的形式和方法主要有以下几种。

（1）开餐前，餐厅主管或领班对餐厅员工进行培训，并提出促销工作的要求。

（2）前厅部每周至少召开一次培训会议（约半小时），介绍推销酒店产品的一些技巧，供前厅接待员参考。

（3）店内开展某些专项推销活动时，要专门对员工进行推销培训。

（4）酒店转变经营方向以后，要对员工进行专项培训。

（5）培训员工关心、帮助、理解客人以及满足客人需求等方面的技巧和方法等。

2．质量管理

酒店服务质量管理工作是确保店内促销工作顺利进行的基础。无论哪一个服务环节出现质量问题，都会导致客人投诉、离店，进而对酒店产生不良影响。

3．价格政策

酒店的价格政策对店内促销的效果有很大的影响。认真研究并制定切实可行的价格政策，有利于开展店内促销及提高酒店效益，具体如图8-2所示。

多种价格 ⇨	酒店客房的定价策略要灵活，定价可采用两种方法：一种是高价、低价各占20%，中间价占60%；另一种是高价、低价各占10%，次高、次低价各占20%，中间价占40%
灵活价格 ⇨	酒店经理要根据市场供求的变化情况来调整酒店产品的价格。旺季时，客房紧张，房价可以适当上浮；而到了淡季，要设定一个特别优惠的价格
房价控制 ⇨	房价控制不力，就容易出现管理方面的漏洞；房价控制过死，又会失去灵活性。因此，酒店经理要根据酒店实际情况制定合理的价格政策

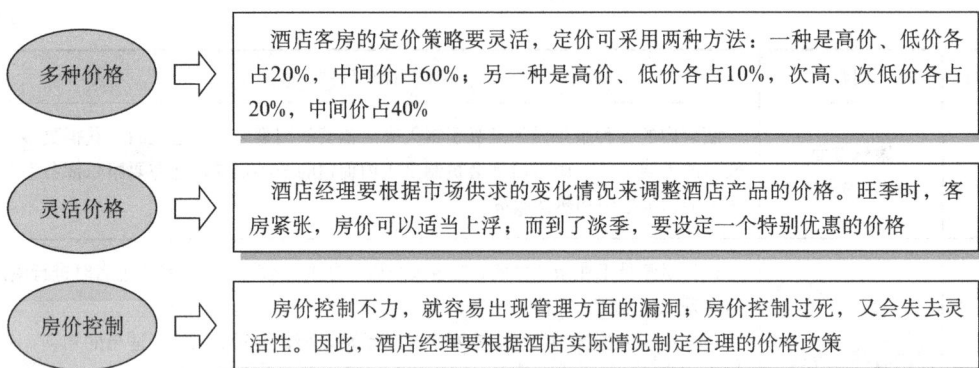

图8-2　店内促销价格政策

120　店内促销的方法

1．主动问候客人

酒店所有与客人接触的员工，都要养成主动问候客人的习惯。无论在酒店什么地方，见到客人时都要主动、热情地问候，使客人在住店期间保持愉悦的心情，这些都对店内促销有良好的促进作用。

2．与客人保持联系

经常与客人联系，才有机会推销酒店的产品。酒店内的各消费点要对来店消费（住宿、用餐、娱乐）客人的详细情况进行记录，经常与他们联系。联系的方法多种多样，可以打电话或写信，让客人知道酒店非常重视他们并感谢他们的光顾，这对促销很有帮助。

3．提供优质服务

（1）为客人提供优质服务。

（2）让客人感到舒适。

（3）让客人感到酒店需要他们、欢迎他们。

121　开展店内特别促销活动

酒店要经常开展一些特别促销活动，吸引各类客人来店消费。例如，酒店可利用自身拥有的一些娱乐服务设施开展专项促销活动，如网球比赛、保龄球比赛、水上芭蕾游泳比赛、交谊舞比赛等，以此向社会各界宣传酒店的娱乐服务，吸引更多客人来店消费；酒店可在一年之中的不同时期推出不同形式和主题的美食节，以此吸引客人光顾；酒店可以组织外资企业主管、外事单位的负责人等成立一个俱乐部，鼓励俱乐部成员帮助酒店推销，推销成功后要为其提供一定的奖励。

122　团体会议促销

在淡季，酒店要特别做好团体会议的促销工作。因为每一位团体会议的出席者都是潜在的客户，如果他们感到满意，以后还会再来酒店，并为酒店做宣传。团体客房销售不仅可以提高淡季出租率，还为推销其他业务创造了极好的机会。因此，在淡季时做好团体会议推销、提供优质的团体会议接待服务也是很有效的促销活动。

123　其他促销手段

酒店要想做好店内促销工作，就必须重视内部的广告、告示宣传，使进入酒店的客人立刻就知道酒店近期有什么促销活动和新的消费项目等。酒店大厅内应设置专门的告示栏、告示牌，告知客人这些促销活动的内容、时间、地点、特色等。

酒店经理可以将一些闲置场所改造为消费点。如果会议室太多、利用率不高，就要改作他用；有些消费点很少有客人光顾，就要重新考虑其必要性；有些场所能为酒店带来效益，就不能将其作为行政办公用房。只要认真检查一下，酒店就会发现一些可以产生更多效益的地方。

第九章 前厅事务管理

导读 >>>

前厅是酒店的窗口，前厅服务质量的好坏直接影响着客人对酒店的印象，同时也影响着酒店的收入。因此，酒店经理必须在前厅部主管的配合下，做好前厅各项事务的管理工作。

Q先生：A经理，前厅可以说是酒店的门脸，影响着客人对酒店的第一印象，因此我每天都会去前厅转一转，以确保前厅的服务质量。

A经理：你做得很对。你必须加强前厅事务管理，尤其是日常管理。例如，你可以通过制定相关服务标准来控制服务质量；你可以通过各类房态控制表格来客房状态控制；此外，你还要督促前厅人员做好记账等工作。

Q先生：A经理，请问如何才能做好VIP客人的接待工作呢？

A经理：你可以亲自主持VIP接待工作。你要了解VIP的类型，熟练掌握接待流程，安排好各部门在接待工作中承担的任务。同时，你还要处理好客人投诉，不断提高客人对酒店的满意度。

第一节　前厅日常事务管理

124　制定前厅服务标准

酒店经理要想做好前厅事务管理工作，就要在前厅部主管的协助下建立前厅服务质量标准，以此规范前厅员工的服务流程。

酒店经理制定前厅服务质量标准的主要依据是星级酒店的最新标准（《旅游饭店星级的划分与评定》GB/T 14308—2010）。酒店前厅服务的要求如表9-1所示。

表9-1　酒店前厅服务的要求

2.1.1	总机
2.1.1.1	在正常情况下，电话铃响10秒内应答
2.1.1.2	接电话时正确问候宾客，同时报出酒店名称，语音清晰，态度亲切
2.1.1.3	转接电话准确、及时、无差错（无人接听时，15秒后转回总机）
2.1.1.4	熟练掌握岗位英语或岗位专业用语
2.1.2	预订
2.1.2.1	及时接听电话，确认宾客抵离时间，语音清晰，态度亲切
2.1.2.2	熟悉酒店各项产品，正确描述房型差异，说明房价及所含内容
2.1.2.3	提供预订号码或预订姓名，询问宾客联系方式
2.1.2.4	说明酒店入住的有关规定，通话结束前重复确认预订的所有细节，并向宾客致谢
2.1.2.5	实时网络预订，界面友好，及时确认
2.1.3	入住登记
2.1.3.1	主动、友好地问候宾客，热情接待
2.1.3.2	与宾客确认离店日期，对话中用姓氏称呼宾客
2.1.3.3	询问宾客是否需要贵重物品寄存服务，并解释相关规定
2.1.3.4	登记验证、信息上传效率高、准确无差错
2.1.3.5	指示客房或电梯方向，或招呼行李员为宾客服务，祝愿宾客入住愉快
2.1.4	行李服务

(续表)

2.1.4.1	正常情况下，有行李服务人员在门口热情友好地问候宾客
2.1.4.2	为宾客拉开车门或指引宾客进入饭店
2.1.4.3	帮助宾客搬运行李，确认行李件数，轻拿轻放，勤快主动
2.1.4.4	及时将行李送入房间，礼貌友好地问候宾客，将行李放在行李架或行李柜上，并向宾客致意
2.1.4.5	离店时及时收取行李，协助宾客将行李放入车辆中，并与宾客确认行李件数
2.1.5	礼宾、问讯服务
2.1.5.1	热情友好，乐于助人，及时响应宾客合理需求
2.1.5.2	熟悉饭店各项产品，包括客房、餐饮、娱乐等信息
2.1.5.3	熟悉饭店周边环境，包括当地特色商品、旅游景点、购物中心、文化设施、餐饮设施等信息；协助安排出租车
2.1.5.4	委托代办业务效率高，准确无差错
2.1.6	叫醒服务
2.1.6.1	重复宾客的要求，确保信息准确
2.1.6.2	有第二遍叫醒，准确、有效地叫醒宾客，人工叫醒电话正确问候宾客
2.1.7	结账
2.1.7.1	确认宾客的所有消费，提供总账单，条目清晰、正确完整
2.1.7.2	效率高，准确无差错
2.1.7.3	征求宾客意见，向宾客致谢并邀请宾客再次光临
2.2	前厅维护保养与清洁卫生
2.2.1	地面：完整，无破损、变色、变形、污渍、异味，清洁、光亮
2.2.2	门窗：无破损、变形、划痕、灰尘
2.2.3	天花（包括空调排风口）：无破损、裂痕、脱落，无灰尘、水迹、蛛网、污渍
2.2.4	墙面（柱）：平整，无破损、开裂、脱落、污渍、蛛网
2.2.5	电梯：平稳、有效，无障碍、划痕、脱落、灰尘、污渍
2.2.6	家具：稳固、完好，与整体装饰风格相匹配。无变形、破损、烫痕、脱漆、灰尘、污渍
2.2.7	灯具：完好、有效，与整体装饰风格相匹配，无灰尘、污渍
2.2.8	盆景、花木、艺术品：无枯枝败叶，修剪效果好，无灰尘、异味、昆虫，与整体装饰风格相匹配
2.2.9	总台及各种设备（贵重物品保险箱、电话、宣传册及册架、垃圾桶、伞架、行李车、指示标志等）：有效，无破损、污渍、灰尘

125　前厅服务标准内容

酒店经理应在最新标准的基础上，根据前厅各部门的具体情况，在前厅部主管的协助下制定更有针对性的前厅服务标准，具体如表9-2所示。

表9-2　前厅服务标准

序号	质量标准名称	具体内容
1	服务程序标准	按时间顺序安排服务环节，既要保证服务工作的有序性，又要保证服务内容的完整性。例如，前厅接待服务有四个环节，即客人到店前的准备工作、客人到店时的迎接工作、客人住店期间的服务工作和客人离店时的检查工作，其中每个环节又可以细分为很多具体的步骤。哪怕有一个环节或步骤出现问题，都会使对客服务整体质量受到很大影响。因此，确定前厅服务标准是保证服务质量的重要环节
2	服务效率标准	为对客服务制定时效标准，保证客人享受到快捷、有效的服务。例如，有些酒店规定前厅工作人员要在5秒内接听客人电话
3	服务设施用品标准	酒店要对客人直接使用的各种设施、用品的质量与数量制定严格的规定。设施、用品是酒店服务产品的硬件部分，其质量标准直接影响着酒店的服务水平。例如，前厅各项设施太过陈旧，客人往往就会对酒店的整体服务水平产生质疑和不满
4	服务语言标准	对客服务过程中必须使用标准化语言。在欢迎、欢送、问候、致谢、道歉等各种场合下员工须使用标准化语言，如"请"字当头，"谢谢"不断，见面"您好"，离别"再见"，得罪客人"对不起"，客人谢谢"没关系"等。同时，酒店也应明确规定服务忌语，例如，任何时候都不能回答客人"不知道"。使用标准化语言既可以提高服务质量，又可确保服务语言的规范性
5	服务态度标准	酒店应对员工在提供面对面服务时所应表现出来的态度和举止礼仪作出规定。例如，服务员接待客人时应面带微笑，站立服务，站立时不得前倾后靠、双手叉腰、抓头挖耳，当着客人的面不得高声喧哗、吐痰、嚼口香糖等

酒店经理应要求前厅员工按照以上标准向客人提供服务，对没能达到标准的员工要及时进行指导，并帮助他们改正。

126　定期检查客房状态

客房状态控制是指通过与客房部的合作、沟通和协调，定时检查、核对和分析客房状态，及时发现并解决问题，保证客房销售和对客服务的顺利进行。

前厅记录显示的客房状态同客房部查房结果不相符的情况被称为"客房差异状态"。客房差异状态有两种，一种叫逃账房，另一种叫沉睡房。逃账房指前厅显示为"住客房"，而客房部查房报告则显示为"空房"；沉睡房则恰好相反，前厅显示为"走客房"或"空房"，而客房部则发现房内有人。为了防止客房差异状态的出现，酒店经理应采取以下措施。

（1）制定完善的客房状态检查和控制制度，查找可能存在的漏洞并采取弥补措施。

（2）通过培训提高员工的业务素质和业务技能，加强对一线员工工作的监督与检查，减少可能出现的工作差错。

（3）认真分析和总结产生差异的原因，迅速采取有效措施加以解决，保证正确显示客房状态。

127　不定期检查房态控制表格

房态控制表格的种类如表9-3所示，酒店经理要经常抽查、核对这些表格，随时了解客房的实际状况。

表9-3　房态控制表格

序号	表格类别	作用或要求
1	客房状况报告	接待员每日依据客房状况架显示的各种房态及预订资料进行统计，并定时填写此表
2	客房状况调整表	接待员填写此表具有两个作用：一是有助于接待处与预订处之间的信息沟通；二是有助于前厅掌握临时取消预订、未预订抵店、延期离店、提前离店的客人情况，从而更好地开展客房销售工作
3	客房状况差异表	此表是反映前厅记录显示的客房状态与客房部统计结果之间的差异的表格。接待员依据客房状况架显示的客房状态，核对客房部按规定时间送来的报告后填写此表。前厅将此表副本送达客房部，然后核实确认

128　加强房态控制信息沟通

酒店内部不同部门及不同人员之间应加强房态控制信息沟通。

（1）销售人员、预订人员、前厅接待员之间应保持信息沟通顺畅，并及时纠正偏差，确保客房预订显示系统的准确性。销售人员、前厅接待员根据季节和市场需求变化以及推销、促销活动的开展情况，及时研究客房销售策略、价格等问题。在旺季时，还应就团体客人、散客预订客房的比例达成一致意见，保持最佳客房出租率和理想的平均房价，以获得最佳的经济效益。

（2）前厅接待员将每天的实际出租房间数、临时取消、预订未到、换房、提前离店、延期离店等信息填入客房状况调整表，并将其提供给销售预订员。预订员根据该表格更新、补充、取消预订汇总表的相关内容，为准确预测未来的出租率提供数据支持。

（3）客房部、前厅接待处之间应保持信息沟通顺畅，以及时掌握各种客房状态的变更和差异，随时纠正偏差，确保客房状况显示系统的准确性。

129　及时核对客房状况

客房状况总是在不断变化的，这就要求接待处随时掌握客房动态，及时传递房态变化信息，具体如图9-1所示。

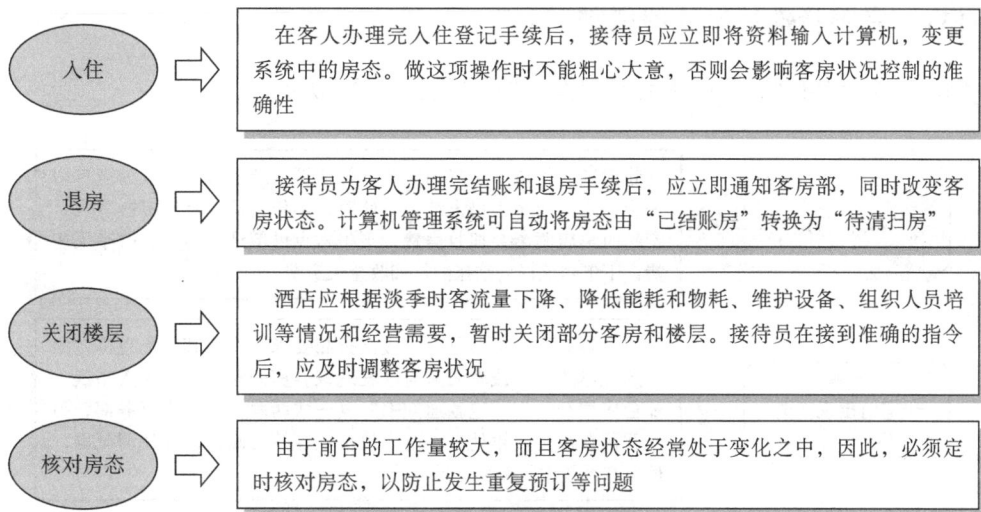

入住	在客人办理完入住登记手续后，接待员应立即将资料输入计算机，变更系统中的房态。做这项操作时不能粗心大意，否则会影响客房状况控制的准确性
退房	接待员为客人办理完结账和退房手续后，应立即通知客房部，同时改变客房状态。计算机管理系统可自动将房态由"已结账房"转换为"待清扫房"
关闭楼层	酒店应根据淡季时客流量下降、降低能耗和物耗、维护设备、组织人员培训等情况和经营需要，暂时关闭部分客房和楼层。接待员在接到准确的指令后，应及时调整客房状况
核对房态	由于前台的工作量较大，而且客房状态经常处于变化之中，因此，必须定时核对房态，以防止发生重复预订等问题

图9-1　客房状况的转换与核对

130　做好记账与转账工作

只要有客人入住酒店或享受酒店提供的服务，前厅接待员就要为客人建立账户。账户是记录客人预付款和消费情况的账单，通常分为散客账户、团体账户、临时账户。酒店经理要经常抽查这些账户，尤其是VIP客人的账户，检查前厅员工是否按标准开展工作。记账与转账的工作内容如表9-4所示。

表9-4　记账与转账

序号	内容	详细说明
1	记账	为客人建立账户后，即开始记录客人住店期间的一切费用。客人的房费按天累计，每天结算一次，其他各项费用（如餐饮、洗衣、长途电话等），除了客人在消费时以现金结算的，均可在客人签字后由各部门转入前厅收银处，将其记入客人的账户。记账应真实、准确，客人姓名、房号、费用项目、金额、消费时间等应清楚无误，并与客人账户记录保持一致
2	转账	由于客人一般在酒店内的逗留期较短，发生的费用项目多，又可能随时离店，因此转账必须迅速。各业务部门必须在规定时间内将客人签字认可的账单送到前厅，以防发生跑账、漏账等现象。客人在店内有任何消费，收银员只要将账单转入收银机，收银系统即可同时记下客人当时的转账款项

131　完善特殊情况处理机制

前厅特殊情况有很多种，具体情况及其处理机制如图9-2所示。

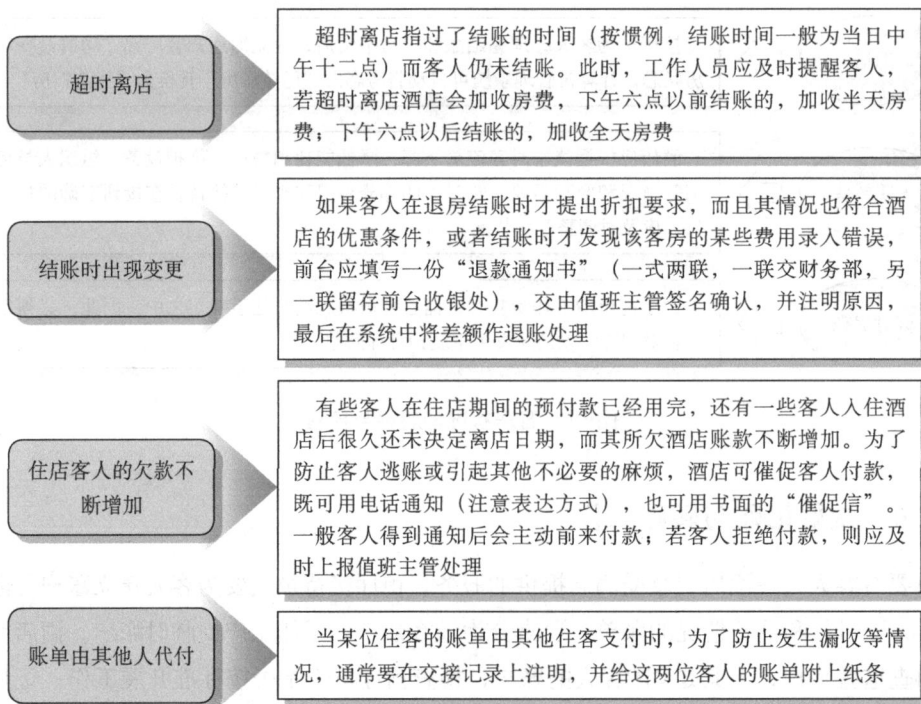

超时离店	超时离店指过了结账的时间（按惯例，结账时间一般为当日中午十二点）而客人仍未结账。此时，工作人员应及时提醒客人，若超时离店酒店会加收房费，下午六点以前结账的，加收半天房费；下午六点以后结账的，加收全天房费
结账时出现变更	如果客人在退房结账时才提出折扣要求，而且其情况也符合酒店的优惠条件，或者结账时才发现该客房的某些费用录入错误，前台应填写一份"退款通知书"（一式两联，一联交财务部，另一联留存前台收银处），交由值班主管签名确认，并注明原因，最后在系统中将差额作退账处理
住店客人的欠款不断增加	有些客人在住店期间的预付款已经用完，还有一些客人入住酒店后很久还未决定离店日期，而其所欠酒店账款不断增加。为了防止客人逃账或引起其他不必要的麻烦，酒店可催促客人付款，既可用电话通知（注意表达方式），也可用书面的"催促信"。一般客人得到通知后会主动前来付款；若客人拒绝付款，则应及时上报值班主管处理
账单由其他人代付	当某位住客的账单由其他住客支付时，为了防止发生漏收等情况，通常要在交接记录上注明，并给这两位客人的账单附上纸条

图9-2　特殊情况处理机制

132　开展夜间审核工作

夜间审核就是核查上个夜班收到的账单，将房租记录在客人账户上，并做好汇总和核查工作。夜间审核工作应有明确的截止时限，各个酒店可视自身的实际情况加以确定。旅游景区的酒店一般设置在午夜零点，市区的商务酒店多设置在凌晨三点到五点，超过该时限的账单均记入新一天的账目。

夜审员应将账户上的信息按项目记录到相关账册中，并算出总数，然后做好以下检查工作。

（1）核查每个营业部门的"借方"栏总数是否与销售收入一致。

（2）将"现金收入"栏和"代付"栏总数与现金表相比较，以确认两者是否相符。

（3）核查折让与回扣总数是否与相关单据上的总数相符。

（4）核查开账余额的总和与上一天结账时的余额总和是否相符。

在此基础上，夜审员还应编制报表，进行客房、餐饮和综合服务收入统计以及全店收入的审核统计，并上报酒店经理及转送相关部门，为管理层制定经营管理决策提供依据。

夜审员的具体工作步骤如图9-3所示。

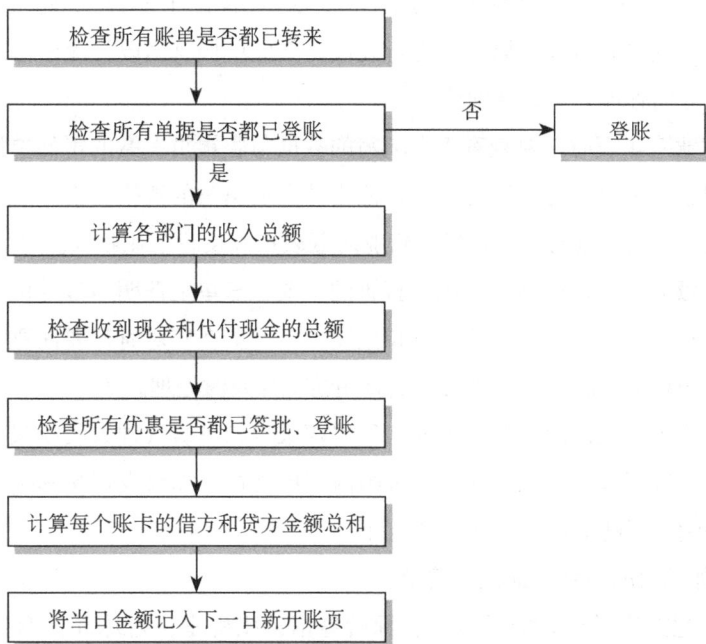

图9-3　夜审员的工作步骤

133　开展收入日间稽核

日间稽核的具体工作内容有以下几项。

1．处理夜间遗留问题，负责落实通知书内容

每天接到"夜间审计报告表"后，及时处理遗留问题；及时填写"审计通知书"，通知责任人所在部门的主管解决，然后将解决情况写在通知书的第一联上，最后将通知书编号存档。月底统计时，注明处理意见后报财务部和酒店经理处理。

2．账单核销

接到收银员的结账单后，检查所付账单是否齐全，然后按照账单号码在票证核对表上按号划销。如有缺号，调整作废；如果单据手续不齐，须写入夜审报告交日审处理。

3．核对总台结账处的结账单及收银员个人报表

客房结账单是由总台收银员为住店客人结账所打印的账单，记录了向客人收取的房费、餐费及其他费用。收银员个人报表是其当天所结账单的汇总表。

4．核对餐厅结账单

（1）核对餐厅结账单时应核对账单与附件单，点菜单中的每一项都要同计算机结账单相符，如果不符，要找收银员查明原因并进行处理。附件单如有修改，应由修改人在单上说明修改原因，并由厅面管理人员签字确认。

（2）核对营业对账表时，要查看表中填写的数据与收银员上缴的附件单据中的数据是否一致，核对表中收银员填写的数据与厅面其他相关人员填写的数据是否一致。如有不符，应立即向收银员查明原因并及时处理，确保营业对账表正确反映营业收入。

（3）打折手续应完整。用酒店优惠卡打折的，要在账单上注明卡号并由客人签字；酒店管理人员为客人打折时，须签字并注明折扣额度。审计员在核对时，要注意收银员所记录的折扣是否正确；如果不正确，就要找收银员查明情况并及时处理。

（4）各级管理人员在酒店签单接待时，签单权限应与各级管理人员权限相符。审计员在核对时，应查看各级管理人员是否在权限范围内签单接待，如果发现超标接待，应立即找相关责任人补办手续，否则上报财务部主管处理。

5．核对其他部门的缴款凭证及收费单

其他部门（包括康乐中心的游泳馆、保龄球馆、棋牌室、台球厅、商务中心、咖啡厅等）的收银员在营业结束后，根据收银单汇总并填制缴款凭证，缴款凭证各项金额与所附收费单金额须相符。

6. 检查夜间审计人员制作的各项营业报表

检查夜间审计人员制作的各项报表是否正确，如数据计算有误，应立即修改，并追究夜间审计员的责任。

7. 审计主管同日审人员要经常到各营业点进行检查

检查收银员及厅面其他操作人员是否按规范程序操作、营业款是否如实记录、现金是否如数上缴等。如果发现收银员或其他操作人员不按规范操作，应立即纠正，并将具体情况及处理意见及时上报部门主管、财务部主管及质检部门；情节严重的，则要上报酒店经理，以避免再次发生类似情况，确保酒店不受损失。

8. 报表装订

按日期顺序将收银员操作记录、各收费点缴款凭证以及各收费点原始账单装订成册，在封面上注明起止日期并存档。

134 编制营业日报表

营业日报表是全面反映酒店当日客房营业情况的业务报表，一般由夜审员负责编制。该表格一式两份，一份于次日凌晨送酒店经理办公室，以便酒店经理及时掌握营业情况；另一份送交财务部，作为核对营业收入的依据。该表主要从当日出租的客房数量、接待的客人数量以及获得的客房营业收入三个方面，对酒店客房日销售状况进行归类和总结，其编制方法和步骤如图9-4所示。

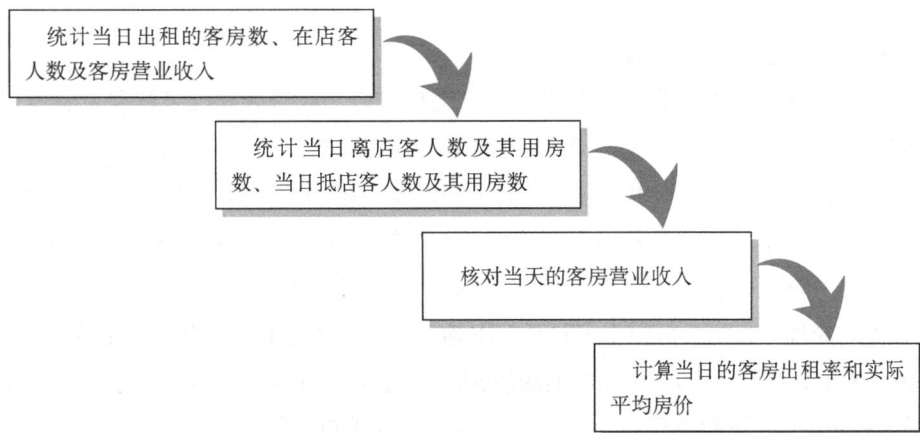

统计当日出租的客房数、在店客人数及客房营业收入

统计当日离店客人数及其用房数、当日抵店客人数及其用房数

核对当天的客房营业收入

计算当日的客房出租率和实际平均房价

图9-4 酒店营业日报表编制方法和步骤

具体方法和步骤如下。

（1）统计当日出租的客房数、在店客人数及客房营业收入，包括出租客房数，住店散客数及其用房数，散客用房营业收入，免费房、待修房、空房、内宾用房以及员工用房的数量，团体客人用房数，住店团体人数及其用房的营业收入。

（2）统计当日离店客人数及其用房数、当日抵店客人数及其用房数。上述数据来源于离店客人资料和抵店客人名单，利用这些数据可以计算出当日出租客房数，计算方法如下：

当日出租客房数＝昨日出租客房数－当日离店客人用房数＋当日抵店客人用房数。

（3）核对当天的客房营业收入。主要工作包括核对散客的客房收入、核对团队客人的客房收入、核对当日房价变更的统计结果。

（4）计算当日的客房出租率和实际平均房价。为了更详尽地反映经营状况，有些酒店还要求分别统计出团队用房率、散客的平均房价以及预订未到客人所占的比例等。

除此之外，夜审员还应根据预订资料和客房状况资料统计出次日预订抵店客人用房数和离店客人退房数，并计算出次日预订出租的客房数和客房出租率。

第二节　VIP客人接待工作

135　VIP客人预订确认

VIP客人预订确认工作包括以下内容。

（1）营销部或前厅部在获得 VIP 客人的预订信息时，应尽量详细了解客人的各项资料，填写"VIP 客人接待通知单"（见表 9-5）并将其交给前厅部。

（2）前厅部主管核实通知单信息并做好前期沟通工作，正式打印"VIP 客人接待通知单"并将其交酒店经理签字确认，然后下发各相关部门执行（注意："VIP 客人接待通知单"要用红纸打印，一般通知单用白纸打印，更改通知单用粉红色纸打印）。

（3）酒店经理召集相关部门主管召开 VIP 客人接待协调会议，前厅部主管负责介绍相关情况、接待要求，各参会人员共同协商接待办法，酒店经理负责分配任务，掌握关键控制点。

（4）各部门主管按照会议指示和"VIP 客人接待通知单"的要求向内部员工详细传达 VIP 客人接待信息，为相关人员布置任务，做好接待准备工作。

表9-5　VIP客人接待通知单

TO：　□餐饮部　□客房部　□财务部　□前厅部　□大堂主管　□行政部　□留存

编号：_____　　　　　日期：_____　　　　　签发：_____

VIP客人		身份	
来店事由			
抵店时间		离店时间	
接待要求	前厅部		
	客房部		
	餐饮部		
	财务部		
	行政部		

136　VIP客人抵达前准备

1．前厅部

（1）提前确认客人到店的时间、人数、车辆数量、酒店迎接位置及迎送路线（营销部负责协助）。

（2）提前一天发送迎接短信。

（3）提前全面检查一次迎接路线。

（4）安排好行李员的站位和欢迎词，明确行李运送规范。

2．客房部

（1）提前两小时按接待标准布置好房间和专为VIP客人准备的特殊物品，调好灯光，备好热水、水果等物品。

（2）领班、主管各检查一次客人入住房间的各项设备是否齐全和正常。

（3）安排好各关键点的迎接工作。

（4）安排领班以上级别人员专门为VIP客人提供服务。

3．餐饮部

（1）安排好迎宾员的站位和欢迎词，明确引领规范。

（2）布置好用餐指示牌、楼梯、灯光、用餐场地、餐桌、鲜花、礼品、烟酒、饮料、音响等。

（3）开餐前，餐饮部主管亲自检查 VIP 客人所用包厢的设备及餐具是否齐全和正常；开餐中，餐饮主管亲自带领优秀服务员为 VIP 客人服务。

（4）与厨房确认好菜品的准备情况，如上菜时间、菜品特殊要求等。

4．保安部

（1）及时向酒店传递 VIP 客人预计进店时间、车辆特征、行进线路等信息，以便其他部门做好相关准备工作。

（2）安排好关键点保安人员的站位，明确敬礼和用语规范。

（3）预留好停车位置。

5．工程部

（1）安排音响师与相关客服人员对接，准备相关音乐、灯光编排。

（2）准备好话筒、空调、电池等相关用品，必要时安排专人摄像。

137　VIP客人入店迎接

VIP客人入店迎接的流程如下。

（1）在接到 VIP 客人即将抵达的报告后，酒店经理与相关部门主管（迎接人员视 VIP 客人级别而定）提前在指定地点迎接。

（2）当 VIP 客人抵达时，保安人员行礼并上前打开车门，前厅部主管致欢迎辞并引荐酒店方面的高层领导（必要时安排专人送上鲜花）。

（3）行李员帮忙将行李运送到指定地点。

（4）酒店经理或前厅部主管（陪同人员领取房卡）陪同客人至目标地点。

（5）接待部门领班开好电梯，服务员在楼层主要通道口列队欢迎。

（6）楼层服务员在客人抵达房间前打开房门，并将房门虚掩。

（7）保安部负责维持现场秩序，引导车辆停放到位及控制电梯。

（8）办公室派人负责签字及拍照留念。

138　VIP客人住店服务

VIP客人住店服务的具体内容如下。

（1）前厅部负责 VIP 客人在店期间的整体协调工作并及时解决各类问题，跟进客人住店进程，协调好开餐时间及活动安排，并及时通知相关部门做好准备工作。

（2）客房部应尽快为 VIP 客人清理房间，根据 VIP 客人的生活习惯、爱好等及时调整服务方法；主管、领班须每天检查房间设备、设施及卫生情况，要及时解决发现的问题。

（3）餐饮部应及时跟进 VIP 客人的用餐情况，部门主管必须亲自安排菜单。

（4）保安部在值勤时需着正装、戴礼宾手套，巡视 VIP 客人的车辆情况，保证客人及其财物的安全。

139　VIP客人离店服务

VIP客人离店服务的具体内容如下。

（1）前厅部核对 VIP 客人在店账务情况，落实 VIP 客人的费用结算方式，准确落实客人离店时间，并通知相关部门做好相应的准备工作。酒店经理与相关部门主管（送别人员视 VIP 客人级别而定）在主要通道口欢送，直至客人离开酒店。

（2）客房部在 VIP 客人退房时应仔细检查房间内有无遗留物品，如有应及时上报前厅部主管。

（3）财务部提前准备好 VIP 客人的所有账单，结算清楚并复核，为 VIP 客人提供迅速、准确的结账服务。

（4）保安部负责维持现场秩序，引导车辆停于酒店正门前以方便 VIP 客人上车，并做好车辆疏导工作。

140　VIP客人接待注意事项

为了圆满完成VIP客人接待工作，酒店经理及各部门员工应注意以下几个重要事项。

（1）在客人抵达前一天，将住房卡和房间钥匙装入 VIP 客人信封（房卡上加盖 VIP 客人印章）。

（2）准确地将客人资料输入酒店管理系统。

（3）客人房号必须保密。

（4）客人的信件、传真等必须严格登记、专人收发。

（5）酒店门口迎候的礼宾员应戴白手套。

（6）尊重客人的风俗习惯或个人爱好，尽量满足客人的特殊要求。

（7）如果客人分住几个房间，应在房卡或欢迎信上注明每位客人的房间号及电话。

（8）如果需要接机或接站，应提前准备好欢迎牌，并在欢迎牌上写"热烈欢迎您，××先生（小姐）"字样，这样既便于找到客人，又可以给客人留下良好的印象。

（9）级别高的重要客人到达时，酒店经理要组织服务员到门口列队欢迎（服装要整齐，精神要饱满，客人到达时要鼓掌欢迎），必要时酒店经理要带领各部门主管亲自列队迎接，在客人未全部进店前不得解散队伍。

第三节　客人投诉处理

141　分析客人投诉的原因

客人不会无缘无故投诉酒店，投诉的原因有以下几种。

1．针对酒店员工服务态度的投诉

拥有不同消费经验、不同个性、不同心境的客人对服务态度的敏感度不同，但评价标准不会有太大的差异。容易导致客人投诉的服务态度主要有以下几种：

（1）员工待客不主动，客人感到被冷落、怠慢；

（2）员工待客不热情，表情生硬、呆滞甚至冷淡，言语不亲切；

（3）员工缺乏修养，动作、语言粗俗无礼，甚至挖苦、嘲笑、辱骂客人；

（4）员工态度咄咄逼人，使客人感到难堪；

（5）员工无根据地怀疑客人行为不轨。

2．针对酒店服务效率的投诉

以上投诉是针对具体员工的，以下投诉则往往是针对具体事情的。例如，餐厅上菜、结账速度太慢，影响客人就餐；前台入住登记手续烦琐，客人等候时间太长；邮件送达迟缓，耽误客人大事等。针对这些方面进行投诉的客人有的是急性子，有的是要事在身，有的是因酒店服务效率低而蒙受经济损失，有的是因心境不佳而借题发挥。

3．针对酒店设施设备的投诉

因酒店设施设备不正常、配套项目不完善而让客人感觉不便也是导致客人投诉的主要原因之一，例如，客房空调系统失灵，洗手间排水系统堵塞，会议室未配备必要的设备等。

4．针对酒店服务方法的投诉

因服务方法欠妥而对客人造成伤害或使客人蒙受损失也是导致客人投诉的重要原因之

一。例如，大堂地面打蜡时不设护栏或标志，导致客人摔倒；总台催交房费时表达方式不当，导致客人理解为暗指自己故意逃账；服务人员与客人意外碰撞，导致客人被烫伤等。

5．针对酒店违约行为的投诉

当客人发现酒店未能及时兑现承诺时，就会感到自己被欺骗、被愚弄。例如，酒店未兑现给予优惠的承诺，酒店未能按要求完成委托代办服务等。

6．针对酒店产品质量的投诉

酒店出售的产品主要包括客房和食品。如果客房有异味，寝具、食具、食品不洁，食品未熟、变质，酒水是假冒伪劣品等，均可能引起客人投诉。

7．针对酒店员工行为的投诉

酒店员工的以下行为可能导致客人投诉：员工行为不检、违反相关规定（如向客人索要小费等）；员工损坏、遗失客人物品；员工不熟悉业务，一问三不知；客人对保洁、保安工作不满意；客人对管理人员的投诉处理方式有异议等。

142　分析客人投诉的类别

酒店可能每天都要面对各种投诉，这些投诉有许多共同点。酒店经理应指导各部门主管将客人的投诉进行分类、总结（见表9-6），以便遇到时灵活应对。

表9-6　客人投诉类型

序号	投诉类型	具体内容
1	批评性投诉	客人心怀不满，但情绪相对平静，只是把这种不满告诉投诉对象，不一定要对方作出什么承诺
2	建设性投诉	客人一般不是在心情不佳的情况下投诉的，恰恰相反，客人很可能是由于对酒店的关心和喜爱而投诉的
3	失望型投诉	如果客人预约的服务项目由于酒店员工的粗心大意而被遗漏了，客人肯定会失望、恼火。处理这类投诉的有效方法是尽快使客人消气，并立即采取必要的补救措施
4	理智型投诉	理智型投诉是客人在比较冷静的情况下提出的，客人提出的要求一般都是较为合理的要求。该类客人比较通情达理，只要酒店立即采取改进措施，就能得到他们的谅解。但若处理不当，客人就可能会要求酒店赔偿，导致事态扩大
5	补偿型投诉	如果客人觉得自己的利益受到了损害，就会提出补偿型投诉，其关注点并不在酒店能否给出合理的解释，而是酒店能否提供实质性的补偿

143　客人投诉处理流程

为了有条不紊地处理客人投诉，最大限度地维护酒店声誉，酒店经理必须制定合理的投诉处理流程，具体内容如下。

（1）酒店全体员工，不论是在店内还是店外，只要听到、看到有客人投诉、抱怨，无论是不是由本岗位或本部门的过错引起的，都要首先向客人道歉，同时迅速将相关信息上报本部门领导（不属于本部门业务范畴的，可以马上汇报给相关责任部门的管理人员或其他酒店领导）。

（2）在接到下属关于客人投诉、抱怨的反馈后，管理人员必须尽快赶到现场进行处理。

（3）管理人员要耐心倾听客人的投诉、抱怨，以便把客人投诉、抱怨的原因弄清楚。倾听时要全神贯注，必要时要做好记录。

（4）如果管理人员能在自己的权限内处理好客人投诉并能保证客人满意，则可自行决定处理方式。

（5）管理人员在向上级汇报客人投诉、抱怨的情况时，必须调查清楚客人抱怨的具体原因、客人的感受、客人的期望，并提出自己的处理意见；绝不可以不到现场、不见客人、不与客人沟通、不落实情况、未弄清客人抱怨的原因就汇报，更不可以不汇报。

（6）如果客人对投诉处理结果不满意，或者客人的要求超出自己的权限或者管理人员觉得自己没有把握处理好，必须尽快向上级汇报，由上级提出处理意见（注意：不可当着客人的面直接呼叫或拨打电话请示上级）。

（7）管理人员自行处理投诉且最终取得令客人满意的结果时，应在客人结束消费前或离店前向上级反馈，明确上级是否还有其他指示。

（8）凡由酒店经理安排前往处理客人投诉、抱怨的负责人，必须按酒店经理的指示认真处理，并随时向酒店经理汇报处理结果。处理不好或超出自身权限的，负责人必须立即向酒店经理反馈；处理完毕且取得好结果的，也要在处理完毕后10分钟内向酒店经理汇报处理经过及结果。下级确实无法处理或投诉人身份较重要时，则由酒店经理亲自出面解决。

（9）客人投诉、抱怨后未能及时处理但客人已经离店或者整改需要一定的时间，也须将事件上报，由质检部向客人作出致谦、致谢答复，并及时告知客人整改、处理的结果。

144　投诉处理注意事项

投诉处理的注意事项如下。

（1）要火速赶到现场，不能有丝毫怠慢，要让客人感到被关注、被重视。见到客人后要先道歉，表情和眼神要凝重。

（2）要换位思考，站在客人的立场考虑问题，把客人当成自己的朋友、亲人一样对待。在弄清具体情况前，不可以偏听偏信员工和下级对客人投诉的片面描述和评价。

（3）与客人沟通时，一定要先给客人以精神上的满足，让客人明白自己是以诚恳的态度来向他（她）道歉的，要让客人感到受尊重。如果给客人带来了精神、身体或物质方面的损失，需要作出赔偿，则应使用规范用语："×× 先生／女士，我们知道无论用什么办法也无法弥补给您造成的不便和损失，但为了表示我们的心意，您看我们可以这样解决吗……"

（4）在处理投诉的过程中，如果客人对处理结果不满意或有其他要求，投诉处理人员要随时向酒店经理汇报，并根据酒店经理的指示进行处理。

（5）尽量避免在人流量大的地方（如大堂、餐厅等）处理客人投诉，以免引来其他客人的围观，影响酒店正常营业。酒店内部非相关工作人员不得围观，应坚守本岗位。

（6）当处理完客人投诉，客人将去其他部门消费时，工作人员应亲自将客人送去，并将该客人信息传递到其他部门，以便其他部门为其提供更有针对性的个性化服务。客人离开消费场所或离店时，处理投诉的负责人及相关管理人员要亲自到场表示感谢并送别。

145　记录投诉处理情况

在处理完客人投诉、抱怨后，投诉处理人员要做好记录。酒店经理要经常抽查相关记录表，查看投诉处理是否得当；如果发现不妥，要及时提出整改意见。投诉处理记录表如表9-7所示。

表9-7　客人投诉处理记录表

编号：_____				日期：____年__月__日	
接收人/部门：				类别：投诉□　建议□	
宾客姓名		房间号		联系电话	
投诉/建议内容：					
				记录人：_____　____年__月__日	

（续表）

投诉/建议受理人处理措施： 　　签　字：＿＿＿年＿月＿日	投诉/建议责任部门处理措施： 　　签　字：＿＿＿年＿月＿日
投诉/建议责任部门主管（授权人）意见： 　　签　字：＿＿＿年＿月＿日	酒店经理（授权人）意见： 　　签　字：＿＿＿年＿月＿日

146　客人满意度调查内容

客人是酒店服务的直接消费者，在消费过程中可能会发现酒店服务的缺陷，因此对服务质量最有发言权。要想提高服务质量，减少客人投诉，酒店就必须定期进行客人满意度调查。客人满意度调查应涵盖酒店服务的各个方面，如工作人员仪表、服务态度等，具体如表9-8所示。

表9-8　客人满意度调查的内容

序号	内容	说明
1	酒店工作人员的仪容仪表及服务态度	（1）服务人员的仪容仪表和服务态度 （2）维修人员的仪容仪表和服务态度 （3）保安人员的仪容仪表和服务态度 （4）保洁人员的仪容仪表和服务态度
2	酒店管理服务情况	（1）安全管理服务情况 （2）环境管理服务情况
3	酒店收费情况	（1）酒店各项收费情况 （2）客人对酒店收费标准的评价
4	酒店住房舒适情况	（1）客人对酒店房间设计的满意情况 （2）客人对酒店房间设施的满意情况

147　客人满意度调查方式

1．直接向客人进行调查

酒店经理可以安排特定人员定期或不定期地拜访客人，了解客人的需求，从而及时发现酒店服务存在的问题，进一步制订和修改相关计划。为了激励员工为客人提供更加优质的服务，除了在前厅设置客人意见表，还可在前厅放置一张针对酒店员工的表扬卡供客人使用。对于收到表扬卡的员工，酒店经理要以某种方式进行奖励，例如，通过广播公开表扬该员工，使其成为其他员工学习的榜样。

【经典范本 01】表扬卡

表扬卡

尊敬的客人：

　　您好！

　　感谢您选择本酒店。我们很想知道您在入住本酒店期间是否享受到了超值服务。如果您能抽出时间填写此表扬卡，帮助我们奖励为您提供超值服务的员工，我们将不胜感激。这对被您提名表扬的员工有着极其重要的意义，谢谢！

　　您得到的超值服务是＿＿＿＿＿＿＿＿＿＿＿＿＿＿＿＿＿＿＿＿。

　　提供该服务的员工是＿＿＿＿＿＿＿＿＿＿＿，提供该服务的日期是 ＿＿＿＿＿＿＿＿＿。

　　您的名字是＿＿＿＿＿＿，您的房间号或联系电话是 ＿＿＿＿＿＿＿＿＿＿＿＿＿。

　　您可将此卡交给酒店的任何员工，他们会非常乐意帮您将卡片投入指定的信箱。

2. 利用网络进行调查

　　酒店经理可以在客人离店以后安排特定人员通过电子邮件、即时通信软件（如QQ、微信）等方式向客人征求意见，具体如表9-9所示。

表9-9　利用网络进行调查的方式

序号	方式	具体内容
1	即时通信软件	若客人在入住登记时留下了自己的QQ号、微信号，或者关注了酒店微信公众号、下载了酒店App，且同意酒店加其为好友，酒店便可通过QQ、微信来征求客人的意见
2	电子邮件	如果客人留下了自己的电子邮件地址，且允许酒店向其发送电子邮件，酒店可在客人离店后通过电子邮件征求他们的意见

3. 寄送信件

　　如果客人在入住登记时留下了家庭地址或工作地址，且允许酒店向其寄送信函，酒店经理可安排相关人员在客人离店后的恰当时间内向其寄送意见表，征求他们对酒店服务的意见。客人收到信函后，往往会感到酒店十分重视自己，这样一来，不仅能收集到客人的意见，还能提高他们成为回头客的概率。

148 设计客人意见表

为了准确调查客人对酒店各项服务的满意度，酒店经理可在前厅设置客人意见表。酒店经理要注意督促前厅部主管对意见表进行管理，不能将意见表放在那里不闻不问。在管理过程中应注意以下几点。

（1）客人意见表应简单易填，项目不宜太多，以免引起客人反感。

（2）应将意见表统一编号，禁止乱撕乱扔，并将其作为考核酒店各部门工作质量的重要依据。

（3）由于客人意见多涉及酒店员工的工作质量，因此要予以保密。为了防止部分员工将不利于自己的意见"截流"，可将客人意见表设计成由客人自行密封的折叠式信封状表格。

149 撰写调查报告

每次调查结束后，酒店经理应好记录工作，定期对客人意见表进行统计分析，根据客人提出的意见和建议撰写调查报告，并在下一个阶段的工作中予以改进。酒店经理不能只调查不行动，这样会使客人认为酒店不过是在搞形式主义，而不是真正关心客人，最终必然会失去客人的信任。

第四节 建立与管理客史档案

150 建立客史档案

一般来说，前厅部是建立和管理酒店客史档案的主要责任部门，其他部门（如餐饮部、营销部、客房部等）负责协助前厅部收集客人资料、完善档案内容。建立客史档案时应注意以下几点。

1. 树立档案意识

客史档案信息来源于日常的对客服务细节，需要酒店全体员工在对客服务时有意识地去收集。因此，酒店经理在日常管理和培训中应不断向员工宣传客史档案的重要性，培养员工的档案意识，营造人人关注、人人参与收集客人信息的良好氛围。

2. 建立科学的制度

酒店经理应把收集、分析客人信息作为日常工作的重要内容，将客人信息的收集、分析工作制度化、规范化，要求各部门、各级管理者及对客服务的员工在接触客人的过程中将客人信息及其需求填写到客人意见表中。各部门应注意的要点如下。

（1）前厅部：

◆ 客人的姓名、性别、国籍、籍贯；

◆ 客人的职位；

◆ 公司名称、地址；

◆ 护照、身份证号码；

◆ 联系电话、传真、电子邮件；

◆ 出生日期、结婚纪念日；

◆ 房间的预订与确认方式（如传真、电话、电子邮件、商业信函等）；

◆ 喜欢的房间类型；

◆ 房间价格、预订来源；

◆ 喜欢的欢迎礼品（如鲜花、水果、酒水等）；

◆ 付账方式、消费总额；

◆ 抵离日期、房间号码；

◆ 客人的意见与投诉；

◆ 行李寄存记录；

◆ 客人喜欢的店外服务项目。

（2）餐饮部：

◆ 客人喜欢的餐厅、菜式、酒水、饮料；

◆ 用餐氛围、个人习惯；

◆ 用餐的价位、折扣；

◆ 客人喜欢的厨师、餐厅服务员；

◆ 客人的特殊要求。

（3）营销部：

◆ 房间的预订与确认方式（如传真、电话、电子邮件、商业信函等）；

◆ 预订来源；

◆ 房间的种类、价格；

◆ 客人的职务、任职公司的名称；

◆ 公司地址。

（4）客房部：

◆ 客人喜欢的客房用品、卫浴用品；

◆ 客人要求的清洁房间和夜床服务的时间与次数；

◆ 客人喜欢的房间清洁方式和物品摆放位置；

◆ 客衣对洗涤的特殊要求及相关注意事项；

◆ 客人喜欢的收取衣服的时间；

◆ 客人喜欢的送回衣服的方式（如折叠、挂架等）；

◆ 其他特殊要求（如额外的枕头、毛巾、毛毯、变压器和多功能插座等）。

3．开展信息化管理

客史档案必须纳入酒店信息管理系统，酒店信息管理系统应具备以下功能。

（1）信息共享功能。酒店应利用信息管理系统实现客史档案的资源共享功能，以便各部门能够相互传递信息，充分发挥客户档案的作用。

（2）检索功能。客史档案应便于随时补充、更改和查询。

（3）及时显示功能。在酒店每个服务终端输入客人基础数据后，系统应能立即显示客人的相关资料，为员工接待客人提供依据。

酒店应按照表9-10的格式和要求完整记录客人资料，并输入酒店信息管理系统存档。

表9-10　酒店客人档案表

编号：_____

姓名		性别	
公司/职务		国籍	
护照/身份证		籍贯	
信用卡		出生日期	
电话		电子邮件	
邮政编码		传真	

（续表）

	地址			
订房	房间类型		房号	
	预订来源		预订方式	
	房价		欢迎礼品	
客房	客房卫浴用品		夜床服务方式	
	夜床服务时间		清洁房间方式	
	清洁房间时间		物品要求与摆放	
	客衣洗涤要求		客衣送回时间	
	客衣收取时间		洗衣送回时间	
	洗衣送回方式			
餐饮部	餐厅名称		菜式	
	酒水/饮料		用餐氛围	
	餐台的摆设		特定厨师/服务员	
	用餐价位		折扣	
	个人习惯		个人爱好	
其他				

151　分类管理客史档案

酒店应对客史档案进行分类管理，如表9-11所示。

表9-11　客史档案的类别

序号	类别	具体内容
1	常规档案	常规档案包括客人的姓名、性别、年龄、出生日期、婚姻状况、通信地址、电话号码、公司名称、职务等信息。收集这些信息有助于掌握目标市场的基本情况，明确谁是酒店的客人
2	预订档案	预订档案包括客人的订房方式、介绍人、订房日期以及订房类型等信息。掌握这些信息有助于酒店合理选择销售渠道，做好促销工作

(续表)

序号	类别	具体内容
3	消费档案	消费档案包括客人的报价类别、租用的房间、支付的房价和餐费、在商品和娱乐等其他项目上的消费、信用情况、支付账号以及喜欢酒店的哪种房间和哪些设施等信息。收集这些信息有助于了解客人的消费水平、支付能力、消费偏好和信用情况等
4	习俗、爱好档案	这是客史档案中最重要的内容，包括客人住宿的目的、爱好、生活习惯、住店期间要求的额外服务等信息。了解这些信息有助于为客人提供更有针对性的个性化服务
5	反馈意见档案	反馈意见档案包括客人在住店期间的意见、建议、表扬和赞誉、投诉及其处理结果等信息

152 利用客史档案

管理和应用酒店客史档案是一项系统工程，酒店经理应予以高度重视，定期对客史档案进行分析与整理，并将其作为制定各项经营决策的依据。利用客史档案时有以下几个要点。

1．分类管理

除了要分门别类地整理客人资料，还要根据客人的来源地、信誉度、消费能力、满意度等对其进行分类，这是客史档案管理的基础。

2．有效运行

客史档案的归档程序为：先由各收集区域将信息传递给各部门文员汇总、整理，再传递给客史档案管理中心，由管理中心统一建立客人信息资料库供各部门随时查阅。对于初次入住的客人，应立即为其建立档案，并将档案及时传递给相关部门；对于常客，则应调用以往的记录，为其提供更有针对性的服务。

3．定期整理

为了充分发挥客史档案的作用，酒店应每年系统地对客史档案进行一到两次检查。酒店要制定完善的信息反馈及更新机制，确保客人信息的时效性与准确性，及时添加新信息，删除无用的信息。

第十章　客房事务管理

导读 ＞＞＞

　　客房服务质量的好坏不仅会直接影响客人对酒店的印象，还会影响酒店内部的工作环境与氛围。因此，客房事务管理是酒店经理的重要工作内容。

　　　　Q先生：A经理，请问如何才能做好客房事务的管理工作呢?

　　　　A经理：首先你要制定各项客房服务制度，如安全服务制度、查房制度等。这些制度能够有效规范客房服务人员的日常行为，确保其为客人提供优质的服务。

　　　　Q先生：我打算制订客房卫生计划，以便彻底改善客房的卫生环境。

　　　　A经理：很好。我建议你按时段制订卫生计划，如周卫生计划、月卫生计划、季度卫生计划等。时间不同，卫生计划的内容也不同。例如，周卫生计划侧重于日常清洁工作，而季度卫生计划则着眼于周期较长的卫生事务。同时，你还要根据最新的酒店星级评定标准做好卫生检查工作。

第一节　客房服务管控

153　客房部安全服务规范

客房部安全服务规范的具体内容如下。

（1）当值期间要保护酒店财物、客人财产及人身安全。

（2）不要为不认识的客人开门，除非已收到前厅部的通知或证明。

（3）在清洁房间时若有客人进入，应有礼貌地查看客人钥匙牌号码与房号是否相符，防止他人误入房间。

（4）若发现客人携带或使用电炉、烤箱等电热器具及私自装卸客房线路，应迅速报告上级与保安部处理。

（5）若发现客人携带武器和易燃易爆物品，应及时报告上级。

（6）若有残疾人士住宿，应随时注意客人动向，保证其人身安全。

（7）若客人忘记带钥匙，应及时与前台联系，待前台证实客人身份后方可为其开门。

（8）若发现以下情况，应立即向上级报告：有可疑的陌生人在走廊徘徊或在客房附近出现；客房门打开而没有客人在房内；楼层的烟雾报警系统亮起红灯或发出信号；房间有大量烟雾或水渗出房外；发现房内有动物或违禁品；客人情绪异常等。

（9）小心保存钥匙，下班前应将钥匙交回办公室，不得带离酒店，钥匙折断要整体交回。

（10）清楚各楼层消防系统的位置及使用方法，发生火警时应保持镇定。

（11）清倒垃圾桶内的垃圾时要注意桶内有无特别的物品（客人无意中丢掉或错误放置的），勿用手到垃圾桶内拾垃圾，以防桶内留有玻璃碎片或刀片而受伤。

（12）若遇到火灾，在未查明火源时切勿使用灭火设备，应第一时间通知电话总机和消防中心，清楚地说明起火地点。

（13）通知所有客人离开火灾现场时，负责带领或指引客人去最近的消防通道；如向下走的通道被火包围，应向上走；当身处房间内无法离开时，应尽量用湿布或湿毛巾封堵门缝并打开窗户求救；有火警时不得乘坐电梯。

154 VIP房查房服务规范

VIP房查房服务规范如下。

（1）前厅收到VIP客人抵达通知后，应及时将信息传递给客房部，以便客房部领班做好工作安排。

（2）一般情况下，VIP房间清洁完毕后由领班检查一遍，然后由管理员再次检查，必要时由客房部主管和酒店经理亲自检查。

（3）在VIP客人抵达前夕，还须检查房内鲜花、水果等物品是否齐备。

（4）VIP房间检查完毕后，非特殊情况任何人不得再次入内。

155 关于小费的规范

关于小费的规范如下。

（1）酒店服务员不得私自收取客人的小费。

（2）如无法谢绝或客人离去时将小费存留在客房，必须将其如数上交给客房部主管。

（3）客房部主管对上交的小费做书面登记并妥善保管。

（4）年终时由客房部对上交的小费做统一处理。

（5）对私收小费或向客人索取小费的服务员，一经发现，按规定对其进行罚款并作相应处理。

156 客人物品处理规范

1．客人馈赠物品

（1）原则上不得接受客人馈赠的物品。

（2）如无法谢绝，则上交客房部主管并填写馈赠单，由客人、客房部主管签字确认。如果是非常贵重的物品，应由酒店经理亲自处理。

（3）客房部根据情况统一在年终时或合适时间将物品分配给相关的员工。

2．客人借用物品

（1）客人借用物品时，服务员须通过电话与楼层值班台联系，由楼层值班台提供。

（2）借用物品时，客人必须填写借用单并签字。

（3）如超过借用时间，由楼层服务员负责向客人收回物品。

（4）借用和归还物品时，楼层值班台均应做好登记。

3．客人遗留物品

（1）服务员应及时将客人遗留的物品上交客房部主管室，并在"客人遗留物品登记本"上登记。

（2）客房部保管客人遗留物品的时限为三个月，贵重物品交保安部保存一年。到期后的物品根据其价值按以下规定处理：

①归上交人；

②归上交人，但上交人应付一定金额；

③年终由客房部统一分配。

157　客人投诉处理规范

客人投诉处理规范如下。

（1）接到客人投诉时必须做好记录。

（2）处理时必须认真仔细，对客人的合理要求要迅速作出反应，必须对责任人进行教育，必要时应予以处罚。

（3）对涉及酒店及公共利益的重大事项，必须及时向上级汇报。

（4）妥善处理客人的无理取闹，必要时可劝其离开酒店。

158　请勿打扰的处理规范

请勿打扰的处理规范如下。

（1）当客房挂上"请勿打扰"牌时，服务员不能进去打扰客户。

（2）如在下午两点后"请勿打扰"牌仍未翻牌，服务员必须报告客房服务中心，由客房服务中心电话询问客人是否需要服务。

（3）如客人需要服务，按客人指定时间前往提供服务；如客人不需要服务，则填写记录单；如电话无人回答，应及时通知大堂副理及保安部处理。

159　客房财产报废规范

客房财产报废规范如下。

（1）对于超过产品使用期限而报废的物品，经使用部门负责人认可核准后，由报废人员填写"财产报废单"。

（2）对于因人为因素而报废的物品，使用部门应根据具体情况对当事人进行适当的经济处罚。

（3）使用部门应根据报废物品的质量情况对其进行充分利用，如改制成其他物品。

第二节　客房异常状况处理

160　客人私拿酒店物品

如果客人私拿酒店物品，一经发现，首先应劝其退回；如果客人已带物品离店，则一律按价索赔。对私拿酒店物品且态度恶劣者，要从重处罚并记入客史档案；情节特别严重者，应请公安部门处理。

161　客人遗失物品

1．在房间内遗失物品

客人于住宿期间在房间内遗失物品时，处理方式如下。

（1）服务员一旦发现有客人遗失物品，应马上向领班汇报，并及时安慰客人，帮助客人回忆丢失物品的大致经过。

（2）查询客房系统，掌握客人资料及开门记录，如无开门记录，则检查清洁报告上的进出房时间。

（3）值班主管和保安员一起查看门锁有无问题，查看房间有无被盗迹象，并填写遗失报告。

（4）询问客人是否能提供任何线索，如是否去过其他地方、有没有收拾过行李、有没有人来访过、有没有可能无意中遗失到什么地方等。

（5）询问客人是否愿意让酒店人员帮他再次在房内寻找。如客人同意，值班主管、保安员、客房领班一起当着客人的面在房间内查找，寻找时应注意床垫、床底、椅垫、衣柜、洗手间、垃圾桶、房务车上的垃圾袋等地方。

（6）如果仍找不到客人财物，询问客人是否愿意报警。如果客人同意，由保安员陪同客人去最近的派出所报案。

（7）如果客人在房内遗失的是信用卡、护照或机票，由值班主管帮助客人与相关机构联系挂失。

（8）如经多方查找仍没有结果，又无被盗迹象，则应向客人表示同情并耐心解释，请客人留下地址、电话，以便之后找到该遗失物时与客人联系。

（9）如果客人提出赔偿要求，应向客人解释酒店的相关规定，并按规定处理。

（10）做好记录以备事后核查。

2．在酒店公共区域遗失物品

（1）先去前厅或客房服务处查看是否已经有人上交了客人报失的物品。

（2）通知保安部协助客人再去可能丢失财物的地方寻找物品。

（3）如果没能找到客人报失的物品，必须记下客人的详细资料，如姓名、联系电话、房号、地址等，以便日后找到该遗失物品时与客人联系。

（4）酒店不承诺赔偿客人在酒店公共区域遗失的物品。

（5）做好记录以备事后核查。

162　给客人开重房

服务员发现给客人开重房后，首先要请客人稍候，然后立即与前厅接待处联系，力争在最短的时间内作出妥善的安排。在处理时应注意以下几点。

（1）服务员先向客人道歉："非常对不起，是我们弄错了，请稍等，我们很快就可以安排好。"同时与客人聊一些有关旅游、气候的话题，冲淡客人等待的焦躁感。

（2）解决问题要迅速，要让客人感觉到服务员"急客人之所急"。

（3）待房间重新安排好后，值班主管、领班再次向客人道歉。

（4）如果该客人入住时间短，但又是酒店的常客，可考虑给该客人"升级"房间，即让客人以原价入住更好的房间。

163　客人要求换房

当客人对所住的房间不满意时就会提出换房的要求。客房服务员在处理客人的换房要求的过程中应注意以下几点。

（1）首先了解客人不满意的原因以及客人喜欢什么样的房间。

（2）向客人说明情况时要注意表达方式，如一时无法解决，也应解释清楚，并表明会尽快解决。

（3）与前厅接待处联系，一有空房便马上给客人换房。

（4）换房后应更改客人入住资料，做好换房记录，并及时向主管报告。

（5）在处理客人的换房要求时要认真负责，不得敷衍应付，以免引起客人的不满。

164　客人意外受伤

当发生客人负伤、生病等紧急情况时，服务员必须向管理人员报告，同时应及时采取必要的救护措施。

（1）开房门发现客人倒在地上时，应注意客人是否在浴室倒下，是否因病（贫血或其他疾病）倒地，附近是否有大量的血迹；应判明是否因病不能动弹、是否已死亡。

（2）如客人仍有知觉，应立即安慰客人，稳定伤（患）者的情绪，注意观察其病情变化，在医生到来之后向其告知客人的病情。

（3）服务员在医护人员到来之前，也可以进行临时性的应急处置。如果伤处出血，进行止血，如果不能缠绕止血带，可用手按住伤口，待医生到达后处理。

（4）如果是轻度烫伤，先用大量干净水对烫伤处进行冲洗；如果是重度烫伤，不得用手触摸伤处或弄破水泡，应等医生到达后处理。

（5）如果是四肢骨折，先止血后用夹板托住；如果是肋骨骨折，切勿移动伤者，应立即请医生处理。

（6）如果是头部受伤，在可能的情况下要小心进行止血，并立即请医生处理或将其送往医院。

（7）如果是后背受伤，尽量不要翻动客人身体，应立即请医生处理或将其送往医院。

（8）如果是杂物飞进眼睛里，应立即上眼药水或用洁净的清水冲洗眼睛。

165　客人醉酒

醉酒客人比较常见，有的会大吵大闹或破坏家具，有的会随地呕吐或不省人事。客房服务员应冷静机智地根据醉客的不同情况进行处理。

（1）对轻度醉客应予以劝导，安置其回房休息；对重度醉客，则应协助保安人员将其制服，以免醉客扰乱其他住客或伤害自己。

（2）将醉客安置回房间休息后，服务员要特别注意其房内动静，以免醉客损坏客房用品，或吸烟时不慎引起火灾等。

166 发生停电事故

停电事故可能是由外部供电系统引起的，也可能是由酒店内部设备发生故障引起的。发生停电事故的概率比其他事故高，而且会影响客人的正常生活，因此，酒店须制定应急措施，如采取双路进电或自备发电机，保证在停电后能立即恢复供电。酒店还应制订停电事故应急计划，其具体内容包括以下几个方面。

（1）预知停电时，可用书面通知的方式告知住店客人，以便客人早做准备。

（2）及时向客人解释停电的原因，并说明正在采取紧急措施恢复供电，以免客人惊慌失措。

（3）如在夜间停电，须启用应急灯照亮公共场所或无光亮区域，帮助滞留在走廊及电梯中的客人转移到安全的地方。

（4）即使停电时间较长，所有员工也要安静地留守在各自的工作岗位上，不得惊慌或到处乱跑。

（5）在停电期间要做好安全检查，加强巡视，防止有人乘机行窃或破坏。

（6）防止客人因燃点蜡烛而不慎引发火灾。

第三节 制订客房卫生计划

167 制订周卫生计划

酒店经理要与客房部主管一起制订每周的卫生计划（见表10-1），保证客房卫生质量，营造一个令客人满意的卫生环境。

表10-1　客房周卫生计划

日期	项目	标准	备注
星期一	(1) 清理房间装饰品处的镜面 (2) 清理卫生间地面 (3) 水龙头的除沙处理	(1) 镜面光洁、无灰 (2) 地面无毛发和污渍，边角无黑渍 (3) 水龙头光亮、无尘、无水渍	(1) 每日工作：清理吸尘器集尘袋 (2) 尘机对吸：每月双日 (3) 每日清理地漏毛发 (4) 每日为房间配备的绿植浇水并清理垫盆 (5) 每两天冲洗一次花木并清洗花瓶、换水
星期二	(1) 清理面盆上方镜面 (2) 家具去污打蜡	(1) 镜框清洁，镜面光亮、无水渍 (2) 家具光滑、无污迹、无灰尘 (3) 壁纸无笔印、无黑迹	
星期三	(1) 洗刷浴缸内外壁、清洁浴缸及面盆排水口 (2) 房门下木质面除污	浴缸内外壁无水迹、污迹，排水口无黄锈及毛发，不锈钢件光亮、无水渍，房门无皮鞋印	
星期四	(1) 清理淋浴间玻璃、大理石墙壁 (2) 刷洗白色地砖	玻璃、墙壁及地砖无水迹和皂迹	
星期五	(1) 电话消毒 (2) 清扫床底	(1) 电话无污迹 (2) 房间彻底吸尘，注意边角及衣橱内	
星期六	(1) 清理抽屉 (2) 家具去污打蜡	(1) 抽屉里面的边角一定要擦干净 (2) 家具光亮、无污迹、无灰尘	
星期日	清理垃圾桶内外壁	垃圾桶内外无污渍，钢圈无手印、水迹	

168　制订月度卫生计划

有些项目需要每周清洁，有些项目只需每月清洁一次，因此，酒店经理还应制订月度卫生计划，如表10-2所示。

表10-2 客房月度卫生计划

日期	项目	标准
1~3日	清理窗台、地面吸尘，定期刷洗地面	地面无杂物、无泥土
4~6日	水壶除垢	水壶内无水垢，表面无水渍，壶把手及底座无积尘
7~10日	清洁墙纸	房间墙纸无尘、无污渍、无笔印、无破损
11~14日	清洁冰箱	冰箱内无异味、内外干净、无尘、无污渍
15~18日	清洁冰桶	冰桶内外干净、无尘、无污渍
19~21日	清洁卫生间不锈钢制品	光亮、无水迹
22日	清理电器连线和各种电线插口面板	各种电线缠绕整齐，线上无积灰，插座面板无灰尘、无污渍
23~25日	高处扫尘、清洁纱窗、清洁窗轨	房间天花板边角干净、无尘、无蜘蛛网，纱窗干净、无尘，窗轨轨道干净、无尘
26~28日	清洁空调进、出风口	出风顺畅、无噪音、风口干净、无积尘
29~30日	清洁房间窗户玻璃	明亮、无水渍、无污渍、无灰尘

169 制订季度卫生计划

客房管理是一项细致、复杂的工作，客房专项卫生是客房管理的重点工作之一。有些卫生工作只需一个季度甚至好几个季度进行一次，如表10-3所示，酒店经理和客房部主管应做好监督检查工作。

表10-3 客房季度卫生计划

名称	期限	名称	期限
空调进、出风口清洗	90天	枕头烘干处理	90天
床垫翻转	90天	窗帘、纱窗清洗	120天
房间地毯清洗	90天	喷杀虫剂	30天
通道地毯清洗	90天	工作车清洁	90天
天花板、装饰线吸尘	180天	床上用品清洗	90天

第四节 日常客房检查

170 客房卫生检查方法

客房卫生检查也称查房，是指对客房的清洁卫生质量进行检查，通常实行四级检查制，如图10-1所示。

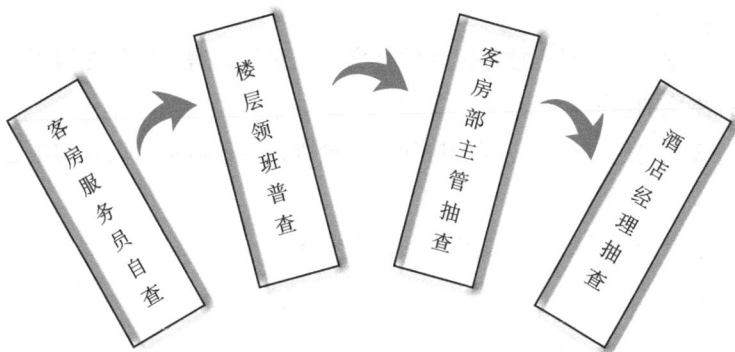

图10-1 客房卫生检查四级检查制

171 客房服务员自查

客房服务员每整理完一间客房，就要对客房的清洁卫生状况、物品的摆放情况和设备家具是否需要维修等进行检查。通过服务员自查不仅可以提高客房的卫生合格率，还可以增强服务员的责任心和检查意识，同时减轻领班的工作量。

172 楼层领班普查

楼层领班普查（领班查房）是服务员自查后的第一关，常常也是最后一道关。领班负责将客房情况报告给酒店总台，总台可以据此将该客房出租给客人。客房部必须加强领班的监督职能，使其做好某楼面客房的检查和协调工作。

1．领班查房的作用

领班查房不仅可以查缺补漏，控制客房卫生质量，确保每间客房都处于可供出租的合格状态，还可以起到现场监督和对服务员（特别是新员工）进行在职培训的作用。领班查房时，应针对服务员清扫客房的漏项、错误和卫生不达标情况出具返工单，令其返工。

2．领班查房的数量

领班查房的数量因酒店建筑结构（每楼层客房数的多少）、客房检查项目及领班职责的不同而有所不同。一般而言，日班领班应负责约50个房间的检查工作（负责带领5～7个服务员）。日班领班应对自己带领的服务员所负责的全部房间进行普查，但对优秀员工负责清扫的房间可以只进行抽查，甚至"免检"，以示鼓励和信任。

3．领班查房的顺序

一般情况下，领班查房时应按环形路线查房，但对下列房间应优先检查：

（1）已预订出租的房间；

（2）尽快对客人走后已整理完毕的房间进行检查，合格后尽快向客房中心报告；

（3）空闲的VIP房；

（4）及时了解维修房的维修进度和家具设备状况。

173 客房部主管抽查

客房部主管是客房清洁卫生工作的主要指挥者。加强服务现场的督导和检查是客房部主管的主要职责之一。

客房部主管抽查不仅可以检查和督促领班及客房服务员的工作，促使他们做好客房服务工作，还能进一步保证客房卫生质量，确保客房部管理方案得到落实。

（1）客房部主管主要检查领班实际查房的数量和质量，以检查其是否贯彻了上级的管理意图以及检查标准的宽严尺度是否得当。

客房部主管在抽查客房卫生的同时，还应对客房公共区域的清洁状况及员工的劳动纪律、服务礼仪、服务规范等进行检查，确保所管辖区域的正常运转。

（2）客房部主管应检查每一间VIP房和维修房，促使其尽快投入使用。

174 酒店经理抽查

酒店经理要经常不定时抽查客房，以检查领班实际查房的数量和质量及客房的卫生清洁状况。

（1）抽查领班查过的房间，观察其是否贯彻了上级的管理意图以及检查标准的宽严尺度是否得当。

（2）抽查被准予"免检"的员工清洁的房间，以掌握其工作质量的稳定性。

（3）根据各个员工的技能状况，抽查各个员工清洁的一到两间房，以掌握员工的工作质量和技能状况。

（4）确保每天抽查房间的数量不少于 15 间。

（5）酒店经理在抽查客房卫生的同时，还应对酒店公共区域的清洁状况以及员工的劳动纪律、服务礼仪、服务规范等进行检查，确保酒店的正常运转。

（6）酒店经理应重点检查 VIP 房和维修房，促使其尽快投入使用。

175　重点检查空房

检查空房是酒店经理的一项重要的日常工作，因为客房部员工每天都会开展检查工作，所以很可能因为太熟悉而掉以轻心。酒店经理亲自检查空房，反而可能发现被忽视的问题。具体检查内容如下。

（1）根据客人名单，依查房顺序详细检查空房。

（2）检查各项电气设备是否正常，如灯泡是否有故障、天花板是否漏水、水龙头是否滴水等。

（3）检查浴袍、烟灰缸及其他房内物品是否齐全，若有遗失，立即通知客房办公室，由其查明原因。

（4）检查浴室用品是否齐全、鲜花是否已枯萎，如已枯萎，则连瓶子收回（空置三天以上的房间，需打开水龙头放一会水，以保证水内不含黄锈）。

（5）如发现空房有人用过或住过，须立即向客房办公室反映。

（6）如贵宾房无人入住，须在检查表上注明"未迁入"，并通知客房办公室。客房办公室必须与前台确认是保留还是取消，若保留，则保持所有的摆设；若取消，则将昨夜开过的夜床恢复原状，蛋糕、水果、酒、赠品等要收出。

（7）盖好房间的床罩，拉好窗帘，开夜灯，恢复房间状况。

（8）在每日房间检查表上做好记录。

第十一章　酒店餐饮管理

导读 >>>

酒店餐饮管理的主要目标是按照规范化的服务程序和服务标准，采用一定的服务方法和服务技巧，及时为客人供餐，满足不同客人对餐饮的各种需求。

　　Q先生：A经理，我上任不久就发现，我们酒店的餐饮服务水平比较低，经常导致一些客人抱怨，我该怎么办呢？

　　A经理：你要加强对餐饮服务的管理。你可以制定餐饮服务标准，明确各项要求，如餐厅服务质量标准、酒吧和咖啡厅服务质量标准等。这些标准必须非常细致且落实到位，这样才能不断提高酒店的餐饮服务水平。同时，你要做好现场控制工作，确保服务质量。

　　Q先生：食品安全一直是餐饮管理的一个重大问题。请问如何才能做好食品安全管理工作呢？

　　A经理：食品安全管理涉及很多内容，尤其要注重预防食物中毒，你要了解发生食物中毒的原因，从根源上预防。同时，你要做好卫生管理工作，因为没有一个卫生的环境，食品安全是无法保障的。

第一节　餐饮服务管理

176　明确餐饮服务要求

1．所有客人能看到的必须整洁美观

餐厅的整体环境会影响客人对餐厅的第一印象，如餐厅的立面、台面、墙面、顶面、地面等。因此，酒店经理必须注意餐厅的店容店貌，餐厅装修要精致典雅，装饰布置要富有格调，物品摆放要整齐有序，餐厅环境要洁净美观，餐厅气氛要优雅有序。同时，酒店经理必须注意员工的仪容仪表与言行举止，基本要求是端庄、得体和大方。

2．所有提供给客人使用的必须有效

（1）设施设备应有效，即餐厅的功能布局要合理，设施要配套，设备要完好，运行要正常，使用要方便。

（2）餐厅用品应有效，即餐厅的用品在数量上要满足客人的需求，在质量上要符合物有所值的要求，在摆放上要方便客人使用。

（3）服务规程应有效，即餐厅服务项目的设置要到位，服务时间的安排要合理，服务程序的设计要科学，服务方式的选择要恰当，服务标准的制定要合理，员工的服务技能要熟练。

3．所有提供给客人使用的必须安全

餐厅所提供的环境、设施、用品及服务必须保证客人在人身、财产和心理等方面的安全。安全是客人最低层次的需求。要想保障客人的安全，就应做好以下几项工作。

（1）要保证设施设备的安全性，例如，确保装修设计科学安全、消防设施完善、防盗装置有效、设备安装规范等。

（2）要保证安全管理制度的有效性，例如，制定科学、完善的安全管理制度以及有效的安全防范措施等。

（3）要保证服务的安全性，例如，制定科学、合理的操作规程，选择人性化的服务方式，尊重客人的隐私以及保证客房的私密性等。

4．所有员工对待客人必须亲切、礼貌

亲切、礼貌是餐厅对客服务态度的基本要求，其主要表现在员工的面部表情、语言表达与行为举止三个方面。

（1）面部表情。对餐厅服务员工来说，微笑服务始终是最基本的要求。但是，仅仅有微笑是不够的，微笑服务要与自身的仪容仪表相统一，同时要对客人有发自内心的热情，辅以柔和、友好、亲切的目光，并在服务中及时与客人沟通，这样才能笑得自然、笑得自信，并让客人感觉到亲切、礼貌。

（2）语言表达。例如，要用敬语称呼客人，客人进入餐厅时要用迎候语，与客人见面时要用问候语，提醒客人时要用关照语，客人召唤时要用应答语，得到客人的协助或谅解时要用致谢语，客人致谢时要用回谢语，由于餐厅条件不足或工作疏忽未满足客人需要或给客人带来麻烦时要用致歉语，询问客人或要求客人配合时要用请求语，客人着急或感到为难时要用安慰语，客人离开时要用告别语。

（3）行为举止。要使餐厅的服务标准真正得到落实，关键在于全体员工必须确立积极的服务态度，并做到"三个一致"，即前后台一致、内外一致与上下一致。在对客服务方面，无前后台之分、无内部和外部之分，无上司与下属之分，必须执行同一标准。

177　制定餐厅服务质量标准

在餐饮部主管的协助下，酒店经理应根据最新相关标准和餐厅实际情况制定更有针对性的餐厅服务质量标准，具体内容如下。

（1）餐厅设领位、服务、跑菜岗，并保证服务规范、程序完善。

（2）上岗的服务员要做到仪容端正、仪表整洁，符合员工手册要求。

（3）营业前召开班前会，做好上岗前的检查工作，明确各岗位分工，了解当班的宴会、冷餐会、会议的具体情况及日常营业情况。

（4）用英语接待外宾，做好菜点、酒水的介绍和推销工作。

（5）按相应的规范为各式中餐宴会、散餐铺台，确保台椅横竖对齐或摆成图案形。铺台前要洗净双手，以免污染餐具。

（6）中西餐菜单、酒单应外形美观、质地优良、印刷清晰、有中英文对照、干净无污渍，确保菜单、酒单上的品种能正常供应。

（7）使用托盘为客人服务，保持托盘干净、无油腻。

（8）严格执行报菜名制度，每上一道菜都要向客人报菜名。

（9）为客人倒第一杯酒，要按餐间服务流程及质量标准做好斟酒、分菜、换盘等服务。

（10）在客人就餐过程中坚持"三勤"服务，即嘴勤、手勤、眼勤。

（11）按中西不同餐式的上菜顺序出菜，确保传菜无差错。

（12）确保第一道菜的出菜时间距点菜时间不超过 15 分钟。

（13）确保桌上烟灰缸内的烟头不超过三个，并按操作流程及时更换烟灰缸。

（14）设立无烟区，并在桌上放置标示牌。

（15）上菜、上汤、上饭时指头不触及食物，汤水不外溢。

（16）收银用收银夹，请客人核对账单，收款后向客人道谢。

（17）客人用餐结束后主动向其征求意见，向客人道谢并欢迎再次光临。

（18）餐厅内设客人意见征求表，及时收回客人填完的意见征求表。

（19）保持餐厅走廊过道、存衣处等公共场所干净、整洁、无浮尘、无污渍。

（20）保持门窗光亮，确保地毯、地板、墙面、天花板无积灰、无四害、无蛛网。

178　制定酒吧、咖啡厅服务质量标准

酒店经理应在餐饮部主管的协助下，根据最新相关标准和酒吧、咖啡厅的具体情况，制定更有针对性的服务质量标准，具体内容如下。

（1）设领位、服务、调酒等岗位，保证服务规范、程序完善。

（2）上岗的服务员应做到仪容端正、仪表整洁，符合员工手册要求。

（3）营业前召开班前会，做好上岗前的检查工作，了解当班业务情况并明确各岗位分工。

（4）熟练地用外语接待外宾。

（5）确保铺台、摆台符合规范。

（6）使用托盘为客人服务，严禁直接用手拿杯、碟等各种酒具。

（7）酒水单有中英文对照、印刷优良、字迹清楚、无破损、无折痕。

（8）各种杯具及器皿清洁卫生、放置整齐、无污痕、无手印。

（9）能调制酒单所列的各式鸡尾酒，调制快速、准确、卫生、符合规范。

（10）正确掌握摇酒器、调酒棒、量杯等的使用方法。

（11）整瓶酒出售时，应当着客人的面启封开口，使客人看到标牌，斟酒时无溢滴现象。

（12）营业低峰时，确保客人所点酒水迅速上台。

（13）坚持"三勤"服务，及时为客人提供各种服务。

（14）严格按照规范和程序更换烟灰缸。

（15）收款用收银夹，请客人核对账单，收款后向客人道谢。

（16）餐厅设客人意见征求表，及时收回客人填完的意见征求表。

（17）客人离开时，拉椅送客至餐厅门口，热情道谢并礼貌送别，三分钟内重新铺好台面。

（18）保持室内的清洁卫生，确保门窗光亮，地毯、地面干净，墙角、天花板无积灰、无蛛网。

（19）保持花木盆景的清洁，确保花架和叶面无浮尘，盆景和垫盆内无垃圾、无烟蒂、无枯叶。

（20）确保室内各种艺术挂件完好、端正、无浮尘、无污迹。

（21）保持餐桌、椅子、工作台、吧台的清洁，工作台内各种物品摆放整齐。

179 餐饮服务质量现场控制

酒店餐饮服务质量现场控制的主要内容如图11-1所示。

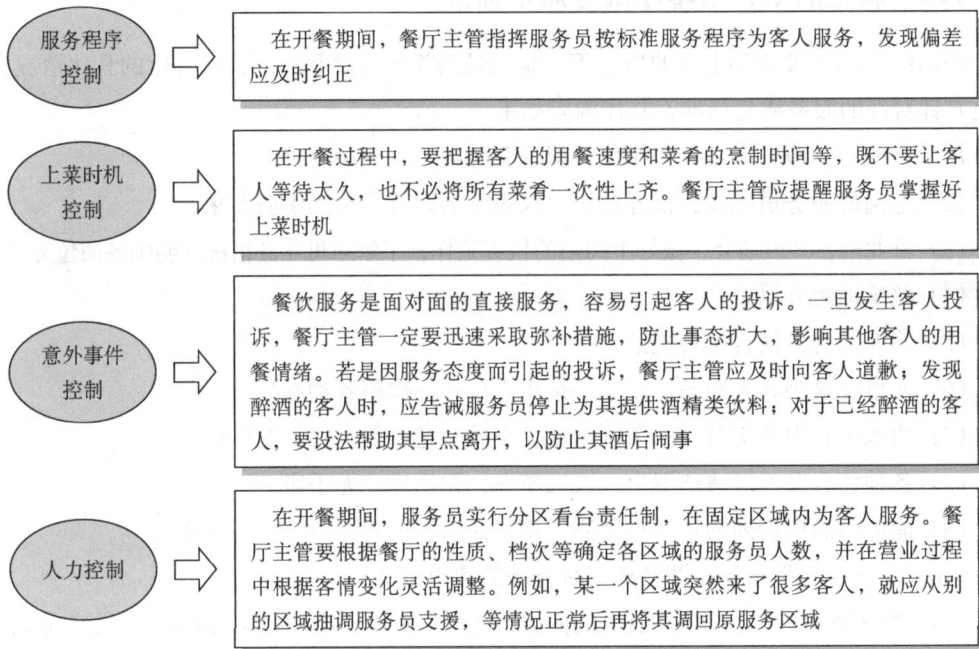

服务程序控制	⟹	在开餐期间，餐厅主管指挥服务员按标准服务程序为客人服务，发现偏差应及时纠正
上菜时机控制	⟹	在开餐过程中，要把握客人的用餐速度和菜肴的烹制时间等，既不要让客人等待太久，也不必将所有菜肴一次性上齐。餐厅主管应提醒服务员掌握好上菜时机
意外事件控制	⟹	餐饮服务是面对面的直接服务，容易引起客人的投诉。一旦发生客人投诉，餐厅主管一定要迅速采取弥补措施，防止事态扩大，影响其他客人的用餐情绪。若是因服务态度而引起的投诉，餐厅主管应及时向客人道歉；发现醉酒的客人时，应告诫服务员停止为其提供酒精类饮料；对于已经醉酒的客人，要设法帮助其早点离开，以防止其酒后闹事
人力控制	⟹	在开餐期间，服务员实行分区看台责任制，在固定区域内为客人服务。餐厅主管要根据餐厅的性质、档次等确定各区域的服务员人数，并在营业过程中根据客情变化灵活调整。例如，某一个区域突然来了很多客人，就应从别的区域抽调服务员支援，等情况正常后再将其调回原服务区域

图11-1 酒店餐饮服务质量现场控制

180 服务质量定期反馈

信息反馈系统由内部系统和外部系统构成，如表11-1所示。

表11-1　信息反馈系统

序号	内容	详细说明
1	内部系统	内部系统是指来自服务员、厨师和中高层管理人员等酒店内部人员的信息反馈。每日营业结束后应开简短的总结会，及时发现当天工作中出现的问题，及时改进服务质量
2	外部系统	外部系统是指来自客人和朋友等外界人士的信息反馈。为了及时获得客人的反馈，酒店可在餐桌上放置意见簿，并要求服务员在客人用餐后主动征求客人意见。餐厅人员应高度重视客人的反馈，定期进行分析和汇总，不断提升自身服务水平

第二节　餐饮卫生管理

181　餐饮员工健康检查

1. 入职健康检查

（1）入职健康检查的目的主要包括：判定新员工是否适合从事餐饮服务工作；依据新员工的身体状况为其分配适当的工作；将检查结果作为日后员工健康管理的基本资料等。

（2）入职健康检查中应检查诊断的项目包括：过往病史，自觉症状与其他症状，身高、体重、视力与听力，胸部 X 光检查，血压，尿常规检查，粪便检查（必要时做寄生虫卵检查）等。

2. 定期健康检查

（1）检查目的。定期健康检查的目的在于帮助员工提前发现疾病线索和健康隐患。有些疾病并没有自觉症状，定期健康检查有助于及时发现疾病和治疗，同时可帮助受检者了解自身的健康状态及变化情况。

（2）检查次数。定期健康检查每年至少一次，这样才能达到预防的效果。

182　餐饮员工卫生管理

1. 个人卫生管理

（1）患病要及时报告。从事餐饮工作的员工应具备一定的健康意识，懂得基本的健康知识，保持身体健康、精神饱满、睡眠充足。

（2）养成良好的卫生习惯。餐饮工作人员应讲究个人卫生，养成良好的卫生习惯。

（3）工作时穿戴清洁工作衣帽。餐饮工作人员在工作时应穿戴清洁的工作衣帽，以防止头发、毛线、夹杂物等异物混入食品。

（4）养成勤洗手的习惯。手经常与食品直接接触，是传播有害微生物的主要媒介，因此维护手部清洁相当重要。为确保手部卫生，餐饮工作人员平时要养成勤洗手的习惯。当必须用手直接接触食物时，最好戴上完整、清洁的手套以确保食品卫生。

2．工作卫生管理

工作卫生管理的目的是防止餐饮工作人员因疏忽而导致食物、用具受到污染。

（1）工作场所不可饮食、吸烟，并尽量不与他人交谈。

（2）拿取餐具、食物时要采用卫生的方法，不要用手直接接触餐具上客人入口的部位。

（3）餐具要拿柄，玻璃杯要拿底部，拿盘子时拇指只能接触盘子的边缘部分。

（4）每次品尝都要使用已清洁的匙，而不能用手直接抓取；准备食物时要尽可能地使用各种器皿。例如，用夹子、匙、叉等来取冰块、黄油、馅料、面包、糕点等，不能直接用手拿取。

183 餐饮环境卫生管理

1．厨房

厨房的墙壁、天花板应采用浅色、光滑、不吸油水的材料。用水泥或砖面砌成的内墙应具有易于清洁的表面，各种电器线路和水、气管道应合理架设，不应妨碍对墙壁和天花板的正常清扫。

厨房地面应采用耐久、平整的材料铺设，必须经得起反复冲洗，不会受厨房内高温影响而开裂、变软或变滑，一般选择防滑无釉地砖，必要时可在通道和操作处铺设防滑垫。同时，地面应有一定的坡度，以利于冲洗、排水和保持干燥。

2．洗手池设备

操作人员的双手是传播病菌的重要媒介，酒店应当在最容易使手沾上病菌的地方安装洗手池，如卫生间附近、更衣室内、厨房内等。据调查，操作人员都不愿走一大段路去洗手，因此，洗手设备要数量充足，且应安装在便于使用的地方。洗手设备包括洗手池、冷热水、肥皂或皂液、专用毛巾或吹干机。酒店应按时检修、清理洗手设备，并及时补充卫生用品。

厨房内加工食物或洗涤设备、厨具的水池不能用于洗手。

3．更衣室和卫生间

员工的便服极易传播病菌，因此员工不能穿着便服上班，也不能将便服挂在厨房、仓库或卫生间里。酒店应设有员工更衣室，以便让员工上下班时更换服装和存放私人物品。更衣室一般不靠近厨房、仓库和餐厅，通风、采光应良好，并有淋浴、洗手池、镜子等设备。

酒店应设员工专用卫生间，以免员工与客人共用卫生间。

（1）卫生间设备应齐全，如果洗手池使用自控水龙头，出水时间应不少于 15 秒，以免再次启动开关。

（2）卫生纸、肥皂等用品应及时补充。

（3）教育员工使用卫生间后要洗手，可在适当的地方设置海报或标语。

（4）员工卫生间应设在隐蔽处，出入口应有自动闭门装置。

184　设备、餐具卫生管理

因设备、餐具消毒不严而导致食物中毒的事件时有发生。设备、餐具表面无垢只能算作清洁，只有当设备、餐具表面的细菌被清除到不会引起食物中毒和传染疾病的程度时才称得上卫生。因此，酒店经理必须重视设备、餐具的卫生管理工作。

1．餐饮设备、餐具的类别

从饮食卫生的角度来看，餐饮设备和餐具大致可分为五大类，具体如图11-2所示。

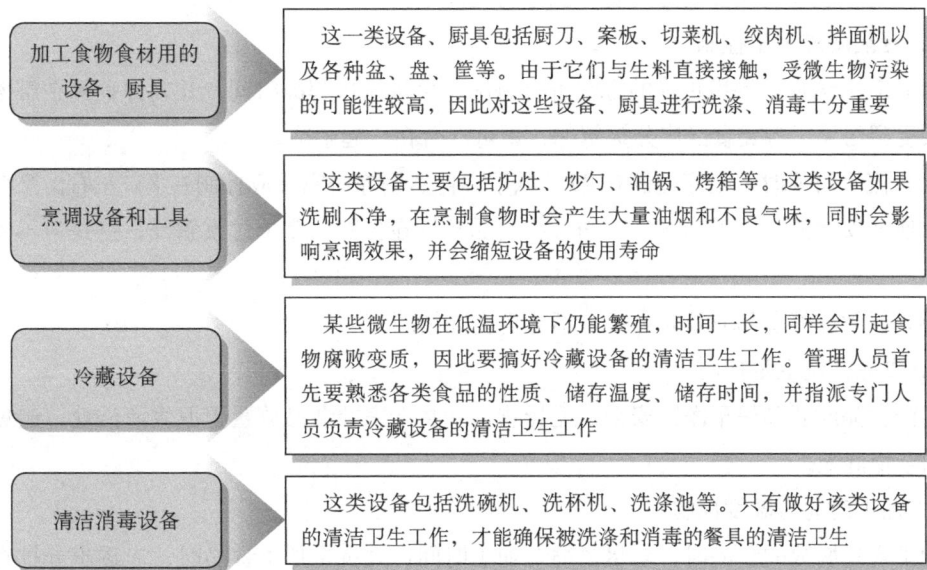

加工食物食材用的设备、厨具	这一类设备、厨具包括厨刀、案板、切菜机、绞肉机、拌面机以及各种盆、盘、筐等。由于它们与生料直接接触，受微生物污染的可能性较高，因此对这些设备、厨具进行洗涤、消毒十分重要
烹调设备和工具	这类设备主要包括炉灶、炒勺、油锅、烤箱等。这类设备如果洗刷不净，在烹制食物时会产生大量油烟和不良气味，同时会影响烹调效果，并会缩短设备的使用寿命
冷藏设备	某些微生物在低温环境下仍能繁殖，时间一长，同样会引起食物腐败变质，因此要搞好冷藏设备的清洁卫生工作。管理人员首先要熟悉各类食品的性质、储存温度、储存时间，并指派专门人员负责冷藏设备的清洁卫生工作
清洁消毒设备	这类设备包括洗碗机、洗杯机、洗涤池等。只有做好该类设备的清洁卫生工作，才能确保被洗涤和消毒的餐具的清洁卫生

储藏和输送设备

这类设备包括橱柜、架子、推车等。它们虽然不与食物直接接触，却经常与餐盆、碗碟等餐具直接接触，如不经常进行清洁消毒，也可能会间接地引发食物中毒和传染疾病

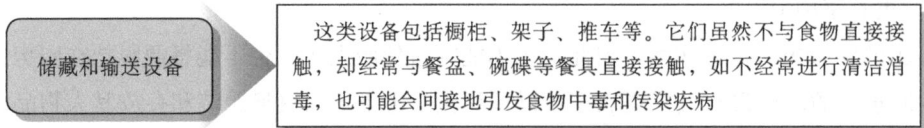

图11-2　餐饮设备和餐具的分类

2．设备、餐具清洁卫生操作规程

设备的清洁卫生工作必须严格按照操作规程进行。由于各种设备有不同的特点，管理者在制定操作规程时应充分考虑以下因素：设备种类，清理时间，拆卸、洗刷、安装步骤，安装注意事项，洗刷、冲洗、消毒用的清洁剂和消毒剂的性质、数量和水温等。

185　食品卫生管理

食品卫生管理的重点包括以下几项。

1．食材卫生控制

（1）厨房在正式取用食材时，要认真鉴定。例如，罐头类食品已膨胀、有异味或汁液混浊不清，就不应使用；高蛋白食品有异味或表面黏滑，也不应再用；果蔬类食品已腐烂，更不应使用。

（2）对不能凭借感官作出判断的食品，可送卫生防疫部门鉴定以确定其是否可以使用。

（3）对盛放过变质食品的一切器皿应清洗消毒。

2．食品解冻卫生控制

（1）对冻结食品要用正确的方法进行解冻，尽量缩短解冻时间，并确保食品在解冻过程中不会受到污染。各类食品应分类解冻，不可混合在一起解冻。

（2）流水解冻时水温应控制在22℃以下，自然解冻时室温应控制在8℃左右。烹调解冻是既方便又安全的一种解冻方法。切忌将食品放置在自然温度下过夜解冻，这是最不安全的做法。

（3）已解冻的食品应及时加工，不能再次冻结。

3．食品清洗卫生控制

清洗食品时要确保干净、安全、无异物，并将洗完的食品放置于卫生清洁处，避免任何污染和杂物混入。

4．加工时间与温度控制

加工容易腐败的食品时，要尽量缩短加工时间；大批量加工食品时，应逐步分批将食品

从冷藏库中取出，以免最后加工的食品因在自然环境中放置过久而变质；加工环境温度不宜过高，以免食品在加工过程中变质；加工后的成品应及时冷藏。

5．配制食品卫生控制

配制食品的盛器要清洁并且是专用的，切忌用餐具作为生料配菜盘；配制后不能及时烹调的要立即冷藏，需要时再取出；不得将配制后的半成品放置在厨房中；配制时间要尽量接近烹调时间。

6．烹调加热食品卫生控制

烹调加热食品时要确保充分杀灭细菌；盛装时餐具要洁净，不得使用工作抹布擦抹餐具。

7．冷菜生产卫生控制

制作冷菜时应在布局、设备、用具方面同生菜制作分开，切配时应使用专用的刀、砧墩和抹布，切忌生熟交叉使用；相关用具要定期消毒；操作时要尽量简化制作手法；装盘不可过早，装盘后不能立即上桌的应使用保鲜纸封存并冷藏。

8．剩余食材卫生控制

剩余食材应及时收藏，并且尽早用掉。

186　做好垃圾处理工作

酒店应配备足够数量的防蝇、防鼠、不吸潮、不漏水的垃圾桶，桶内应放置塑料袋，以便包扎清理，并加盖密封，以免不良气味外溢污染空气。垃圾桶应及时清理，且每次清理后应用热水、消毒剂认真洗刷。

垃圾物依其物理性质可分为气态垃圾、液态垃圾和固态垃圾三种。

（1）气态垃圾是指厨房抽油烟机排出去的油烟。油烟不但会造成污染，而且容易引发火灾，因此必须慎重处理。

（2）液态垃圾包括厕所污水、排泄物、厨房污水、泔水等。排出一般排泄物应设专管，厨房污水等直接排入排水沟，泔水则给养猪户充当肥料。

（3）固态垃圾主要来自厨房，应对其进行分类处理。首先将垃圾分为可燃物（如纸箱、木箱）和不可燃物（如破碎餐具），然后将其分别装入垃圾袋中投入各类垃圾桶，最后将垃圾桶盖好。

187　防治病媒昆虫和动物

苍蝇、蟑螂、老鼠能污染食物、炊具、餐具并传播各种疾病，会对饮食卫生产生极大威胁，因此必须采取以下措施对其进行防治。

（1）防止它们进入厨房、仓库、餐厅，一旦发现应立即灭杀。

（2）酒店各处通往室外的门都应有自闭设置，窗子要密封或装纱窗，特别是厨房、储藏室、餐厅、卫生间、垃圾房等地，尽量减少苍蝇、蟑螂、老鼠进入的机会。

（3）墙壁、天花板、地面出现缝隙后，蟑螂便会藏匿于其中，因此应予以密封。

（4）仓库进货时应严格查看箱装、袋装物品，检查是否有蟑螂、老鼠混入。

（5）营业结束后应清理工作场所，及时洗涤各种工具、设备，收藏所有食品，定期检查储藏室、仓库、垃圾房是否有"三害"存在，并定期捕捉灭杀。

188　定期进行卫生检查

所有的卫生管理工作成果都要通过检查工作予以确认，餐饮部主管要经常对各部门的卫生状况进行检查，酒店经理也要不定期地开展餐饮卫生检查工作，以此强化卫生管理工作。

第三节　食品安全管理

189　了解食物中毒的原因

在餐厅发生的食物中毒主要是由食品加工人员对食物的处理、烹制及保管不当等所致。引发食物中毒的主要原因有以下几个方面。

（1）食品冷藏不当，如冷藏温度不够低。

（2）食品加热处理不当，例如，食品加热的时间过短，以致未能有效杀死细菌。

（3）食品保温储存不当，致使细菌过快繁殖。

（4）烹调成熟后的菜品放置过久，未加热就直接食用。

（5）已感染病菌的人接触过食品。

（6）加工后的食品交叉污染。

（7）食用已污染的生食（细菌性）或熟食（化学性）。

（8）容器、器具清洗不洁，残留了很多污垢。

（9）食材来源不安全。

（10）直接食用未做处理的剩余食品。

（11）误食有毒的食品。

（12）食用不良发酵的食品。

（13）误食或错误使用添加剂。

酒店经理和餐饮部主管要特别关注上述因素，抑制病菌（微生物）的生长繁殖，这样才能将食品安全隐患降到最低程度，从而有效地预防食物中毒事件的发生。

190　预防食物中毒的方法

预防食物中毒的方法有三种，具体如表11-2所示。

表11-2　预防食物中毒的方法

序号	方法	具体内容
1	保持加工过程的清洁	厨房员工在开始烹饪前一定要把手彻底洗干净；加工的器具，如餐具、砧板、抹布等，应该用水或消毒药水反复清洗，洗干净后，如果有条件，尽量在太阳下暴晒；食品加工人员如果手指有伤口或脓疮，应该套上手套或指套后再从事加工工作，否则脓疮里面的细菌会污染食品，进而引起食品中毒事件
2	避免食材存放太久	食材采购回来后不放置太久，应尽快烹饪供食，尤其是生食的食材，越快处理越好。即使是加工好的食品也要赶快处理，因为烹饪后的食品很容易繁殖细菌。餐饮部应事先做好统计测算工作，每次加工的食品不要太多
3	注意食品的加热与冷藏	细菌通常不耐热，加热到70℃以上就能将大部分细菌杀死，因此将食品加热以后再食用比较安全。细菌比较耐冷，虽然冷却以后不会让其死掉，但是可有效抑制其繁殖，且温度非常低（-18℃以下）时大部分细菌根本不能繁殖，能够有效抑制细菌繁殖的温度是5℃以下

191　处理食物中毒事件

发生食物中毒事件后，处理步骤如下。

（1）客人在用餐时突然晕倒或出现其他不良症状，离患者最近的服务员应立即上前将其扶到座位上，并及时向酒店经理或餐饮部主管报告。

（2）餐厅员工应在第一时间将客人送往就近医院（或医务室）进行抢救，紧急情况下须拨打120急救电话。

（3）若出现两例（含两例）以上相同症状的病人，应立即停止销售工作，做好现场保护工作，并通知食品卫生监督部门人员到场调查处理。

（4）保存好出售食品的样品，以备相关部门化验检查。

192 应对食物中毒事件投诉

客人投诉食物中毒事件时，处理步骤如下。

（1）酒店经理接到客人投诉后，应立即向客人了解具体情况，如就餐时间、消费的食物等。

（2）请要客人出示医院诊断书。

（3）告知客人酒店将在最短时间内进行处理，并征询客人的意见。如果客人提出赔偿要求，应告知客人酒店将会根据调查结果给出令其满意的答复。

（4）酒店经理立即组织人员对客人消费时间段的相应食品进行检测，同时将客人出示的医院诊断书拿到该医院以了解客人的具体病因。

（5）确定造成客人食物中毒的不是本酒店产品时，及时与客人取得联系，将检测结果告诉客人，并欢迎客人再次光临。

（6）确定造成客人食物中毒的是本酒店产品时，酒店经理应会同其他部门与客人商议赔偿及善后事宜。

第十二章 酒店财务管理

导读 >>>

为了加强对酒店收入环节的控制，杜绝收入流失，并满足酒店经营管理的需要，酒店经理必须做好财务管理工作，如酒店收入控制、融资管理、投资管理和税务管理等。

Q先生：A经理，我应该从哪些方面开展财务管理工作呢？

A经理：你首先要做好收入控制工作，因为收入是酒店持续运转的前提；其次，你要合理制定酒店产品的价格，严格控制好客房和餐饮收入，这是酒店的主要收入来源。当然，酒吧、洗衣房方面的收入也不应忽视。

Q先生：酒店的一些房间比较老旧，我打算明年进行一次大规模装修，这需要一大笔资金，我应该怎样筹集这笔资金呢？

A经理：这就涉及融资管理。融资管理是财务管理工作的一个重要组成部分，因为它能为酒店带来发展所需的资金。你要了解融资的种类，熟悉它们的特点，然后根据酒店的具体情况选择最合适的融资方式。

第一节　酒店收入控制

193　合理设计价格组合

酒店价格组合设计如表12-1所示。

表12-1　酒店价格组合设计

序号	类别	具体内容	备注
1	基本价格	酒店价目表公开列出的、要求客人支付的普通价格。酒店客房标价及菜单上的标价均属于基本价格或市场价格	包括成本导向法、利润导向法、营销导向法和竞争导向法
2	优惠价格	酒店在基本价格的基础上制定的各种折扣价格。酒店可通过价格上的优惠在市场营销及其他方面获得利益，这些利益足以补偿价格方面的损失	包括数量折扣、季节性折扣、付款条件折扣、现金折扣等
3	合同价格	也称批发价，是酒店给予中间商的优惠价。中间商为酒店推销产品、提供服务、开展宣传，并从中获得利润	与酒店定期协商（一般一年一次），确定散客和团体的优惠价

194　为不同类型的客房定价

不同类型客房的定价原则如图12-1所示。

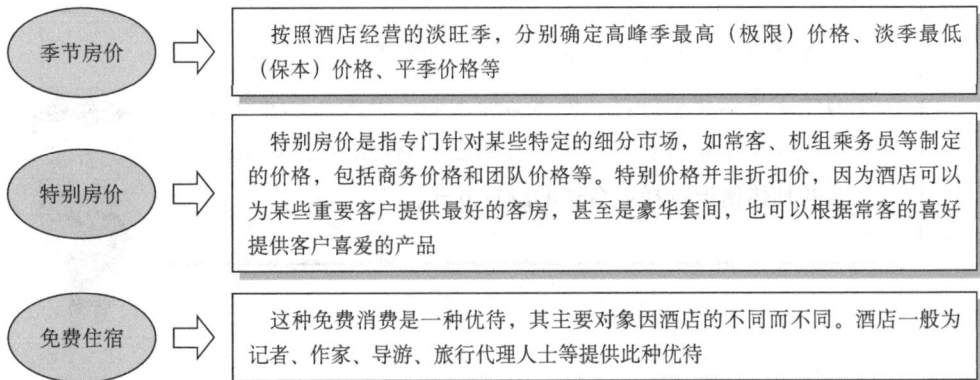

季节房价	⇨	按照酒店经营的淡旺季，分别确定高峰季最高（极限）价格、淡季最低（保本）价格、平季价格等
特别房价	⇨	特别房价是指专门针对某些特定的细分市场，如常客、机组乘务员等制定的价格，包括商务价格和团队价格等。特别价格并非折扣价，因为酒店可以为某些重要客户提供最好的客房，甚至是豪华套间，也可以根据常客的喜好提供客户喜爱的产品
免费住宿	⇨	这种免费消费是一种优待，其主要对象因酒店的不同而不同。酒店一般为记者、作家、导游、旅行代理人士等提供此种优待

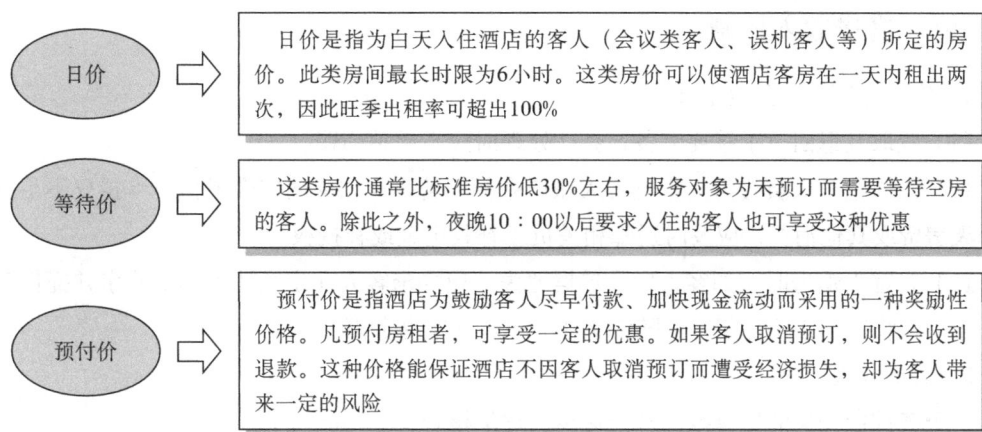

日价	⇒	日价是指为白天入住酒店的客人（会议类客人、误机客人等）所定的房价。此类房间最长时限为6小时。这类房价可以使酒店客房在一天内租出两次，因此旺季出租率可超出100%
等待价	⇒	这类房价通常比标准房价低30%左右，服务对象为未预订而需要等待空房的客人。除此之外，夜晚10：00以后要求入住的客人也可享受这种优惠
预付价	⇒	预付价是指酒店为鼓励客人尽早付款、加快现金流动而采用的一种奖励性价格。凡预付房租者，可享受一定的优惠。如果客人取消预订，则不会收到退款。这种价格能保证酒店不因客人取消预订而遭受经济损失，却为客人带来一定的风险

图12-1 不同类型客房的定价原则

195 适时调整产品价格

由于客观情况的变化，酒店经理有时要对产品价格进行适当的调整，具体如表12-2所示。

表12-2 酒店价格调整

类别		具体原因	备注
主动调整价格	降价	（1）市场上的酒店产品供大于求，对消费者的总接待能力过剩 （2）当酒店的生产与服务成本下降时，酒店也会通过降价来控制市场	（1）是否可以真的增加销售量 （2）当多数酒店都降价时，可能会爆发大规模的价格战，此时要考虑这种情况是否对自身有利
	涨价	（1）由于通货膨胀，酒店的各种费用增加，这就迫使酒店不得不涨价 （2）消费者对酒店产品需求量的增加，酒店为了追求高利润，也会涨价 （3）酒店重新装修，更换了设施设备、增加了服务项目、提高了产品质量，此时酒店也会选择涨价	（1）一般来说，涨价会引起中间商的不满，也会对酒店营销人员的工作产生影响 （2）酒店涨价会使酒店利润大大增加，因此仍有许多酒店坚持涨价
被动调整价格		（1）酒店随行就市，采用这种方法来保持自身在市场中的地位 （2）保持产品价格不变，把钱花在给顾客增加利益上 （3）采取与竞争对手相反的价格策略，同时配合其他营销组合因素，与竞争对手进行竞争	—

196 客房收入控制

1．客房保证金、预收定金

（1）收取及退回时手续要完备，会计处理时应当单独列账。

（2）酒店稽核人员要每天审核客人账户余额，若客人预支的定金或信用卡授权不足支付下一天房费或其他消费，应及时通知相关员工补收定金或补授权。

（3）在客人退房时，如客人定金单据遗失，应要求客人在定金遗失单上签字并提供身份证明，前台收银员必须复印一份随定金遗失单一并交财务部。

2．客房收入稽核

与财务控制相关的所有数据都要逐步、逐笔核查。

（1）对前台的收银工作、客房的出租情况、房租过账三者进行严格的审查和核对。

（2）对当天客人客房收益汇总表进行二次核查。

（3）对离店客人消费明细表进行最终核对，形成有利于账款催收的有效数据。

3．房价折扣权限

（1）检查每天房租过账前客房房金收进的折扣情况。

（2）检查折扣是否符合规定、是否有越权批准的情况。

（3）检查折扣的实际比例与房金的收进情况是否一致。

（4）检查预订人是否和入住人一致及折扣计算是否正确等。

4．换房

（1）严格制度。制定严格的换房审批制度。

（2）同类互换。换房时应以同类房型互换为主。

（3）严格差价治理。更换非同类房型应补差价。

（4）严格操纵。不管哪种换房均应填写换房单、更换房卡，并将原客房的消费转入新客房。

（5）严格审核。稽核人员应检查相关批准手续是否完备、原客房消费是否已全部转入新客房。

197 餐饮收入控制

餐饮收入控制的内容如表12-3所示。

表12-3　餐饮收入控制

序号	内容	详细说明
1	票、卡的保管与领用	（1）领位记录卡和点菜小票都应按顺序连续编号，并由财务人员登记保管 （2）应将所有作废小票的三联单同时上缴财务部，财务部应每天将收银员和厨房上缴的小票销号
2	检查、核对小票	稽核人员应检查厨房上缴的小票，查看厨房联与收银员上缴的收银联上的项目是否一致、有无遗漏
3	检查、核对发票与小票	稽核人员核对小票收银联与收银账单（销售清单或发票），检查收银员是否漏收或少收客人餐费
4	核对发票与餐厅领位记录	餐厅领位记录应包括当天就餐客人的数目、台号以及上座率、翻台率等信息。稽核人员核对发票与餐厅领位记录，这样做可以有效防止餐厅发生"走餐"或"走单"等现象
5	检查优惠折扣	稽核人员在审核账单时，应检查折扣优惠是否符合酒店规定，如有不符合规定的，应记录在案，以明确责任、严肃处理

198　酒店其他收入控制

酒店其他部门也会产生一定的收入，如酒吧、洗衣房、商务中心、商品部等，这些收入一般在酒店的整体收入中所占比例较小，控制方法可以适当简化。但是，酒店经理不能轻视这些收入，要多加检查，防止产生漏洞。

第二节　酒店融资管理

199　分析酒店融资的原因

1．酒店发展的需要

这是指因酒店扩大经营规模或追加对外投资而产生的融资动机。拥有良好发展前景、处于成长期的酒店通常会有这种融资需求。因为这种需求而产生的融资的直接结果便是酒店资产总额和资本总额等额增加。

2．偿还债务的需要

这是指酒店为了偿还某项债务而产生的融资动机。酒店在两种情形下会产生这种融资动机：一是调整性偿债融资，即酒店虽有足够的能力支付到期旧债，但为了调整原有的资本结构而举债，目的是使资本结构更加合理；二是恶性偿债融资，即酒店现有的支付能力已不足以支付到期的旧债，被迫举新债还旧债。

3．资金结构调整的需要

从总体上来看，资金结构具有相对的稳定性。当酒店的资金结构不合理时，由于任何项目及其比例的变化都会引起资金结构的变动，因此可以通过采用不同的融资方式筹集资金，积极主动地调整资金结构，使资金结构趋于合理。

4．外部环境变化的需要

酒店的生存和发展是以一定的外部环境为基础的，外部环境的变化会直接影响酒店生产经营所需的融资总额。例如，国家税收政策的调整会影响酒店内部现金流量的数量与结构，金融制度的变化会影响酒店的融资结构，这些外部环境的变化都会让酒店产生新的融资需求。通货膨胀会使原材料价格上涨，从而导致资金需求量的增加，酒店经理也应注意到这一点。

200　吸收外部直接投资

按照不同的分类标准，外部直接投资可分为以下几种。

1．按投资主体划分

直接投资按投资主体可分为如表12-4所示的三类。

表12-4　直接投资的分类（按投资主体划分）

序号	内容	详细说明
1	国家投资	国家投资是指有权代表国家投资的政府部门或机构将国有资产投入公司，这是国有企业和部分合资企业筹集自有资金的主要方式
2	法人投资	法人投资是指法人单位将其依法可以支配的资产直接投入公司
3	个人投资	个人投资是指社会个人或本公司内部员工将个人合法财产直接投入公司

2．按出资方式划分

直接投资按出资方式可分为如表12-5所示的三类。

表12-5　直接投资的分类（按出资方式划分）

序号	内容	详细说明
1	现金投资	现金投资是指以货币资金的方式对公司进行投资。只有筹集到一定数量的现金，酒店才能购买或租赁物资，雇用人员，提供住宿、餐饮及其他服务项目，创造价值
2	实物投资	实物投资是指以房屋及建筑物、设备等固定资产或以公司经营过程中所需的原材料、商品等流动资产对公司进行投资
3	无形资产投资	无形资产投资是指以专利权、商标权、土地使用权、商誉等无形资产对公司进行投资

201　发行股票进行融资

发行股票是公司筹集大量资金的有效方式，也是公司得以迅速扩张的催化剂。发行股票可以通过公开筹集、配股、员工持股等方式进行。

1．发行股票的规定与条件

《中华人民共和国公司法》规定，公司发行股票必须接受国务院证券监督管理机构的管理和监督。股票发行实行公开、公平、公正的原则，必须同股同权、同股同利。公司发行股票时应符合以下规定与条件。

（1）同次发行的股票，每股的发行条件和价格应当相等。

（2）股票发行价格可以按照票面金额，也可以超过票面金额，但不得低于票面金额。

（3）股票应该载明公司名称、公司登记日期、股票种类、票面金额及代表的股份数、股票编号等主要事项。

（4）向发起人、国家授权投资机构、法人发行的股票，应当是记名股票；对社会公众发行的股票，可以是记名股票，也可以是无记名股票。

（5）公司发行记名股票时，应当置备股东名册，记载股东的姓名或名称、住所、各股东所持股份、各股东所持股票编号、各股东取得其股份的日期；发行无记名股票时，公司应当记录其股票的数量、编号及发行日期。

（6）公司发行新股时，应由股东大会作出有关下列事项的决议：新股的种类及数额，新股的发行价格，新股发行的起止日期，向原有股东发行新股的种类及数额。

2．发行股票的程序

我国股票发行已由审批制改为核准制。股票发行核准程序包括受理申请文件、初审、发行审核委员会审核、核准发行和复议五个步骤。

3．股票发行的方式

股票发行方式是指公司通过何种途径发行股票，一般包括公开间接发行和不公开直接发行两类。

4．股票销售方式

股票销售方式一般分为自销和承销两种。

202　发行债券进行融资

发行债券的资格与条件如下。

1．发行债券的资格

《中华人民共和国证券法》规定，股份有限公司、国有独资公司和两个以上的国有公司或者其他两个以上的国有投资主体投资设立的有限责任公司，有资格发行公司债券。

2．发行债券的条件

《中华人民共和国证券法》规定，发行公司债券的公司必须具备以下条件：

（1）股份有限公司的净资产额不低于3 000万元人民币，有限责任公司的净资产额不低于6 000万元人民币；

（2）累计债券总额不超过公司净资产额的40%；

（3）最近三年平均可分配利润足以支付公司债券一年的利息；

（4）所筹集资金的投向符合国家产业政策；

（5）债券的利率不得超过国务院规定的水平；

（6）国务院规定的其他条件。

3．债券发行的程序

（1）公司最高机构对发行公司债券作出决议。

（2）欲发行债券的公司向国务院证券管理机构提出申请，提交公司登记证明、公司章程、债券募集办法、资产评估报告、验资报告等文件，国务院证券管理机构对申请进行审批。

（3）发行债券的申请被批准后，发行公司须制定债券募集办法，并采用合理的方法向社会公告。

（4）发行公司在公告所规定的期限内募集资金。

203　银行信用融资

银行信用融资是指向商业银行提出借款申请，经商业银行审核通过后取得贷款金额的行为，也叫银行贷款。

银行信用融资期在一年以内的是银行短期信用融资，也称短期贷款或短期借款；银行信用融资期在一年以上的是银行长期信用融资，也称长期贷款或长期借款。银行信用融资是我国企业最常用的资金筹集方式之一。

204　商业信用融资

商业信用融资是指酒店与其他企业凭借商业信用，在商品交易、劳务供应、债权债务结算时发生的资金筹集行为，具体内容如表12-6所示。

表12-6　商业信用融资种类

序号	内容	详细说明
1	商业票据融资	商业票据是由收款人或付款人（或承兑申请人）签发，由承兑人承兑，并于到期日向收款人或被背书人支付款项的一种票据。商业票据按承兑人的不同可分为商业承兑汇票和银行承兑汇票。商业票据一律记名，允许背书转让，承兑期最长不超过九个月
2	预收账款融资	预收账款是酒店按照合同规定向接受劳务方预收的款项，酒店预收账款后，必须依据合同承诺提供劳务。酒店通常在向散客提供服务时或在与团队、常住公司进行长期合作的前期采用预收账款的方式
3	赊购商品融资	赊购商品是指酒店根据合同规定，在购进商品一定时期后才向供应方付款的购货方式

205　租赁融资

租赁是指出租人与承租人之间签订契约，出租人在契约规定的期限内，承租人以支付一定租金为代价获得租赁物的使用权，而租赁物的所有权仍属出租人。契约期满后承租人可以将租赁物退还给出租人，也可以按一定的价格买下该租赁物。

1. 经营租赁及其特点

经营租赁是指为解决临时需要而以支付租金的方式取得租赁物使用权的一种短期融资行为。经营租赁具有以下特点。

（1）租赁物的所有权不发生转移，承租人只拥有租赁物的使用权。租赁期满，租赁物需归还给出租者。

（2）租赁期较短，只占租赁物寿命的一小部分。

（3）承租人负有按期支付租金的义务。承租人可随时向出租人提出租赁要求，在合理的条件下，承租人可提前解除租约或更改租约。

（4）由租赁物所有权引起的成本和风险全部由出租人承担。

2．融资租赁及其特点

融资租赁是指租赁公司按承租人要求出资购买设备，并在契约期内将其提供给承租人使用的一种长期融资行为。

融资租赁具有以下特点。

（1）租赁期较长，一般为租赁物寿命的一半以上，有些甚至是租赁物的全部有效经济寿命。

（2）租赁合同一经成立就不可撤销，在租赁期内任意一方撤销即构成违约。

（3）在租赁期内，承租方负责保养、维修和维护租赁物。

（4）租赁期满，如果承租人以较低的价格将租赁物购买下来，或以极低的价格继续租用租赁物，或以出租人的名义将资产转卖出去，所得收益由出租人和承租人协商分配。

3．租赁成本

酒店依据租赁合同使用租赁物时，通常需要按期向出租人支付一定的租金。酒店可以在合同生效时即支付首期租金，也可以在合同生效一定期限后再支付首期租金。

第三节　酒店投资管理

206　掌握酒店投资要点

酒店在投资时必须注意以下要点。

1．认真进行投资项目的可行性分析

当决定投资某些项目时，酒店经理必须组织相关人员（包括财务人员）认真地对投资项目进行可行性分析，正确评定不同项目的优劣，正确处理酒店的投资需要与投资项目的可行性之间的关系。

2．确保投资组合与筹资组合相适应

投资与筹资是酒店财务管理的两个不同的环节，两者之间存在着相互制约、密切相关的内在联系。一般而言，先筹资再进行投资，因为酒店确定的投资项目所需的资金是通过各种筹资方式取得的。其实，两者之间的关系并不一定是绝对的先后关系，在实际工作中，酒店也可以先确定投资，再进行筹资。

酒店经理在开展筹资工作之前就要作出投资决策，以确定投资方案及所需的资金。酒店的投资会面临一定的风险。一般而言，酒店取得的投资收益越多，所承担的风险就越大。也就是说，收益的增加一般是以风险的增大为代价的。风险的增大将会导致酒店价值下降，不利于酒店经营目标的实现。因此，对酒店而言，在投资时应尽可能地避免或减少风险，确保投资收益与投资风险相匹配。

207　明确酒店投资决策程序

酒店投资决策程序分为以下几个步骤：

（1）估算出投资方案的预期现金流量；

（2）估计预期现金流量的风险；

（3）确定资本成本的一般水平；

（4）确定投资方案的收入现值；

（5）通过比较收入现值与所需资本支出，决定采纳或放弃投资方案。

从上述步骤中可知，估计投资项目的预期现金流量是作出投资决策的首要环节，也是分析投资方案时最重要的步骤。

208　了解债券投资方式

债券是发行者为筹集资金向债权人发行的承诺按照约定时间和利率支付利息，并在到期日偿还本金的一种有价证券。

1．债券的分类

（1）按照发行主体，债券可分为政府债券、金融债券和公司债券。

（2）按照利率是否固定，债券可分为固定利率债券和浮动利率债券。

（3）按照是否记名，债券可分为记名债券和无记名债券。

（4）按照是否可以转换成该公司股票，债券可分为可转换债券和不可转换债券。

（5）按照有无特定财产担保，债券可分为抵押债券和信用债券。

2．债券投资收益衡量

债券投资的收益可以通过计算债券价值和债权到期收益率来衡量。

（1）债券的价值也称债券的内在价值，是指持有债券带来的未来现金流入的现值，是持有期间每期利息的现值和债券本金的现值之和。

在进行债券投资时，需要考虑债券的价值是否大于购买价格，只有在债券价值大于购买价格的前提下，投资行为才有意义。因此，债券价值是作出债券投资决策时参考的核心指标之一。

（2）债券到期收益率是指购进债券后一直持有该债券，至到期日可获取的收益率。

3．债券投资的优点

债券投资的本金安全性高，投资收益比较稳定，很多债券具有很好的变现能力。

4．债券投资的缺点

债券投资的缺点主要是购买力风险较大和债券持有人没有经营管理权。

209　了解股票投资方式

1．股票的评价方法

评价股票的主要方法是计算股票的价值，然后将其与市价相比，根据其高于、低于或等于市价来决定卖出、买入或继续持有该股票。

2．市盈率分析

市盈率是股票市价和每股盈余之比。市盈率分析是一种粗略衡量股票价格的方法，表明了投资人愿意用盈利的多少倍货币来购买这种股票。

不能只根据一家公司的市盈率数据作出投资决策，最好分析、比较多家风险相同、业务性质相同或相似的公司的市盈率数据，这样才能作出合理的投资决策。

210　了解固定资产投资方式

1．固定资产投资的特点

酒店业是固定资产密集型行业，固定资产投资金额很大，通常占总投资额的80%左右。固定资产投资是酒店内部的长期投资，作出投资决策之前，首先要了解固定资产投资的特点。

酒店进行固定资产投资时需要投入大量资金，这会对酒店的财务状况和现金流量产生很大的影响。固定资产投资的回收期通常在两年以上，房屋、建筑物的投资回收期更长，需要十几年甚至几十年才能收回投资。酒店的固定资产投资一经完成就很难变现。酒店进行固定资产投资的目的不是为了销售，而是为了进行酒店内部的生产经营，投放在固定资产上的资金将在使用固定资产的过程中逐渐转移到产品的价值中，通过产品销售完成投资的收回。

2．固定资产投资决策的基本方法

按照是否根据货币时间价值进行统一换算，固定资产投资决策的基本方法可分为静态方法和动态方法，具体如表12-7所示。

表12-7　固定资产投资决策的基本方法

序号	内容	详细说明
1	静态方法	不考虑货币的时间价值，直接按投资项目形成的现金流量来分析投资方案优劣的决策方法，主要包括投资回收期法（静态）和投资利润率法。(1) 投资回收期法。投资回收期是指一个投资项目收回全部投资所需要的时间，一般以年为单位，是一种应用较为广泛的投资决策指标。(2) 投资利润率法。投资利润率也叫投资报酬率，表示年平均利润占总投资的百分比
2	动态方法	考虑货币的时间价值，在对投资项目产生的现金流量按货币的时间价值进行统一换算的基础上分析投资方案优劣的决策方法，主要包括净现值法、净现值比率法、内含报酬率法

第四节　酒店税务管理

211　建立专门的税务部门

由于税收政策更新较快，而且税款的申报和缴纳工作专业性很强，因此，酒店有必要根据酒店的经营范围和业务的复杂程度，建立专门的税务部门或在财务部门设置税务员的岗位。由专人负责酒店的日常税务工作，酒店经理才能有足够的精力及时了解税务政策和税务动态，控制税务业务。

212　督促税务员定期参加专业培训

税务员的日常工作较为繁忙，酒店经理应该安排他们定期参加培训，及时更新知识，进一步提升其业务水平，使其为酒店创造更大的价值。

213 了解酒店业增值税涉税风险点

1. 收入构成及适用税率

（1）住宿收入、餐饮收入、娱乐收入，按照 6% 的税率缴纳增值税。

（2）停车费收入、将场地出租给银行安放 ATM 机、将场地出租给其他单位或个人做卖场取得的收入，均为不动产租赁服务收入，按 10% 的税率计税。

（3）酒店商品部的收入按所售商品的适用税率计税。

（4）长包房、洗衣，以及商务中心的打印、复印、传真、秘书翻译、快递服务收入，按 6% 的税率计税。

（5）美容、美发、按摩、桑拿、氧吧、足疗、沐浴属于居民日常服务，按 6% 的税率计税。

（6）电话费收入按 10% 的税率计税。

（7）避孕药品和用具可免征增值税。

（8）酒店送餐到房间的服务，按 6% 的税率计税。

（9）出售会员卡时仅给顾客授予会员资格的，属于销售其他权益性无形资产，按 6% 的税率计税。

（10）向顾客提供接送服务，如需向顾客另行收费，属于兼营行为，按"交通运输——陆路运输服务"适用 10% 的税率；如果酒店提供免费的专车接送服务（如机场、火车站、景点与酒店之间的往返），则属于一项行为涉及多项服务，仅就实际取得的住宿费收入按 6% 的税率计税。

（11）会场的场租费为不动产租赁服务收入，按 10% 的税率计税；如果除了提供场地，还提供整理、打扫、供水等服务，应按照"会议展览服务"适用 6% 的税率；若会议服务中还包含餐饮、住宿服务，应分别按照会议服务、餐饮服务、住宿服务征税。

（12）客人支付的物品损坏赔款收入，属于住宿、餐饮服务取得的价外费用，按 6% 的税率计税。

（13）向场地承租方收取的水费和电费，分别按 13% 和 16% 的税率计税。

2. 可抵扣进项税额项目及适用税率

（1）向增值税一般纳税人购进农产品，按增值税专用发票上注明的税额，或按照增值税普通发票上注明的农产品买价和 13% 的扣除率计算进项税额。

（2）向小规模纳税人购进农产品，按取得的增值税普通发票上注明的农产品买价和13%的扣除率计算进项税额。

（3）向农业生产者个人购进自产农产品，餐饮企业可开具农产品收购发票，按照注明的农产品买价和13%的扣除率计算进项税额。

（4）从批发、零售环节购进初级农产品，取得的增值税普通发票上"税额"栏有数据的，可以按照农产品买价和13%的扣除率计算抵扣进项税额；"税额"栏数据为"0"或"＊"的，不得计算抵扣进项税额。

（5）酒店租入停车场为客人提供服务，可以凭取得的增值税专用发票抵扣进项税额，进项抵扣税率为10%（征收率为3%）。

（6）电费、材料、用具、设备、经营用车辆等取得的增值税专用发票，进项抵扣税率为16%（征收率为3%）。

（7）购置不动产取得的增值税专用发票，进项抵扣税率为10%（征收率为5%），注意进项税额分期抵扣政策。

（8）接受房屋租赁的支出，进项抵扣税率为10%（征收率为5%）。

（9）购买煤炭制品（非居民用煤炭制品）的支出，进项抵扣税率为16%（征收率为3%）。

（10）购买暖气、自来水、冷气、热水、煤气、石油液化气、天然气、沼气、居民用煤炭制品的支出，进项抵扣税率为13%（征收率为3%）。

（11）电话服务进项抵扣，其中基础电信服务进项抵扣税率为10%，增值电信服务进项抵扣税率为6%。

（12）对外发布广告时支付给广告发布者费用，进项抵扣税率为6%（征收率为3%）。

（13）交通运输服务进项抵扣税率为10%（征收率为3%）。

3．增值税涉税风险点

（1）在本酒店宴请客人发生的招待、住宿支出，未作视同销售处理。

（2）客人支付的物品损坏赔款未作为提供住宿、餐饮服务取得的价外费用纳税。

（3）酒店商品部等单独收费的货物、服务，未按适用税率纳税。

（4）将增值税专用发票开具给个人。

（5）将餐饮服务按住宿服务开具增值税发票。

（6）未准确区分混合销售与兼营。

（7）用于员工宿舍、员工餐、员工巴士等属于不得抵扣规定中的"集体福利或者个人消费"的购进货物、加工修理修配劳务、服务、无形资产和不动产，未作进项税额转出。

（8）未取得合规的扣税凭证抵扣税款。

（9）隐瞒客房、餐饮、小卖部、租赁收入，少计销项税额。

（10）虚构农产品收购支出，多计进项税额。

（11）转售水电时未按规定计提销项税额。

（12）销售货物或提供租赁服务时通过开住宿费降低税率。

（13）餐饮部发生外卖服务，一般纳税人应适用 16% 的进项抵扣税率，却用了 3% 的征收率。

（14）处置旧固定资产时未申报缴纳增值税。

（15）购进的旅客运输服务、贷款服务、餐饮服务、居民日常服务和娱乐服务抵扣了进项税额。

（16）因管理不善造成货物被盗、丢失、食品霉烂变质，或因违反法律法规造成货物被依法没收等产生非正常损失的购进货物，相关的加工修理修配劳务和交通运输服务，以及产成品所耗用的购进货物和交通运输服务未作进项转出。

214　开展税务自查

通过税务自查，酒店经理可以了解酒店的税务状况，以免在接受税务部门检查时发现问题。

215　税务筹划

酒店要向税务部门缴纳大量税款，这些税款是酒店营业成本的一个重要组成部分。酒店经理除了要督促财务部做好纳税工作，还应通过筹划为酒店合理节税，同时根据酒店实际情况向税务部门提出减免税申请，尽量减少酒店税额，控制经营成本。

税务筹划是指在尊重税法、依法纳税的前提下，采取适当的手段来减少税务方面的支出。税务筹划并不是逃税漏税，它是一种正常、合理的税务活动。税务筹划不仅仅是财务部的事，还需要营销部、餐饮部等各个部门的配合。

1．个人所得税的税务筹划

（1）巧用公积金。

（2）利用捐赠进行税前抵减。

（3）利用税收优惠政策。

（4）提高职工公共福利支出。

（5）利用级差、扣除项目测算，合理筹划。

2．企业所得税的税务策划

（1）合理选择投资地区。

（2）合理选择材料计价方法。

（3）合理选择固定资产折旧计算方法。

（4）合理选择费用分摊方法。

3．提交减免税申请

酒店申请减免税时必须提交以下资料：

（1）减免税申请报告和相关申请表；

（2）酒店的财务会计报表；

（3）酒店的工商执照和税务登记证件的复印件；

（4）根据不同减免税项目，税务机关要求提供的其他材料。

第十三章　人力资源管理

导读 >>>

员工是企业的最大财富，是开展各项活动的第一要素。酒店经理应熟悉和掌握人力资源管理的各项内容，并指导人力资源部做好相关工作。

Q先生：A经理，请问该如何开展招聘与培训工作呢？

A经理：酒店员工的招聘与培训工作一般由人力资源部负责，但如果涉及高级管理人员，如各部门主管，就需要你出面进行面试。你要按照酒店的招聘与培训流程开展相关工作，如制订培训计划、进行培训考核等。

Q先生：一到年底，我们就要开展绩效考核，虽说这项工作由人力资源部主导，但我也必须参与进去，我该如何进行这项工作呢？

A经理：绩效考核是人力资源管理必不可少的一环，你要了解绩效考核的作用、方法，配合人力资源部经理编制关键绩效指标（Key Performance Indicator，KPI）考核表，并在考核结束后进行必要的分析。同时，不要忘了激励员工，激励能使员工更加积极地投入到工作中去。

第一节　员工配备与招聘

216　确定各岗位员工总数

确定酒店各岗位员工总数时要依照服务流程和分工要求列出各个岗位的总数。例如，前厅的工作岗位有机场迎宾员、轿车驾驶员、驻机场代表、门厅应接员、行李员、接待员、问询员、收银员和大堂经理等。

1. 检验岗位是否可以精简

酒店经理应检验有些岗位是否可以取消或合并。例如，一星级和二星级酒店可不提供门厅应接服务，也可以不设大堂经理；从凌晨零点到清晨五点期间，前厅的接待、问询和收银三个岗位的工作可以由一个岗位承担。

2. 确定每一岗位所需员工数

要确定每一岗位所需要的员工数，需充分考虑下列因素。

（1）岗位服务设施的数量与利用率。例如，一家酒店有100间客房，每天的出租率为75%，那么客房服务员这个岗位的实际工作量是75间客房的服务工作，而不是100间，这样就可以按工作量合理确定服务员人数。

（2）每位员工每班次所能完成的工作量。这主要取决于法定工作时间、实际工作时间、工作标准和每一位员工的工作效率四个因素。

① 法定工作时间。法定工作时间不一样，每个岗位所需要的员工数也就不一样。

② 实际工作时间。在计算实际工作时间时，某些酒店以穿好工作服进入和离开工作场所的签到时间为准，有些酒店则以进出酒店考勤卡上记录的时间为准。显然，这两者至少相差半个多小时。

③ 工作标准。例如，日班客房服务员的一般工作定额是清扫16间或18间客房，而晚班客房服务员的一般工作定额是做50间客房的夜床，原因就在于工作标准不同。日班要求全面清扫，而晚班只要求做小清扫和夜床。

④ 工作效率。工作效率是指单位时间内完成的工作量。按照一般规定，实习生和新员工的劳动定额比较低，如只需清扫12间客房；正式员工的劳动定额相对较高，如必须清扫18间客房。

确定员工人数时还要注意人均营业收入或工资成本预算，以确保完成酒店的利润目标。我国酒店员工工资成本一般占营业收入的15%，如果实际比例高于这一数字，可能就意味着酒店的员工太多了。

217 提出员工招聘申请

一般来说，酒店的招聘工作主要由人力资源部和各部门主管负责。当某部门有员工离职或人员不足时，部门主管应向人力资源部提出用人申请，然后与人力资源部一起组织招聘工作。

酒店经理也要参与员工招聘工作，如各部门主管的面试等。高级管理人员的招聘不同于基层员工招聘，因为酒店对他们的要求更高、更严，酒店经理要亲自负责，认真做好相关工作。

218 选择合适的招聘方式

招聘的方式有很多种，如广告招聘、举荐等，酒店经理要根据酒店实际情况选择合适的招聘方式，具体如图13-1所示。

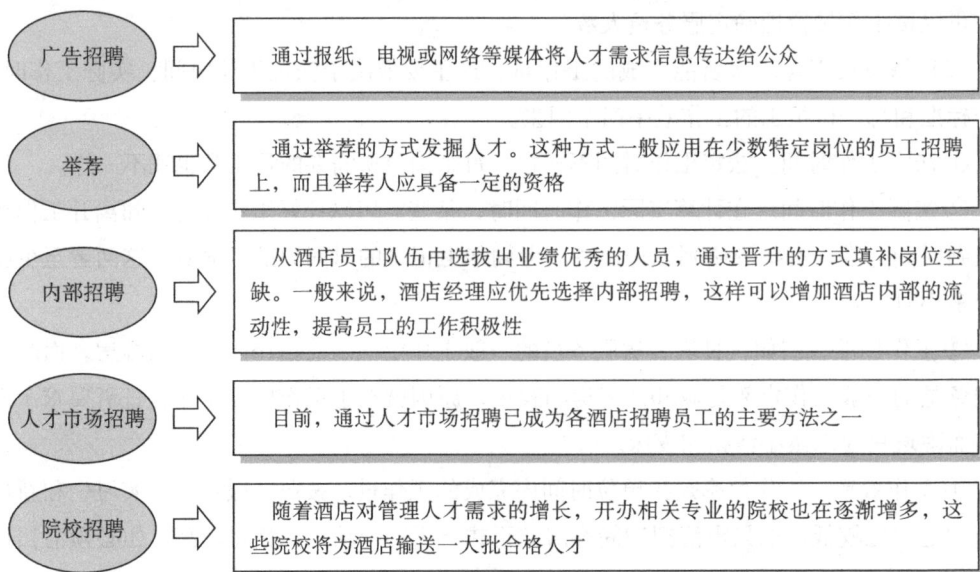

广告招聘 ⇨	通过报纸、电视或网络等媒体将人才需求信息传达给公众
举荐 ⇨	通过举荐的方式发掘人才。这种方式一般应用在少数特定岗位的员工招聘上，而且举荐人应具备一定的资格
内部招聘 ⇨	从酒店员工队伍中选拔出业绩优秀的人员，通过晋升的方式填补岗位空缺。一般来说，酒店经理应优先选择内部招聘，这样可以增加酒店内部的流动性，提高员工的工作积极性
人才市场招聘 ⇨	目前，通过人才市场招聘已成为各酒店招聘员工的主要方法之一
院校招聘 ⇨	随着酒店对管理人才需求的增长，开办相关专业的院校也在逐渐增多，这些院校将为酒店输送一大批合格人才

图13-1 招聘方式

219　掌握常用的面试方法

一般来说，为了甄选出合适的员工，酒店可以采用测验和资历审查两种面试方法。

1. 测验

常用的测验方法如表13-1所示。

表13-1　常用的测验方法

序号	名称	具体内容
1	专业测验	目的在于测试应聘者对某项专业技能的掌握程度。例如，酒店招聘出纳人员时，可以用简单的会计学及计算机操作题目来测试该应聘人员的专业能力
2	性向测验	用某些特定问题或特定方法来测验应聘人员是否具有某项特质。性向测验一般包括智力、语文性向、数学性向、空间性向、图形知觉、文字能力、动作协调能力、动作速度、手指灵巧度、手臂灵活度等项目

2. 资历审查

对某些高级管理岗位和专业技术岗位的应聘者，酒店经理可采用资历审查的面试方式。在进行资历审查时，酒店经理须对拟招聘岗位所应具备的条件作出明确的规定，以便衡量其工作绩效。这些条件主要包括下列几个方面：

（1）对客人、同事、上级的态度；

（2）处理部门日常事务、应对突发事件的能力；

（3）所学专业知识、毕业院校是否与本酒店的经营发展方向相匹配；

（4）个人目标是否与酒店的整体目标相符合。

220　了解面试的具体内容

面试是整个招聘工作的核心环节。通过与应聘者正式交谈，酒店经理能够客观地了解应聘者的语言表达能力、反应能力、个人修养、逻辑思维能力、业务知识水平、工作经验等情况，应聘者能够更全面了解酒店信息和自己在酒店的发展前景。面试主要包括初试和复试两个环节。

1. 初试

初试主要是对应聘者进行初步评估，酒店经理可以通过初试检验对方是否符合岗位任职要求，是否认可酒店的价值观等。

2．复试

酒店经理和人力资源部可以为初试合格人员安排复试，以便对其进行详细的测试。下面是某酒店的客房经理和营销经理面试问题，供读者参考。

【经典范本 02】客房经理面试问题

客房经理面试问题

1. 客房经理的岗位职责是什么？

2. 客房经理一天的工作程序是什么？

3. 查房的类型有哪些？它们之间有什么不同吗？

4. 你认为每天下班前应做哪些工作？

5. 你认为一位好的客房经理应该经常帮助服务员工作还是高效指挥服务员工作？

6. 你手下一名员工经常丢三落四且工作速度太慢，你应该怎么办？

7. 当服务员因工作繁忙而向你抱怨时，你应该怎么做？

8. 客房要回收哪些物品？你认为怎样才能更有效地促使员工做好物品回收工作？

9. 当客人向你抱怨客房的设备太过陈旧时，你该怎么办？

10. 你认为怎样才算全力支持你上司的工作？

11. 当你对上司的工作安排有意见时，你会如何处理？

12. 当你的下属对你的工作安排有意见时，你会怎么处理？

13. 你认为你是怎样的一个人？你还需要克服哪些不足？

14. 你认为怎样才能更有效地促使员工发挥自身潜力？

15. 你认为一位好的客房经理应该具备哪些品质？

【经典范本 03】营销经理面试问题

营销经理面试问题

1. 请简单地介绍一下自己。

2. 你了解我们酒店吗？为什么选择我们酒店？

3. 你为什么要换工作？

4. 你在上一份工作中取得的主要成绩是什么？

5. 你认为营销部在酒店中发挥着什么样的作用？

6. 应该如何设置营销部岗位？

7. 根据我们酒店的营销策略，你准备怎样开展营销工作？

8. 在酒店营销方面你有何优势和创新举措？

9. 你怎样控制销售成本和制订销售计划？

10. 你认为我们酒店的营销部应该采取怎样的激励机制？

11. 怎样处理顾客投诉？

12. 怎样开展顾客档案管理？这个工作有什么意义？

13. 当职业道德与企业利益发生冲突时，你会如何处理？

14. 你将怎样维护我们酒店与客户之间的长期合作关系？

15. 假如你被辞退，你将怎样处理与酒店之间的关系？

221　员工录用

应聘者通过初试和复试后，酒店经理应通知人力资源部向其发送录用通知书，为其办理录用手续并安排新员工培训。

第二节　员工培训工作

222　新员工培训

1. 新员工培训的基本内容

新员工培训的基本内容主要包括以下几个方面：

（1）酒店历史、酒店业务；

（2）酒店组织结构图；

（3）福利组合概览（如健康保险、年假、病假、学费报销等）；

（4）业绩评估或绩效管理系统（如绩效评估的方式、时间、负责人、总体的绩效期望等）；

（5）薪酬发放程序（如发放时间、发放方式等）；

（6）职位或工作说明书以及具体的工作规范；

（7）员工体检日程安排和体检项目；

（8）职业发展信息（如晋升机制、职业通道等）；

（9）员工手册、政策、程序、财务信息；

（10）有关公司识别卡或徽章、钥匙、电子邮箱、计算机、电话、停车位、办公用品的发放和使用规则等；

（11）技术或与工作相关的具体信息；

（12）着装要求；

（13）工作外的活动（如运动会、特殊项目等）；

（14）员工职业道德、敬业精神；

（15）消防安全知识。

为了加强培训效果，酒店可以准备一份资料袋，内含酒店的经营宗旨、经营思想、发展目标、组织结构图、主要规章制度、相关奖惩条例、《员工手册》、《员工行为语言规范》等，发放给每一位新员工。

2．准备好培训前讲话

在进行新员工培训前，酒店经理要对新员工讲话，代表酒店向他们表示欢迎。培训前讲话非常重要，因为这是新员工第一次听到的酒店最高管理者对他们的亲切问候。如果酒店经理准备不充分，讲话时出现差错，极有可能会对新员工的工作热情造成巨大影响。

223　在职培训

在职培训就是以在职员工为培训对象，旨在改进或提高他们的知识结构、观念、技能、工作能力的一种培训。

1．在职培训需求调查

对在职员工的培训必须具有针对性。在职员工一般已经拥有了比较丰富的工作经验，酒店需要针对他们在工作中存在的问题和他们的实际需求开展培训，因此，开展培训需求调查非常重要。

2．在职培训的形式

在职培训的形式多种多样，常见的形式如图13-2所示。

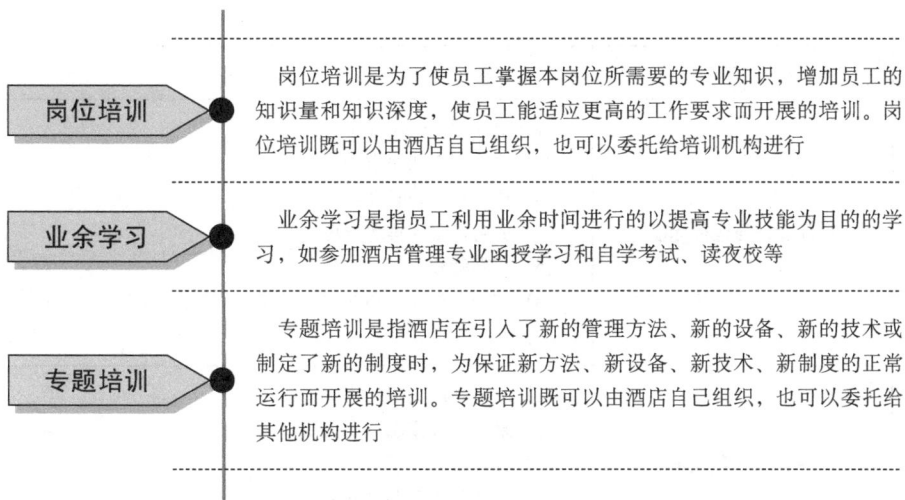

岗位培训	岗位培训是为了使员工掌握本岗位所需要的专业知识，增加员工的知识量和知识深度，使员工能适应更高的工作要求而开展的培训。岗位培训既可以由酒店自己组织，也可以委托给培训机构进行
业余学习	业余学习是指员工利用业余时间进行的以提高专业技能为目的的学习，如参加酒店管理专业函授学习和自学考试、读夜校等
专题培训	专题培训是指酒店在引入了新的管理方法、新的设备、新的技术或制定了新的制度时，为保证新方法、新设备、新技术、新制度的正常运行而开展的培训。专题培训既可以由酒店自己组织，也可以委托给其他机构进行

图13-2　在职培训的形式

224　管理人员培训的内容

酒店经理除了要参与新员工的培训工作外，还要对酒店高级管理人员（如各部门主管等）进行培训。一般来说，酒店高级管理人员相当熟悉各项服务技能，酒店经理应将培训重点放在管理技能方面，具体培训内容如表13-2所示。

表13-2　管理人员培训的内容

序号	培训课程	具体内容
1	本酒店的发展方向与理念	(1) 本酒店的发展方向和愿景 (2) 本酒店的经营理念 (3) 本酒店的组织结构和管理系统 (4) 本酒店的企业文化和核心价值观 (5) 本酒店产品和服务的特点
2	本酒店的市场和销售政策	(1) 市场细分的重要性和必然性 (2) 市场细分与定位的方法和步骤 (3) 价格政策 (4) 开业销售流程 (5) 销售分析与计划 (6) 销售报表分析

(续表)

序号	培训课程	具体内容
3	前厅管理与运行标准	(1) 前厅服务营销理念 (2) 接待程序和要求 (3) 预订流程和管理 (4) 房态控制和排房技巧 (5) 夜间稽核 (6) 前台人员配置和评定 (7) 客人投诉处理
4	财务制度和规定	(1) 政府财政政策 (2) 基础会计概念 (3) 各类报表分析 (4) 经营预算和差异分析 (5) 酒店财务制度
5	质量管理体系和标准	(1) 现代酒店质量管理的定义 (2) 酒店质量管理的国际标准 (3) 酒店质量管理体系 (4) 酒店质量标准和实施方法 (5) 酒店质量管理模式 (6) 客人投诉与质量管理
6	酒店培训体系	(1) 酒店培训体系 (2) 培训需求分析 (3) 培训计划的制订和实施 (4) 培训效果评估
7	酒店安全管理	(1) 与酒店安全相关的法律法规 (2) 酒店消防与安全要求 (3) 客房钥匙管理 (4) 客人意外事件的处理 (5) 酒店突发事件的应急方案 (6) 消防和安全设备的使用方法 (7) 日常安全检查
8	国内外酒店集团的发展	(1) 酒店业的发展历史和趋势 (2) 国内外酒店的发展状况 (3) 酒店集团的优势 (4) 酒店信息共享的收益 (5) 国内酒店的现状与发展前景

（续表）

序号	培训课程	具体内容
9	现代酒店营销管理	(1) 酒店的需求分析及对策 (2) 酒店客源市场的细分 (3) 酒店 SWOT 分析方法 (4) 酒店客源资料的收集与分析方法 (5) 竞争对手的分析方法 (6) 酒店目标市场营销战略选择 (7) 酒店价格制定方法与策略
10	酒店收益管理	(1) 收益管理的原理和方法 (2) 客房库存管理 (3) 价格折扣制定 (4) 住宿天数控制管理 (5) 收益管理相关公式 (6) 收益策略 (7) 市场细分 (8) 旺季策略 (9) 可供房控制策略 (10) 预测要素和数据
11	沟通管理	(1) 有效沟通的原理和原则 (2) 酒店组织沟通的有效方法 (3) 组织管理幅度对沟通的影响 (4) 非正式组织的沟通手段 (5) 人际沟通类型选择 (6) 酒店各部门间沟通协调的必要性 (7) 导致沟通成功或失败的因素 (8) 人际沟通的障碍 (9) 员工冲突的处理方法 (10) 客人意见和投诉的处理方法
12	品牌管理	(1) 品牌的含义与发展 (2) 品牌资产的价值 (3) 品牌识别概念与企业识别 (4) 品牌定位 (5) 优化品牌识别系统 (6) 品牌传播要素及策略 (7) 品牌设计方案及风格的个性化体现 (8) 品牌评估的方法及模型 (9) 品牌评估系统及应用

225　收集培训反馈

收集培训反馈主要有抽查、口试和笔试三种方法，具体如图13-3所示。

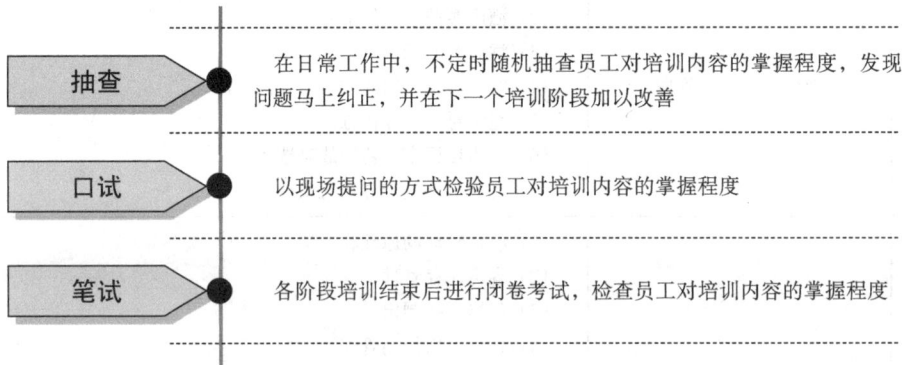

抽查	在日常工作中，不定时随机抽查员工对培训内容的掌握程度，发现问题马上纠正，并在下一个培训阶段加以改善
口试	以现场提问的方式检验员工对培训内容的掌握程度
笔试	各阶段培训结束后进行闭卷考试，检查员工对培训内容的掌握程度

图13-3　收集培训反馈的方法

第三节　员工绩效考核

226　了解常用的考核方法

常用的绩效考核方法有以下几种。

1．强制分布考核法

强制分布考核法就是管理人员根据正态分布规律和二八原则对员工进行归类，将一定比例的员工分别归入事先确定的不同种类中去，如卓越、优秀、达标、还需改进、很差等。

2．行为锚定等级考核法

行为锚定等级考核法是指建立与不同绩效水平相联系的行为锚定，以此对绩效进行考核。管理人员要收集大量代表高绩效和低绩效的关键事件，并确定每一关键事件所代表的绩效水平的等级，以此作为员工绩效的评价标准。

3．目标管理法

目标管理法是一种相对成熟的绩效考核方法，它是以设置和分解目标、检查目标的实施及完成情况为手段，通过员工的自我管理来实现企业经营目的的一种管理方法，同时也是一种考核方法。

4．360度考核法

360度考核法是指由与被考核者有密切关系的上级、下属、平级同事和外部客户分别对其进行匿名评价，分管领导再根据评价意见和评分向被考核者提供反馈，以此帮助被考核者提高工作能力和绩效。

227 制定KPI考核指标

酒店经理要想准确评估公司员工的实际工作效果，就要制定各级人员的KPI考核指标，根据指标对相关人员进行考核。下面列举了前厅部的KPI考核指标（见表13-3）和客房部的KPI考核指标（见表13-4），供读者参考。

表13-3 前厅部KPI考核指标

序号	KPI指标	考核周期	指标定义/公式	资料来源
1	对客结账差错率	月/季/年度	$\dfrac{对客结账出现差错次数}{当期所有结账次数} \times 100\%$	财务部
2	预订信息差错率	月/季/年度	$\dfrac{预订信息出现差错次数}{当期所有预订次数} \times 100\%$	前厅部
3	分房准确率	季/年度	$\dfrac{准确分房数}{分房总数} \times 100\%$	前厅部
4	行李运送与保管差错率	月/季/年度	$\dfrac{客人行李运送与保管出现差错次数}{客人行李运送与保管总次数} \times 100\%$	前厅部
5	客人有效投诉数	月/季/年度	考核期内客人对前厅工作的有效投诉数量	前厅部
6	紧急事件处理速度	月/季/年度	$\dfrac{考核期内紧急事件处理总时间}{考核期内解决的紧急事件总数}$	前厅部
7	部门协作满意度	季/年度	利用"部门满意度评分表"进行考核，计算满意度评分的算术平均值	经理办公室

表13-4　客房部KPI考核指标

序号	KPI指标	考核周期	指标定义/公式	资料来源
1	客房营业额	月/季/年度	考核期内客房营业总额	财务部
2	部门毛利润	月/年度	考核期内部门营业总额－部门营业支出额	财务部
3	部门毛利润率	月/年度	$\dfrac{营业利润}{营业收入} \times 100\%$	财务部
4	经营成本节约率	季度/年度	$\dfrac{经营成本节省额}{经营成本预算额} \times 100\%$	财务部
5	对客服务设备设施完好率	季度/年度	$\dfrac{完好设备设施总数}{设备设施总数} \times 100\%$	工程部
6	客人满意度	季度/年度	接受随机调查的客人对服务满意度评分的算术平均值	客房部
7	投诉解决率	月度/季度/年度	$\dfrac{已解决的投诉事件数量}{投诉总数} \times 100\%$	客房部
8	卫生服务达标率	季度/年度	$\dfrac{当期检查中存在卫生死角的次数}{客房卫生检查的总次数} \times 100\%$	经理办公室

228　编制KPI考核表

　　酒店经理应根据KPI考核指标制定相应的考核表，依照各项考核指标将员工的考核结果填入表中并进行汇总，以准确体现员工的实际工作效果。餐饮部主管的KPI考核表如表13-5所示。

表13-5　餐饮部主管KPI考核表

被考核人姓名		职位	餐饮部主管	部门	餐饮部
考核人姓名		职位	酒店经理	部门	
序号	KPI指标	权重	绩效目标值		考核得分
1	餐饮营业额	15%	考核期内餐饮营业额达到_____万元		
2	部门毛利润	15%	考核期内餐饮部毛利润达到_____万元		
3	餐饮销售计划达成率	15%	考核期内餐饮销售计划达成率达到100%		

（续表）

序号	KPI指标	权重	绩效目标值	考核得分
4	餐饮经营成本节省率	10%	考核期内餐饮经营成本得到有效控制，费用节省率在＿＿＿%以上	
5	菜品出新率	10%	考核期内菜品出新率在＿＿＿%以上	
6	客人投诉解决率	10%	考核期内客人投诉解决率达到100%	
7	客人满意度	10%	考核期内客人对餐饮服务满意度评价在＿＿＿分以上	
8	设备设施完好率	5%	考核期内设备设施完好率在＿＿＿%以上	
9	卫生清洁达标率	5%	考核期内卫生清洁达标率为100%	
10	部门员工技能提升率	5%	考核期内部门员工工作技能提升率在＿＿＿%以上	
本次考核总得分				

考核指标说明

1. 餐饮销售计划达成率

$$餐饮销售计划达成率 = \frac{实际完成的餐饮营业额}{计划完成的餐饮营业额} \times 100\%$$

2. 部门员工技能提升率

$$部门员工技能提升率 = \frac{年末员工绩效考核得分 - 上一年度绩效考核得分}{上一年度绩效考核得分} \times 100\%$$

被考核人	考核人	复核人
签字： 日期：	签字： 日期：	签字： 日期：

229　分析绩效考核结果

开展考核工作的目的是总结员工的工作情况，因此酒店经理要对考核结果进行细致的分析。对于考核结果优异的员工，酒店经理要进行通报表扬，并给予适当激励；对于考核不达标的员工，酒店经理则要找其谈话，就考核中发现的问题与其进行深入沟通，找出解决问题的方法并制订改进计划，以避免在日后的工作中再次出现同样的问题。

第十四章　日常巡视与值班管理

导读 >>>

日常巡视与值班管理是酒店经理的日常工作，酒店经理必须做好这两项工作，确保酒店有一个安全的经营环境。

Q先生：A经理，为了确保酒店的各项工作能够顺利进行，我必须不断地进行巡视。请问如何才能做好巡视工作呢？

A经理：在巡视的过程中，你首先要检查各部门员工的仪容仪表是否符合公司规定，这是最基本的要求；然后，你要重点检查各部门的环境卫生情况，尤其是一些关键区域，如大堂、客房和公共区域等。

Q先生：如何才能做好值班管理工作呢？这是我日常的一项重点工作，因为酒店要全天候运转，任何时候都不能大意。

A经理：你要制定值班管理制度，明确参加值班的人员、值班的汇报及交接规定。同时，你还要明确值班岗位职责及标准，要求值班人员必须撰写值班报告。你要重点审查值班报告，确保值班工作有序进行。

第一节　每日巡视工作

230　检查员工的仪容仪表

酒店经理每天至少要巡视三次，目的是检查各部门员工的仪容仪表、服务质量和精神面貌状况，及时发现并解决问题。

231　制定服务检查定量指标

酒店经理要制定服务检查定量指标，并依照该指标准确评估每位员工的服务质量。

为了保证检查结果的准确性，检查指标应尽可能量化。例如，前台电话响三声以内必须接听，如果酒店经理发现前台电话响了四声及以上员工才接听，就要多加注意；如果多次出现这种情况，酒店经理就应当找到部门主管解决这个问题。

酒店经理应在各部门主管的协助下制定合适的指标，不能脱离酒店的实际情况。下面是某酒店服务检查定量指标示例，供大家参考。

【实用案例】

××酒店服务检查定量指标

一、前厅部服务检查定量指标

1. 前台接待

（1）客人到前台3米之内问候。

（2）电话响三声之内接听。

（3）为无预订的客人办理入住的时间不超过3分钟，应完成的工作包括对客推销、办理手续、介绍服务项目和发房卡。

（4）为有预订的客人办理入住的时间不超过2分钟，应完成的工作包括办理手续、介绍服务项目和发房卡。

（5）为旅游团队（有预订的）办理入住的时间不超过 15 分钟。

2．礼宾部

（1）旅游团队进出店行李服务时间不超过 15 分钟。

（2）入店团队行李件数在 2 分钟之内清点完。

（3）入店团队行李在客人进入房间后 10 分钟内送到客房。

（4）提前 15 分钟在酒店门口迎接 VIP 客人。

3．商务中心

（1）发传真时间不超过 2 分钟 / 页（从拨号直到发出）。

（2）收传真时间不超过 5 分钟（从收传真到送到客人房间）。

（3）商务中心文员中文打字 100 字 / 分钟以上，英文打字 150 字 / 分钟以上。

（4）复印时间不超过 30 秒 / 页。

（5）为客人发邮件的时间不超过 5 分钟。

二、客房部服务检查定量指标

1．房务中心

（1）电话响 3 声之内接听。

（2）查询客人数据在 30 秒内完成。

（3）传达信息时应在 20 秒内通知到相应楼层及人员。

2．楼层

（1）接到 VIP 客人到达通知，服务员应在 3 分钟内到电梯口迎接客人。

（2）为客人整理床铺在 3 分 30 秒（中式小床）内完成；中式大床在 4 分 30 秒内完成。

（3）借物、送物（日用品）在五分钟之内完成。

三、餐饮部服务检查定量指标

1．中餐厅

（1）电话响 3 声之内接听。

（2）客人到达餐厅门口，迎宾员必须在 5 秒内接待客人。

（3）迎宾员因故离岗，1 分钟内完成补位。

（4）迎宾员引领客人进入包房就座后，服务员在 3 分钟之内为客人上香巾。

2. 西餐厅

（1）电话响 3 声之内接听。

（2）客人到达餐厅后 1 分钟内引导客人就座。

（3）客人落座后 1 分钟内呈送菜单、酒单。

（4）为客人点单的时间不超过 3 分钟。

3. 大堂吧、咖啡厅

（1）客人在咖啡厅（大堂吧）就座后，服务员在 30 秒内前来接待客人。

（2）客人在咖啡厅（大堂吧）点酒水、饮料，服务员在 3 分钟之内送到。

（3）30 秒内为客人加好位。

（4）当客人水杯的水只剩下 1/3 时，要及时添加。

（5）当客人烟灰缸内有 3 个烟头时要及时更换。

（6）2 分钟内整理好一张台面。

4. 酒吧

（1）酒吧服务员在 5 分钟内调制好一种鸡尾酒。

（2）酒吧服务员在 5 分钟内榨出一杯果汁。

（3）酒吧服务员在 8 分钟内榨出一扎果汁。

232　开展具体服务检查工作

酒店经理在日常巡视工作中应按照服务检查定量指标严格检查员工的服务质量，若发现不符合标准的行为，则要求立即改进。在巡视的过程中，酒店经理应注意以下四个事项。

（1）一般来说，酒店每天有三个营业高峰期（上午 7：00 ~ 8：00 客人离店高峰，中午 12：00 用餐高峰，晚上 18：00 ~ 19：00 客人抵店高峰）。酒店经理要对这三个高峰期进行重点检查，检查包括各环节的接待规范、秩序是否符合要求。

（2）对质量薄弱环节进行抽查。例如，在上下班时间、中午和晚间、大多数管理人员不在或下班期间、深夜及周末这几个时间点，员工容易纪律涣散，在这些时间内开展抽查工作很容易发现问题。针对发现的问题，要及时研究对策，制定改进措施。

（3）对于服务质量的管理应该是全面的，除了重点抓好服务规范、标准管理，还要做好安全质量、设备设施质量、清洁卫生质量、仪表仪容、服务态度、工作纪律等方面的管理工作。

（4）酒店经理亲自进行服务质量检查，对各部门都是一个压力和督促。例如，深夜抽查工作纪律，或者亲自检查几个房间的清洁情况等，都能促使各部门、各岗位重视自身工作。

233 大堂区域巡查

酒店经理要重点巡查酒店大堂，因为大堂是酒店的"脸"，也是开展接待客人、接受预订等工作的主要场所。大堂要保持环境整洁、秩序正常、气氛融洽，遇到不协调的情况应立即采取措施。具体的巡查项目、巡查结果及处理措施如表14-1所示。

表14-1 大堂巡查表

编号：_____ 　　　　　　　　　　　　　填表日期：____年__月__日

序号	巡查项目	巡查结果	处理措施
1	大堂地板		
2	台面、烟灰缸		
3	礼宾台摆放资料处		
4	时间牌		
5	前台鲜花		
6	公用电话处电话簿		
7	大堂吧		
8	各处绿色植物		
9	欢迎牌、指示牌		
10	门口所挂横幅		
11	喷泉		

制表人：_____ 　　　　　　　　　　　　　审核人：_____

234 客房区域巡查

酒店经理在每天的例行巡视中要对客房部各区域的卫生情况进行检查，确保客房及楼层的卫生质量达标。具体的巡查项目、巡查结果及处理措施如表14-2所示。

表14-2　客房部巡查表

编号：_____　　　　　　　　　　　　　　　填表日期：____年__月__日

区域	巡查项目	巡查结果	处理措施
客房楼层	员工到达时间		
	员工着装情况		
	员工工牌佩戴情况		
	员工个人仪容仪表		
	楼层公共区域卫生（如挂画、地角线、烟灰筒、消火栓、管道井门、走廊壁灯、空调口、公寓层台桌等）		
	房间清扫程序（抽查）		
	当天计划卫生情况（抽查）		
	台班员工工作情况（如电话接听、钥匙管理、服务态度、工作效率等）		
	清扫员工作情况（如清扫规范、程序等）		
	有无特殊事项		
	楼层安全情况		
	清洁工具卫生状况		
	清洁设备安全状况		
	有无污染的布草（原因、污染者、处理结果）		
	楼层消火栓情况		
	楼层照明设施情况（如走廊灯、电梯灯、出口指示灯等）		
	服务设备工作情况（如制冰机、楼层冰箱、紫外线消毒柜等）		
	楼层工作间、卫生间状况（如地面、洗手台面、消毒桶、物品橱等）		
	楼层仓库卫生状况（如工作车和物品橱摆放情况，有无积尘、蛛网等）		
	楼层配电室情况（如有无堆积杂物、电闸盒工作状况、各类指示灯状态等）		
	楼层各类标志情况（如有无缺失、破损以及是否规范等）		
	质量记录填写情况		
	岗位纪律		
	其他		

（续表）

区域	巡查项目	巡查结果	处理措施
客房中心	员工到达时间		
	当班电话员姓名		
	员工着装情况		
	员工工牌佩戴情况		
	员工个人仪容仪表		
	电话员接听电话规范情况（如态度、语言、技巧、效率等）		
	客房仓库情况（如各类物品是否分类摆放、整齐有序、隔墙离地，有无过期物品等）		
	配制楼层消毒水量杯情况（如有无检定标志、有效期等）		
	客房中心卫生状况（如地面、台面、计算机、电话等）		
	联网计算机有无异常		
	质量记录填写情况		
	岗位纪律		
	其他		
员工宿舍	员工到达时间		
	宿舍卫生状况		
	宿舍安全状况（如有无漏水、停电等）		
	住宿员工纪律情况		
	有无特殊事项（如员工连续几天未归、生病等）		
	质量记录填写情况		
	岗位纪律		
	其他		

制表人：_____   审核人：_____

235 公共区域巡查

公共区域是酒店经理每天巡查时要重点关注的地方，具体的巡查项目、巡查结果及处理措施如表14-3所示。

表14-3 公共区域巡查表

编号：_____   填表日期：____年__月__日

	巡查项目	巡查结果	处理措施
公共区域	客房楼层通道卫生（如楼梯台、扶手、隔栏等）		
	客用卫生间状况（如地面、洗手盆台面、镜面、马桶、皂液器、烘手器等）		
	残疾人士专用卫生间状况		
	客用电梯轿厢内卫生状况（如镜框、扶手、地面等）		
	公用电话间情况（如话机卫生、便笺纸、笔、烟灰缸等）		
	客用通道卫生状况（如地面、玻璃窗、花台、烟灰筒等）		
	多功能厅客用卫生间状况（如地面、洗手盆台面、镜面、马桶、皂液器、烘手器等）		
	多功能厅自动扶梯（楼梯）卫生状况（如扶手、阶台面等）		
	多功能厅公用电话间情况（如话机卫生、便笺纸、笔、烟灰缸等）		
	各餐厅客用卫生间状况（如地面、洗手盆台面、镜面、马桶、皂液器、烘手器等）		
	各区域员工卫生间状况（如便池干净无异味、地面无水迹、冲水畅通无堵塞等）		
	员工通道卫生状况（如地面无污迹、烟蒂等）		
	前庭院卫生状况（如地面无烟蒂、碎纸、杂物，地沟无异物，花坛内无杂物等）		
	后庭院卫生状况（如无建筑垃圾遗留、各餐厅窗外地面无污物、垃圾收集点无散落垃圾等）		
	清洁设备安全、卫生状况（如抛光机、打磨机、抽洗机等外壳干净无尘，电源线无裸露，机器开启正常等）		
	质量记录填写情况		
	岗位纪律		
	其他		

制表人：_____   审核人：_____

第二节　日常值班管理

236　明确参加值班的人员

值班经理由酒店经理、部门主管轮流担任，所有值班人员均应掌握所有岗位的操作标准及行为规范。各部门在开班后会的时候要告知员工当日值班经理的姓名、职务、分机号、手机号等，以便发生突发事件时能及时与其取得联系。参加酒店值班的人员如下：

（1）酒店经理；

（2）前厅部主管；

（3）客房部主管；

（4）餐饮部主管；

（5）营销部主管；

（6）财务部主管；

（7）人力资源部主管。

237　明确值班的汇报及交接规定

值班经理需要汇报客人的意见，发现的问题及问题分析结果，提出需要跟办的事项。值班经理需要交接"值班经理工作日志"，交代需要跟办的事项。

238　明确值班岗位职责及工作标准

值班岗位职责及工作标准如下。

（1）根据总经理办公室排定的值班表提前做好值班准备工作，并了解以下情况：

①酒店今日的客房出租率；

②今日在店、抵店、离店客人的人数；

③今日酒店有无团队、会议接待活动；

④今日酒店有无宴会活动；

⑤今日酒店内有无计划内的可能对客人造成影响的事件，如停水、停电、停气、电梯维修、改建、装修、消防演习、工程维修等。

（2）值班期间，确保手机24小时开机（保证手机电量充足），工作电话接听率为100%，着正式工服。

（3）密切关注酒店各项业务的运行情况，及时做好组织协调和服务工作。

（4）负责做好夜间安全和预防工作，妥善处理酒店夜间发生的治安问题；检查各安全岗、安全通道，以消除各种隐患，保证酒店财物及客人人身、财产的安全。

（5）加强夜间巡查，特别是酒店重要部位的巡查工作，发现问题要及时解决，并做好记录。

（6）值班期间巡查后勤区域（如各部门内务、各种设备间、员工餐厅等），发现问题要及时采取有效措施。

（7）客人对酒店提出投诉时，值班人员要认真倾听并在工作日志上做好记录，并适当地站在客人的立场上解决问题，以便尽快消除客人的不满情绪。在确保酒店利益不受损害的前提下，尽量满足客人的合理要求，以维护酒店的声誉。

（8）主动征求客人的意见，及时对客人的意见进行分析、处理并采取预防措施，不断提高酒店的服务水平。

（9）营造温馨和谐的营业氛围，督导各营业点做好灯光、背景音乐等的调整和设置工作。

（10）监督上岗员工，对于违纪员工，按规定予以惩罚；对于表现突出的员工，建议相关部门给予物质或精神奖励。

（11）审核业务部门在岗最高级别人员权限以外的优惠、减免事项，做好详细记录并逐级汇报。

239　撰写值班报告

所有值班人员应在值班结束时撰写值班报告。酒店经理每天上班时应仔细查阅昨天的值班报告（见表14-4），分析其中的问题并责令相关部门或人员整改。

表14-4　酒店值班经理报告

值班经理		值班日期		当天天气情况	
值班房号		安全巡查起止时间			

（续表）

当日信息			
VIP接待			
重要宴请			
会议、团队信息			
当天客房住宿率			
当天特殊事件			
巡查项目	巡查时间	巡查情况	行动/意见、建议
公共区域			
酒店外围	17：50		
车道	12：00		
酒店户外平台	17：55		
背景音乐	18：30		
公共洗手间	22：07		
客用电梯	18：31		
大堂及公共区域	18：00		
前厅区域			
前台	18：25	正常	
礼宾部	18：26		
行李房	18：30		
快捷服务中心	21：15		
贵重物品保险室	22：05		
餐饮区域			
中餐厅	21：08		
包厢	21：08		
西餐厅	21：55		
日式餐厅	21：05		

（续表）

巡查项目	巡查时间	巡查情况	行动/意见、建议
宴会厅	21：06		
宴会预订中心	21：06		
中厨房	21：10		
大堂吧	21：50		
西厨房	21：59		
客房区域			
楼层	21：15		
房务中心	22：10		
客房检查	22：20		
康乐区域			
KTV区域	21：10		
健身房	21：30		
游泳池	21：30		
棋牌	21：32		
乒乓球室	21：33		
台球室	21：33		
足浴	21：38		
其他区域			
员工通道	21：40		
消防安全	21：41		
消控中心	21：41		
仓管区域	21：41		
设备区域	21：41		
音控室	21：41		
高配机房	21：42		

（续表）

巡查项目	巡查时间	巡查情况	行动/意见、建议
员工餐厅	21：43		
员工更衣室	21：58		
员工宿舍	21：57		
制服房	21：56		
后台办公室	22：18		
垃圾房	22：00		
地下停车场	22：05		
沟通			
酒店员工	姓名		
	姓名		
	姓名		
酒店宾客	姓名		
	姓名		
	姓名		
意见、建议			
其他需要详细说明的情况			
总经理评分（10分制）			
总经理评价			

备注：

（1）本值班报表由酒店总经理每天进行 10 分制评分，总经理秘书汇总后将其纳入月度绩效考核；

（2）本值班报表中的检查时间按照 24 小时制填写；

（3）对于本值班报表中的各项工作要求，每天的值班经理必须认真执行，并于每天早会时汇报完成情况；

（4）本值班报表中记录的问题，相关部门必须立即检查确认，并要及时整改

第十五章 酒店日常安全管理

导读 >>>

酒店安全是指酒店所涉及范围内的所有人、财、物的安全。酒店安全是确保酒店各项工作正常开展的基础和前提。酒店经理要从多方面着手，做好酒店的日常安全管理工作。

Q先生：A经理，我认为安全管理对酒店经营工作的顺利开展有着至关重要的作用。

A经理：你说得很对。我建议你首先要做好保安队伍的建设工作，这是安全管理的基础；然后，你要构建一套实用而高效的监控系统，对酒店进行全面监控。

Q先生：上个星期，有一位住店客人遭到不明身份人员的骚扰，便投诉我们，弄得我们非常被动。

A经理：你要做好酒店人员的控制工作。没有客人喜欢遭到意外打扰，因此你必须从多个方面加强对人员进出的控制，如进行客房控制、实行会客登记制度等。另外，你还要注意保护员工和酒店财产的安全。

第一节　酒店保安队伍建设

240　确定保安的任职条件

人员的素质与管理成本有着密切的关系，要聘用、培养并留住具有较高素质的人员，就需要为其提供优厚的待遇。酒店安全管理人员应根据酒店的实际情况和当地劳动市场的人力资源供给状况，确定保安的任职要求和招聘标准。

241　签订保安劳动合同

保安劳动合同是指酒店与保安之间就劳资双方的权利和义务签订的书面协议。双方必须遵守国家的法律法规和相关政策，在平等自愿、协商一致的基础上签订合同。

242　强化日常安全管理

1．明确岗位工作要求及工作流程

酒店经理应根据不同的岗位制定不同的工作职责，明确岗位工作要求及工作流程，使保安人员在工作中有据可依。

2．组织业务培训

酒店经理应组织各岗位保安人员参加业务培训，对重点岗位人员进行有针对性的培训（如中控室和巡逻岗的保安人员），确保每一位保安人员都能胜任本岗位工作。

（1）新入队保安人员必须接受上岗前的培训，掌握酒店的基本情况、服务内容、服务要求等业务知识。

（2）要重视对于保安人员的日常培训。通过入职培训，保安人员接受了一些关于服务内容的基础培训，但在服务质量、服务技巧、服务意识等方面还不够专业。这就要求酒店加大培训力度，充分利用保安人员的业余时间对其进行培训，同时安排有经验的人员进行手把手辅导。

3．及时进行考核

酒店经理应落实业务技能考核制度，定期或不定期地对各岗位的保安人员进行书面及实操考核，及时纠正在考核中发现的问题，减少保安人员在工作中的失误。

243 优化保安组合

（1）直接面对客人的保安岗位要安排形象好、工作认真负责、肯动脑、服务意识强、有能力及时处理各类突发事件的人员，以便及时满足客人需求，帮助客人解决遇到的问题。

（2）巡检及消防中心岗位的保安人员要工作认真负责、善于发现各种问题、有较强的专业能力、能及时消除各类安全隐患。

（3）班组的负责人要工作认真负责、综合素质好、能力强、专业知识丰富，这样才能更好地调动班组人员的工作积极性，提高班组的整体工作水平。

（4）进行必要的人员调整，将工作纪律涣散、没有责任心的人员如实上报给上级主管部门和人力资源部，建议劝退或辞退。

244 做好保安团队建设

团结、合作、敬业的团队是各项制度、规范得以顺利落实的关键。因此，保安部门负责人应做好保安团队建设工作。

（1）加强部门内部沟通，及时了解本部门人员的思想动态，增强部门内部的凝聚力。

（2）制定奖惩制度，通过奖优罚劣来激发员工的进取心、责任感，促使他们做好本职工作。

（3）注意部门核心力量的培养，为工作认真负责的员工提供能够发挥其个人能力的舞台。

（4）定期组织全体保安人员召开保安工作会议，及时传达上级指示，听取各类问题的反馈，并及时采取处理措施。

（5）配合人力资源部做好保安人员的招聘工作，吸收有潜力的人员加入到保安团队中。

（6）加强与其他部门之间的协调与沟通，配合运营部做好相关工作。

第二节 酒店控制

245 酒店入口安全控制

1. 酒店大门入口控制与管理

（1）酒店不设置有多个入口，并应通过安全门卫或闭路电视监视设备对各入口进行监控。在夜间，尽量只使用一个入口。

（2）酒店大门的保安人员既是迎宾员，也是安全员。酒店经理应督促人力资源部对该岗位的保安人员进行安全方面的培训，使他们有能力识别可疑人员或活动。另外，大门处的保安人员也要对大门及门厅进行巡查，对进出的人流、门厅内的各种活动进行观察。一旦发现可疑人员或活动，应及时与值班经理联系，以便采取进一步行动，制止可能发生的犯罪或其他不良行为。

（3）在大门入口处安装闭路电视监视设备（摄像头），对入口进行无障碍监控。

2．电梯入口控制与管理

电梯是到达各楼层的主要通道，为了确保酒店的安全，必须对普通电梯及专用电梯入口加以控制。控制的方法一般为闭路电视监控。监控的位置包括大厅电梯口、楼层电梯口和电梯内。

246　楼层通道安全控制

（1）保安在楼层通道里巡查是一项日常、例行的活动。保安应时不时地调整和变更楼层通道巡查的路线和时间，不能形成规律，以免不法分子钻空子。

（2）凡进入楼层区域的工作人员，如客房服务员、客房主管、酒店经理助理、值班经理等，都应在其岗位上做好安全控制与管理工作，随时注意可疑人员及异常状况，一旦发现异常要及时向值班经理报告。

（3）酒店应通过安装在楼层通道中的闭路电视监视系统对每个楼层通道进行监控。

247　客房安全控制

1．客房门锁与钥匙的控制与管理

为了防止外来的侵扰，在客房门上设置安全设施是很有必要的，相关的安全设施包括能双锁的门锁装置、安全链及广角的窥视警眼（无遮挡视角不小于60°）等。除了正门，其他能进入客房的入口处都要上闩或上锁，如阳台门、与邻房相通的门等。

酒店管理者应根据本酒店的实际情况制定切实可行的客房钥匙编码、发放及控制程序，确保客人人身及财物的安全。

2．客房内设施设备安全控制与管理

客房内设施设备安全控制与管理要点如表15-1所示。

表15-1 客房内设施设备安全控制与管理要点

类别	安全控制与管理要点
电气设备	客用电视机、小酒吧、各种灯具和开关插座的防爆、防漏电安全；火灾报警探头系统、蜂鸣器、自动灭火喷头及空调水暖设施设备的安全等
卫生间及饮水设施	卫生间的地面及浴缸都应设有防止客人滑倒的设施；客房内口杯、水杯及冰桶等都应及时消毒；若卫生间内的自来水未达到直接饮用的标准，则应在水龙头上标示"非饮用水"
家具设施（包括床、办公桌、办公椅、躺椅、行李台、茶几等家具）	定期检查家具的牢固程度，尤其是床与椅子，防止客人受伤
其他	在客房内应放置有关安全问题的告示或须知，告知客人如何安全使用客房内的设备与装置、专门用于安保的装置及其作用、出现紧急情况时所用的联络电话号码及应采取的行动等。告示或须知还应提醒客人注意不要随便将房间号告诉其他客人和陌生人，留意是否有不良分子假冒酒店员工进入楼层或客房

248 客人财物保管箱安全控制

根据相关法律规定，酒店必须设置客人财物保管箱，并且建立严格的登记、领取和交接制度。

酒店客人财物保管箱有两类：一类设置在酒店前台，由前台统一管理，前台服务员和客人各执一把钥匙。在取物时，将两把钥匙一起插入才能开启保险箱；另一类设置在客房内，客房内保险箱由客人自设密码进行开启与关闭。

酒店应将财物保险箱的使用方法及须知明确地以书面形式告知客人，以便客人使用。同时，酒店须定期检查财物保险箱的密码系统，保证其安全性。

249 实行客人会客登记

酒店经理应强化对酒店会客登记的管理，防止不明身份人员进入酒店，给客人的人身和财产安全造成影响。

（1）凡来店会客者均应主动出示身份证件，说出要会见的客人的姓名、身份，并填写"会客登记单"。

（2）岗位值班人员要认真负责地查验会客者的身份证件，并要求会客者严格按照要求填写"会客登记单"；核实无误后，主动指引会客者到会见地点。

（3）员工在上班期间一律不得会客，值班人员应礼貌地向会客者进行解释，劝其离开。

（4）来店会客者如与酒店有预约，可通过电话联系相关领导。待领导同意后填写"会客登记单"。

（5）来店会客者会见入住酒店客人时，应询问会见何人及事由，与客人联系并得到允许，方可带会客者到指定地点或楼层。同时，还要通知楼层服务员加强监控；未经客人允许，一律不得让来访者进入楼层。

（6）外来推销人员如没有与酒店预约，一般不予接待；如果是酒店急需物品，可与相关部门联系，得到允许才能指引其至约定地点。

（7）会客完毕后，值班人员应收回"会客登记单"，看是否有接见人的签字；若没有签字，则应礼貌地向会客者解释，让其返回签字，并特别留意离店客人所携带的物品，防止酒店物品丢失。

（8）值班人员应严防不法分子、图谋报复者混入酒店。

250　保障重要客人安全

对于酒店重要客人（如VIP客人）的安全，酒店经理要予以特别关注，必要时可亲自安排安全工作。

（1）尽量了解客人的详细资料，如国籍、年龄、性别、嗜好、风俗习惯、禁忌、房间号、行程安排等。

（2）在客人未到达酒店之前，首先要对重要客人将要入住的房间及附近的消防设施、消防通道进行安全检查。

（3）根据受保护客人的安全标准，对房间进行封闭并留人员看守。

（4）若客人离开酒店内去其他公共场所，则须将重要客人预计要经过的路线和所用的时间计算出来，事先对途中所有的门、通道等进行检查，并安排保安人员在门口或附近保护。

（5）对于客人的所有饮品、食物等应留样待查。

（6）保护好重要客人的车辆，不允许非接待人员和有保安任务的人员接近车辆。

（7）若重要客人在酒店的室外活动，则应事先对附近的高层建筑物和制高点进行观察，检查有无缆车、吊船等危险物，留意制高点上的人，并可派保安人员先去检查或暂时封闭通往高层建筑物的道路或门。

251　对员工进行劳动保护

酒店经理应根据本酒店及各岗位的具体情况制定员工安全标准及各种保护手段和预防措施。只有做好员工安全管理工作，才能保证员工安心地在酒店工作。

酒店劳动保护措施如表15-2所示。

表15-2　酒店劳动保护措施

保护措施	具体内容
岗位的劳动保护与安全标准	虽然酒店内的服务工作以手工操作为主，但不同岗位的安全操作标准却不尽相同。例如，接待员需要防袭击和防骚扰，客房清洁服务员要做好腰肢保护和防清洁剂喷溅，餐厅服务员要防烫伤、防玻璃器皿损伤等。随着各种工具、器械、设备的增多，酒店应制定各种工具、器械、设备的安全工作标准和操作标准
岗位培训中的安全培训	将安全工作和操作标准纳入员工培训内容，使员工在学习及熟练掌握本岗位所需的技能、技巧的同时，也要养成良好的安全操作习惯，并掌握必要的安全操作知识及技能

252　保护员工免遭外来侵袭

在酒店的日常运营中，前台接待员有时会兼任收银员，所以很有可能成为被袭击的对象。为了保护前台接待员的安全，酒店应在前台安装报警器或闭路电视监视器，并只保留最小额度的现金，接待员交接现金时应由保安人员陪同。同进，酒店的前台接待员要掌握必要的在遭到抢劫时的安全保护方法。

客房服务员可能因碰上正在房内作案的不法分子而遭到袭击，或遇到行为不轨或蛮不讲理的客人的侵扰。一旦发生这种情况，在场的工作人员应及时上前协助受侵袭的服务员撤离现场，使其免遭受进一步的攻击，并尽快通知保安人员及客房主管迅速赶到现场进行处理。

酒店经理应为上夜班或下晚班的员工安排交通工具；及时护送受工伤及生病的员工就医；防范员工上下班期间发生交通事故；加强员工食堂管理，保证员工饮食安全，防止食物中毒。

253　保护好员工个人财物

酒店员工个人财物的安全保护工作主要包括员工宿舍内个人财物的安全保护和员工更衣室内个人衣物储藏柜的安全保护两个方面，具体如图15-1所示。

员工宿舍内员工个人财物的安全保护
员工宿舍内员工个人财物的安全保护主要包括防止内部员工偷盗及外来人员偷盗两方面内容

员工更衣室内员工个人衣物储藏柜的安全保护
为了确保员工的衣服及随身携带物品的安全，酒店要为上班的员工提供个人衣物储藏柜，并告诫员工不要携带贵重物品上班

图15-1　保护好员工个人财物

第三节　酒店财产安全控制与管理

254　防范员工偷盗

员工在日常的工作中会直接接触酒店及客人的各种设备与有价物品，这些物品具有使用或再次出售的价值，容易诱使个别员工产生偷盗行为。这就要求酒店在录用员工时要严格把关，在员工进店后要经常对其进行思想教育，并制定严格的奖惩措施。另外，酒店经理还应通过以下措施防范员工偷盗：

（1）员工上班时必须穿工服、戴工牌，以便保安人员识别；

（2）在员工上下班出入口处安排保安人员值班，检查员工携带出入酒店的物品；

（3）完善员工领用物品手续，严格照章办事；

（4）严格控制储存物资，定期检查及盘点物资数量；

（5）控制及限制存放在前台的现金额度，交接现金时须有安全人员陪同；

（6）严格执行财务制度，定期或不定期地实施财务检查，谨防工作人员贪污。

255　防范客人偷盗

酒店所配备的客用物品（如浴巾、浴衣、办公用品、日用品等）一般都由专门厂家生产，质量、式样都较好；客房内的装饰物和摆设物（如工艺品、字画、古玩等）也比较昂贵和稀有，这些物品具有较高的使用、观赏价值和纪念意义，容易成为个别客人盗取的对象和目标。为了防止这些物品被盗，酒店可采取以下防范措施。

（1）将可能成为偷盗目标的物品印上酒店的标志或特殊标记，以消除客人偷盗的念头。

（2）将客人有可能感兴趣、想留作纪念的物品作为可售品，并在《旅客须知》中作出说明。

（3）客房服务员在日常打扫房间时应认真检查房内的物品情况，或者在客人离开房间后检查房间内的设备及物品情况。一旦发现有物品被偷盗或设备被损坏，应立即向上级报告。

256　防范外来人员偷盗

外来人员偷盗的防范与控制工作主要包括图15-2所示的三个方面的内容。

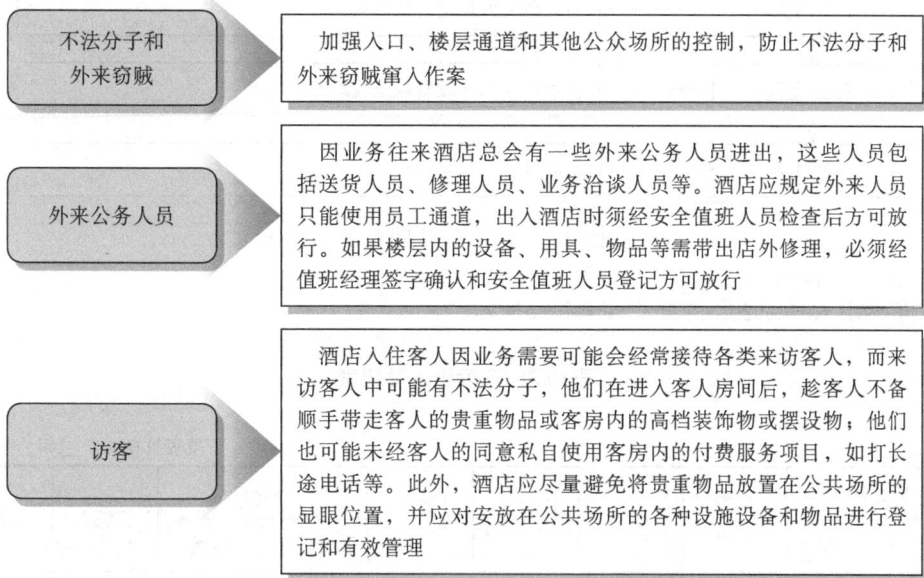

不法分子和外来窃贼	加强入口、楼层通道和其他公众场所的控制，防止不法分子和外来窃贼窜入作案
外来公务人员	因业务往来酒店总会有一些外来公务人员进出，这些人员包括送货人员、修理人员、业务洽谈人员等。酒店应规定外来人员只能使用员工通道，出入酒店时须经安全值班人员检查后方可放行。如果楼层内的设备、用具、物品等需带出店外修理，必须经值班经理签字确认和安全值班人员登记方可放行
访客	酒店入住客人因业务需要可能会经常接待各类来访客人，而来访客人中可能有不法分子，他们在进入客人房间后，趁客人不备顺手带走客人的贵重物品或客房内的高档装饰物或摆设物；他们也可能未经客人的同意私自使用客房内的付费服务项目，如打长途电话等。此外，酒店应尽量避免将贵重物品放置在公共场所的显眼位置，并应对安放在公共场所的各种设施设备和物品进行登记和有效管理

图15-2　外来人员偷盗行为的防范与控制

第四节　酒店车辆安全管理

257　明确外来车辆管理流程

外来车辆管理流程如图15-3所示。

发现客人车辆驶入	在各出入口和停车场周围巡逻，随时注意驶入酒店的车辆
指引车辆	礼貌、及时、准确地指引车辆停入停车场
保管前验证	发现问题要立即与客人沟通，请其确认
登记	详细登记，登记完请客人确认
维护、保管	随时注意，勤加照看
交付客人	将车辆完好地交付给客人
费用结算	按酒店停车场收费规定收取停车费用
车辆驶离	礼貌送客

图15-3　外来车辆管理流程

"车辆出入登记表"的样式如表15-3所示。

表15-3　车辆出入登记表

编号：_____　　　　　　　　　　　　　　填表日期：____年__月__日

车辆进场		车牌号码	车型	颜色	值班人	车辆离场		值班人	备注
日期	时间					日期	时间		

制表人：_____　　　　　　　　　　　　　审核人：_____

258　做好车辆保管工作

（1）停车场管理人员应每小时巡查一次停车场，若发现车辆被损坏、车门未关闭、漏油等情况，则应立即通知车主处理。未能联系到车主时，要做好详细记录，同时报上级领导或大堂经理处理。

（2）清点车库内车辆与"车辆出入登记表"上记录的是否一致，并将清点情况如实填写在"车辆状况登记表"（见表15-4）上。

（3）严密观察车辆出入情况和客人的驾驶行为，若遇醉酒驾车者应立即上前劝阻，并报告上级或酒店经理处理。

表15-4　车辆状况登记表

编号：＿＿＿＿＿　　　　　　　　　　　　　　　　　　　　填表日期：＿＿＿年＿＿月＿＿日

车辆牌号	车位	检查项目							进场时间	出场时间	车主签字确认	值班保安签字
		照明灯	外壳	标志	轮胎	玻璃	后视镜	转向灯				

制表人：＿＿＿＿＿　　　　　　　　　　　　　　　　　　　　审核人：＿＿＿＿＿

259　做好停车场管理措施

酒店保安人员要做好停车场管理工作，确保车辆的安全，具体如表15-5所示。

表15-5　停车场管理措施

措施	具体内容
划出车位	车位分大车位和小车位。停车场保安人员应按规定引导小车停至小车位、大车停至大车位，避免小车占用大车位
制定安全措施	（1）停车场内的光线要充足、适合驾驶，各类指示灯、扶栏、标志牌、地下白线箭头指示清晰，在车行道、转弯道等较危险地带设立警示标语 （2）停车场内设立防撞杆、防撞柱
严格控制出入车辆	在车场出入口设专职保安负责指挥车辆进出、登记车号、办理停车取车手续等工作。进场车辆应有行驶证、保险单等，禁止携带危险品及漏油、超高等不合规定的车辆进入
巡查车辆	一般而言，停车场实行24小时值班制，以便做好车辆检查和定期巡视工作（如每小时一次），检查是否有安全或消防隐患，维护客人及酒店的安全

第十六章　消防安全管理

导读 >>>

作为酒店的主要负责人，酒店经理承担着安全管理尤其是消防安全管理的重任。一旦发生消防事件，不仅会给酒店和客人带来重大损失，也会对酒店的声誉产生重大的负面影响，因此，酒店经理必须充分重视消防安全管理工作。

Q先生：A经理，我想加强酒店的消防管理工作，您认为我应该如何着手呢？

A经理：你首先要明确消防责任人的职责，建立消防管理组织，然后加强对前厅、厨房、客房、停车场等重点区域的消防安全管理，并定期进行消防安全检查，尤其要注意检查消防设备。

Q先生：我打算在这个季度末举行一场消防演习，以增强酒店对消防事故的应对能力，同时加强员工的消防安全意识。

A经理：这个想法很好。消防演习既可以检验酒店消防安全管理工作的开展情况，又可以增强员工的消防安全意识，增强员工消防安全事故的应对能力。

第一节 消防安全组织与职责

260 消防负责人的职责

作为酒店的消防负责人,酒店经理所承担的职责如下。

(1)按照"谁主管,谁负责"的原则,对酒店内的消防安全工作负全面领导责任。

(2)采取有效措施,指导、督促酒店内全体人员全面落实"预防为主,防消结合"的方针。

(3)贯彻落实消防法规,加强消防监督,宣传消防知识,组织消防演习,管理好消防和监控设施设备,增强全体人员的消防安全意识和自防自救能力。

(4)熟悉酒店内的防火建筑结构、监控系统的分布、所属人员的工作和生活环境以及人员疏散通道等基本情况,掌握各种消防和监控设施设备的基本功能、原理和正确使用方法,了解灭火应急措施等相关知识。

(5)制订重大工作计划或开展大型活动前,必须拟订相应的灭火应急方案。

(6)定期检查酒店内的消防设施和监控系统的运行情况,发现问题要及时处理,并结合本酒店实际情况组织讨论、修订、完善灭火应急方案,确保万无一失。

(7)及时处理消防投诉,消除火险隐患。

(8)发生火灾时,在专业消防人员赶到现场之前担任现场总指挥,协调灭火工作。

261 消防值班人员的职责

消防值班人员的职责如下。

(1)坚决贯彻消防法规,执行上级关于消防安全工作的指示。

(2)掌握消防设备的原理、性能及操作程序,熟悉火警报警方法与程序,确保抢险救灾工作准确、迅速且有序。

(3)做好消防值班记录,与各岗值班员保持联系,及时处理电话投诉与消防报警。

(4)定期检查、维护消防与监控设施设备,确保消防设施设备始终处于良好的运行状态。

(5)按时交接班,严格履行交接班手续。交接班时,双方必须将值班记录、设施设备运行状况、事故处理情况及各处钥匙一一交接清楚，做到"上不清，下不接"。

（6）宣传消防法规，注意发现并报告消防隐患，提出合理化建议。

（7）非消防值班员不得在控制中心逗留，禁止私人占用值班电话。

（8）禁止在控制中心抽烟、睡觉、看书报或做与工作无关的事情，如短暂离岗须先获得领班同意，在顶岗人员到位后方可离岗。

（9）确认发生火灾时，须迅速报告相关负责人并果断按灭火应急方案进行处理。

262　义务消防队员的职责

酒店全体员工均为义务消防队员，有义务、有责任履行消防安全工作职责。义务消防队员的职责如下。

（1）始终保持高度警惕，忠于职守，随时准备投入灭火战斗。

（2）学习消防知识，熟悉消防法规，掌握消防设备设施的基本功能、位置、使用方法以及消防疏散通道的位置及疏散方法。

（3）落实消防法规，制止任何违反消防法规的行为，发现火灾隐患后迅速报告。

（4）爱护消防设施设备，发现消防设施设备遭到破坏时，立即报告消防控制中心。

（5）积极参加酒店组织的消防灭火训练，自觉接受相关业务培训。

（6）积极参加灭火战斗，抢救、疏散受灾人员及物资。

（7）在灭火过程中坚决服从命令，听从指挥，维护火场秩序，保护火灾现场，同时注意保护自身安全。

（8）积极参加消防安全宣传教育活动，增强自身的防火意识。

263　维修人员的职责

维修人员的职责如下。

（1）保证持续供水。

（2）保证防、排烟机械设备的正常启动和运行。

（3）迅速切断火灾现场的电源，关闭电梯和煤气阀。

（4）根据火场需要，及时组织并持续供应灭火器材。

（5）负责重要设备的保护与疏散工作。

第二节 火灾预防措施

264 了解引起火灾的原因

引起火灾的原因是多方面的、复杂的，具体包括以下几个方面。

1. 酒店设施设备方面的原因

（1）酒店设施设备达不到消防安全标准。例如，某些电路应该做保护措施但没做，引起短路；有的光源离可燃物太近，易发热起火。

（2）设备因使用时间过久而老化，保护装置失灵；煤气管道由于时间久，地基发生变化，导致接口部分发生断裂，造成泄漏，等等。

（3）施工收尾工作没做好。例如，进入酒店的各种管道外的空隙没有完全封堵，造成雨水流入，威胁到地下层设备的安全。另外，这个通道可能引发鼠害，老鼠的磨牙天性可能导致电路损坏、短路等。

2. 客人方面的原因

客人在房间抽烟、点蜡烛（如生日、婚庆等）或使用自带的大功率劣质电器等。

3. 酒店员工方面的原因

员工没有及时发现未熄灭的烟头或未及时处理，厨房员工在炉火未熄灭时擅自离岗，垃圾桶内未按要求装水，不恰当地混放化学剂，等等。

4. 管理方面的原因

管理不当也可能引起火灾。例如，厨房的抽油烟罩长时间未清洗油渍，导致炉火高蹿至油烟罩，在抽排系统的作用下火舌伸入整个油烟管道，引起火患；因举办会议而临时接电，未考虑到电器功率与引电线路的承受能力，导致电线或电闸过热；烧焊未按规范施工，等等。

另外，天气干燥与高温也是火灾的重要诱因。

265 加强消防设施设备、器材的维修保养

在一个全服务型的酒店中，消防安全系统包括火灾自动报警系统、可燃气体泄漏报警系统、应急广播系统、电梯迫降系统、防火卷帘系统、防排烟系统、消防栓系统、自动喷淋系统、气体灭火系统、厨房灭火系统等。

灭火器材包括干粉灭火器、二氧化碳灭火器、灭火毯、防毒面具等。

一般来说，消防系统的维保工作由专业的维保公司进行，消防器材的检查工作由酒店进行。

酒店应将所有的消防控制要点导入相应的管理系统，让系统按时间要求自动提醒，完成维保及消防器材检查时加以确认。酒店管理层可通过报表查看完成情况，并进行抽查，以确保所有维保工作按时按质完成，设施设备功能完好，消防器材没有过期。

266　保持消防通道畅通

如不幸发生火灾，除了灭火，逃生也是关键的一环。许多例子表明，重大的火灾伤亡事故与消防通道阻塞有关，消防通道有正压送风系统，有防火门阻隔，理论上可在有限的时间内成为一条保护生命的逃生通道。如果消防通道阻塞，后果将不堪设想。酒店可在每个关键点放登记卡，让巡查人员在巡查时做记录，以此保证消防通道的顺畅；还可以在关键点安置信息收集点，以监督巡查情况。现在，利用Wi-Fi或蓝牙技术，通过智能手机便可查看巡查轨迹及巡查的准确时间。

267　经常检查，重在防范

1．常规性安全检查

常规性安全检查就是通过保安员、消防员的日常值班、巡逻工作，及时发现酒店存在的消防安全隐患，并及时处理，以达到预防火灾的目的。保安员、消防员在日常工作中会碰到很多看似不起眼的小事，只有不断地处理这些小事，才能保障酒店整体的安全。

2．定期安全检查

定期安全检查分为每月一次的安全大检查和消防硬件设施大检查、重大节日前的安全大检查以及每季度一次的消防自动报警设备大检测等。

3．每月一次的安全大检查

每月一次的安全大检查是指由安全管理委员会组织各成员每月对全酒店进行的全面大检查。如果在检查过程中发现安全隐患，安全管理委员会要及时向各责任部门下发《安全隐患整改退知书》，责令其在指定期限内整改、完善。

4．每月一次的消防硬件设施大检查

安全管理委员会负责消防的主管安排专职消防员每月对消防硬件设施进行一次全面大检查，检查对象包括消火栓、灭火器、防火门、闭门器、消防通道、应急灯、出口指示牌等。

如果在检查过程中发现过期和需维修的项目，要及时进行更换或报修，确保各设施长期保持在正常待用状态。

5. 重大节日前的安全大检查

该项工作主要每年的元旦、春节、劳动节、国庆节等重大节假日前进行。为了保障酒店在节假日期间的绝对安全，安全管理委员会应提前组织大检查，以及时发现并消除隐患。

6. 每季度一次的消防自动报警设备大检测

消防自动报警设备大检测一般在每个季度的最后一个月的下旬进行，由安全管理委员会和消防维修保养单位共同开展，检测项目主要包括烟感探测器、手动报警按钮、疏散广播、水幕系统、喷淋系统、消火栓供水系统、排烟送风系统、消防控制室设备等。如果在检测过程中发现问题，要及时会同相关部门予以解决。

268　日常消防安全检查

酒店消防安全检查的对象主要包括消防控制室、自动报警（灭火）系统、安全疏散出口、应急照明与疏散指示标志、室内消火栓、灭火器配置、机房、厨房、楼层、电气线路以及防排烟系统等。

1. 专职部门检查

酒店经理应对消防安全检查进行分类管理，落实责任人或责任部门，确保对重点单位和重要防火部位的检查能落到实处。在一般情况下，每天由保安部主管跟踪酒店的消防安全检查情况，每周由酒店经理对酒店进行消防安全抽检，并对发现的问题进行整改。

2. 各部门、各项目的自查

各部门、各项目的自查内容如表16-1所示。

表16-1　各部门、各项目的自查内容

序号	内容	详细说明
1	日常检查	建立健全岗位防火责任制，对酒店重点防火部位进行日常检查，必要时应对一些易发生火灾的部位进行夜间检查
2	重大节日检查	逢元旦、春节等重要节假日时，应根据节日火灾的特点重点检查重要的消防设备设施、消防供水系统和自动灭火系统等，必要时还应制定重大节日消防应急方案，确保节日期间的消防安全
3	重大活动检查	在举行大型活动如周年庆时，酒店经理应制定消防应急方案，落实消防保卫措施

3．消防安全检查的要求

（1）深入各楼层、房间对重点消防保卫部位进行检查，必要时应做系统调试和试验。

（2）检查公共通道的物品堆放情况，做好电气线路及配电设备的检查工作。

（3）对重点设施设备和机房进行深层次的检查，若发现问题应立即整改。

（4）如发现消防隐患，应立即处理。

应特别注意检查容易忽略的消防隐患，如过道塞满物品、疏散楼梯间应急指示灯不亮、配电柜（箱）周围堆放易燃易爆物品等。

269 消防设备安全检查

消防设备安全检查的内容及频次如表16-2所示。

表16-2 消防设备安全检查的内容及频次

消防设备		检查内容及频次
烟温感报警系统		（1）每周巡视检查一次酒店报警器、集中报警器，查看电源是否正常，各按钮是否处于接收状态 （2）每日检查一次各报警器的内部接线端子是否松动，主干线路、信号线路有无破损，并对烟温感探测器进行抽查试验 （3）每半年保养烟温感探测器一次，检查探测器底座端子是否牢固，并进行吹烟试验 （4）一般场所每三年、污染场所每一年进行一次全面维修保养，主要项目包括清洗吸烟室（罩）集成线路等
防火卷帘门系统		（1）每半个月检查一次，查看电气线路、元件是否正常并清扫灰尘 （2）每月检查保养电气元件线路一次，查看有无异常现象，绝缘是否良好，并按照设计原理进行试验 （3）每季度对机械元件进行一次检查保养、除锈、加油及密封
送风、排烟系统	送风	（1）每周巡视检查各层消防通道内及消防电梯前大厅加压风口是否灵活 （2）每周巡视检查各风机控制线路是否正常，进行就地及遥控启动试验，清扫机房及风机表面灰尘 （3）每月进行一次维护保养，检查电气元件有无损坏、松动，清扫电气元件上的灰尘并为风机轴承加油等
送风、排烟系统	排烟	（1）每周巡视检查各层排烟阀、窗、电源是否正常，同时对各排烟风机控制线路进行检查和就地启动试验，清扫机房及排风机表面灰尘 （2）每月进行一次维护保养，检查电气元件有无损坏、松动，对排烟机轴承及排烟阀机械部分进行加油保养，同时实施自动控制试验

（续表）

消防设备	检查内容及频次
消火栓系统	（1）每周巡视检查各层消火栓、水龙带、水枪头、报警按钮等是否完好无缺，各供水泵、电源是否正常，各电气元件是否完好无损、处于可用状态 （2）每月检查一遍各阀门是否灵活，并进行除锈、加油保养；检查水泵是否良好，并对水泵表面进行除尘，给轴承加油；检查电气控制部分是否处于良好状态，并同时按照设计原理进行全面试验 （3）每季度在月度检查的基础上对水泵进行中修保养，检查电动机的绝缘性能是否良好
喷淋系统	（1）每周巡视检查管内水压是否正常，各供水泵电源是否正常，各电气元件是否完好无损、处于可用状态 （2）每月巡视检查喷淋头有无漏水及其他异常现象，检查各阀门是否完好并进行加油保养；同时进行逐层放水，检查水流指示器报警功能是否正常，水位开关是否灵敏，启动相应的供水泵进行测验等 （3）供水泵月度保养、季度中修工作应与消火栓水泵检修等工作相互配合
应急广播系统	（1）每周检查主机、电源信号及控制信号是否正常，各控制开关是否处于正常位置，有无损坏和异常现象，及时清洗主机上的灰尘 （2）检查切换机能否正确切换，检查麦克风是否正常，定期清洗磁头 （3）检查楼层的喇叭是否正常，定期清除喇叭上的灰尘等 （4）检查后进行试播放
灭火器	（1）灭火器应保持无锈、无尘、无漏、无堵 （2）查看灭火器压力表指针是否指示在正常范围内（指针指示在绿色、黄色两区域内为正常，在红色区域内为失灵） （3）核对灭火器的出厂日期及有效期，看其是否过期 （4）核对火火器是否在位、有无丢失 （5）查看灭火器前是否堆放了杂物

270　消除消防隐患

酒店经理在日常消防检查中发现各种设备设施有异常以及违反消防安全规定的问题时，要立即查明原因，及时下发消防检查整改通知书，并采取处理措施。整改通知书如表16-3所示。

表16-3　消防检查整改通知书

编号：_____　　　　　　　　　　　　　　　　日期：___年__月__日

收件单位		房号		联系人		电话	
发件单位		房号		联系人		电话	

消防检查异常 情况描述	检查人：
整改期限	检查人：
整改要点	整改人：
整改验收	验收人：

271　全员参与培训宣传

1．利用酒店员工活动区域的宣传栏，定期举办消防安全知识专栏

酒店安全管理委员会可每年订阅《南粤119》《法制日报》和《中国消防》等杂志和报纸，并利用其中最新的消防安全知识和案例，每月举办一次消防安全知识专栏，对全酒店员工进行消防安全教育。

2．将消防安全宣传标语贴于员工活动区域，增强员工日常的安全防火意识

酒店可将比较美观的消防安全宣传标语贴于员工经常活动的区域，如员工食堂、员工宿舍、员工通道、锅炉房、配电房、空调机房、员工电梯、中西餐厨房等处，潜移默化地增强员工日常的安全防火意识。

3．每年11月9日为全国消防宣传日，举办每年一届的119消防安全宣传活动。

酒店可根据自身实际情况，由安全管理委员会负责策划、组织每年一届的119消防安全

宣传活动，酒店培训部负责协助。119消防安全宣传活动包括以下内容。

（1）组织酒店员工参加消防安全理论知识考试，加深员工对消防安全知识的理解和认识，增强员工的消防安全意识。

（2）组织消防安全知识现场竞赛活动，每个部门指派二至三名员工参加竞赛，角逐一、二、三等奖。

（3）分批组织酒店员工观看关于消防安全知识或火灾案例的纪录片。

（4）组织员工参加消防技能比试，如战斗服着装、佩戴防毒面具、两盘水带连接、灭火器扑救初起火灾等科目。

（5）组织安全防火知识讲座，对酒店员工进行系统的安全防火知识培训。

272　管理好消防档案

消防档案是记录酒店内的消防重点和消防安全工作基本情况的档案，一般包括以下几类档案。

1. 消防设施档案

消防设施档案的内容包括消防通道的畅通情况、消火栓的完好情况、消防水池的储水情况、消防器材的数量及布置情况、消防设施更新记录等。

2. 防火档案

防火档案的内容主要包括消防负责人及管理人员名单、酒店平面图、建筑结构图、交通和水源情况、消防管理制度、火险隐患、消防设备状况、重点消防部位、前期消防工作概况等。

3. 火灾档案

火灾档案的内容包括一般火灾的报告表和调查记录资料、火灾扑救的情况报告、对火灾责任人的追查和处理材料以及火险隐患整改通知书等。

273　制定消防预案

消防预案是指发生火灾时应该采取的行动方案。制定消防预案时要注意以下两点。

（1）要根据自身的实际情况来制定消防预案。例如，在停车场附近放置一些沙子，当停车场的车辆自燃时，除了采用常规的灭火方法，用这些沙子也可有效灭火。这种方法不仅可以防止油污扩散，还可阻隔空气与火源点。

（2）重视深夜的消防预案。一般的消防演习都是在白天进行的,因为白天大多数员工都上班,人手充足。但到了深夜,上班人数可能只有白天的 10% 左右,如果还采用日班的预案,那就成了纸上谈兵。因此,酒店要针对值通宵班的员工制定消防预案,安排好通知、扑救和疏散等事项。

第三节　消防演习

274　制定消防演习方案

开展消防演习既可以检验酒店消防安全管理工作的情况,也可以增强员工及客人的消防安全意识,增强他们逃生及自救的能力。

下面是某酒店的消防演练预案,供读者参考。

【实用案例】

酒店消防演练预案

一、指导思想和目的

为了更好地贯彻落实《中华人民共和国消防法》和《机关、团体、企业、事业单位消防安全管理规定》,根据公司的统一布置,酒店拟每半年进行一次整体的消防演练。演练的目的是让参演员工了解自己岗位的防火职责,了解各自工作中的火灾隐患,懂得预防火灾的措施,懂得灭火的方法,在火灾发生时会报警、会使用消防器材、会扑灭初期火灾、会迅速组织引导客人疏散逃生,具备一定的消防意识和自防自救能力,从而有效杜绝火灾的发生。

二、演练的组织和内容

1. 指挥部

总指挥:××酒店经理。

成员:各部门负责人。

指挥部办公电话:××××。

任务:负责组织、指挥演练。

2. 灭火组

灭火组分为甲、乙两组。

甲组由一名领班和两名保安（酒店大门岗一名、巡逻岗一名）组成，演练当天在指定位置（各自岗位）待命。

甲组任务：接到指挥部命令后，手持灭火器前往火灾现场（根据实际情况确定位置）灭火，随后到酒店大门左侧车道集合，各部门安全员在保安部员工的指导下进行灭火（使用干粉灭火器扑灭火盆）。

乙组由一名保安领班和两名保安组成，演练当天在指定位置待命。

乙组任务：接到指挥部命令后，启动消火栓、水枪，喷水10余秒钟。

3. 报警联络组

报警联络由一名资深保安和两名安全员组成，演练当天在指定位置待命。

任务：火灾发生后，迅速拨打指挥部电话或消防中心电话报警（要求讲明火灾的地点、着火的物品、火势大小等，并将自己的姓名、电话告知对方），并传达指挥部的命令。

4. 疏散和救护组

由房务主管、一名保安及一名客房领班组成，演练当天在指定楼层待命。各部门抽调一到两名安全员扮演住店客人，在指定楼层待命。所有被疏散人员使用小方巾（旧）捂住口鼻、降低体位，在疏散人员的指引下有序撤离。随后，所有参演人员及各部门员工在酒店大门左侧集合。

三、演练讲评及培训

演练完毕后，所有员工在酒店大门左侧集合，观看安全员使用干粉灭火器灭火及连接消防水带灭火（事前在指定位置设置两个火盆并做好相应的准备）。

指挥人员进行演练讲评，并强调关于日常防火工作的注意事项。

四、要求及目的

酒店员工应全程观摩演练过程，熟记每一个环节，确保发生火灾时知道自己应怎么应对、掌握使用灭火器和疏散客人的方法。

定期向酒店年度防火安全责任人汇报酒店消防安全情况，及时报告酒店涉及消防安全的重大问题，并完成酒店防火安全责任人交办的其他消防安全管理工作。

五、演练所需物品

干粉灭火器: 20具。

小方巾（旧）: 20张。

金属盆（火盆）: 2个。

木材（着火源）: 5千克。

275　演习方案的申请与批准

酒店经理应提前一个月将消防演习方案向公安消防部门汇报、备案，同时就消防演习方案向其征询意见，并进行整改和修订。

276　发布消防演习通知

在消防演习前两周，酒店经理应向酒店内的客人发出消防演习通知。在消防演习前两天，应在酒店内张贴告示，进一步提示客人有关消防演习的事宜。

277　做好演习前的准备工作

1. 宣传与培训

演习前对酒店全体员工进行消防演习方案培训，使各个部门的员工都了解自己的职责范围、操作程序和注意事项；在演习前采用挂图、录像、板报、条幅等形式向客人开展消防安全知识宣传。

2. 准备好消防设备、设施和器材等

在消防演习前一周就要做好消防设备、设施和器材的准备工作：检查消防设备、电梯设备、供水设备、机电设备的运行状况；准备各种灭火器和消防水龙带等消防工具；准备通信设备；选定"火场"并准备制造火源用品和预防意外发生的设备和器材；准备抢救设备工具和用品等。

3. 检查准备工作落实情况

演习前三天，消防总指挥带领相关负责人对消防演习准备工作进行综合检查，确保演习顺利进行，避免发生混乱。检查内容包括人员配备、责任考核、消防设备和器材准备情况、运输工具以及疏散路径等。

278 实施消防演习

酒店经理做好以上工作之后，就可以按照演习方案开展消防演习。在演习中要注意以下事项。

（1）消防演习应选择在白天进行，尽量安排在对客人影响较小的时间段。

（2）消防演习的"火场"应安排在相对安全的位置，尽量减少对客人的影响并保证安全。

（3）开展消防演习时要避免长时间断电（停电），可以象征性地停电数秒钟。

（4）在开展消防演习的过程中，要向不了解情况的客人做好解释工作，加强消防安全知识的宣传，并做好对参与演习客人的安全保护工作。

279 消防演习总结

演习结束后，酒店经理要进行总结并撰写总结报告。酒店经理要通过对演习活动的总结发现演习方案存在的问题，并提出改进措施，从而增强酒店的火灾应急能力。

第四节 火灾扑救

280 火情报警通报

1. 及时发现火情

（1）必须保证在四分钟内发现初起火情。

（2）认真落实值班巡逻制度，管理、保安、维修、清洁等值班人员要勤巡查，确保及时发现火情。

2. 报警

（1）有警即报。各类人员发现火情后必须立即报告值班班长和值班领导，当火势不能在初期扑救时，应迅速拨打119火警电话。

（2）报警要求。报警时应做到镇定拨号，详细说明报警单位（小区）名称、地址、联系人、电话号码、燃烧部位、燃烧物质的种类等，报警后立即派人到路口迎接消防队。

（3）报警通报程序。火警→当值人员→消防监控中心→巡逻到场确认→消防监控中心→

紧急通知值班领导、班（组）长→全体员工（着消防服或长袖迷彩服）到场→向公安消防队报警→通报客人疏散→组织指挥灭火抢救。

3．向客人发出火灾通报

向客人发出火灾通报的顺序为着火层、着火层以上各层、火势有可能蔓延到的着火层以下的楼层。通报时，一般先用语言（利用广播器、对讲系统、室内电话等）通报，主要说明着火层及其具体位置、着火状况及疏散路线，并稳定客人情绪，然后发出警铃；或采取其他措施，将客人叫醒后再进行通报。

281 查明火灾具体情况

发生火灾时，首先必须了解下列情况。

（1）着火的物品的性质如何？是否会发生爆炸或放出有毒气体？

（2）化学易燃物品的数量有多少？能否撤出疏散？

（3）着火部位及其四周有无受伤、中毒人员和其他重要物资？

（4）火源在哪里？向哪个方向蔓延？

查明火情和火势蔓延的方法是"三查""三看八定"，具体如图16-1所示。

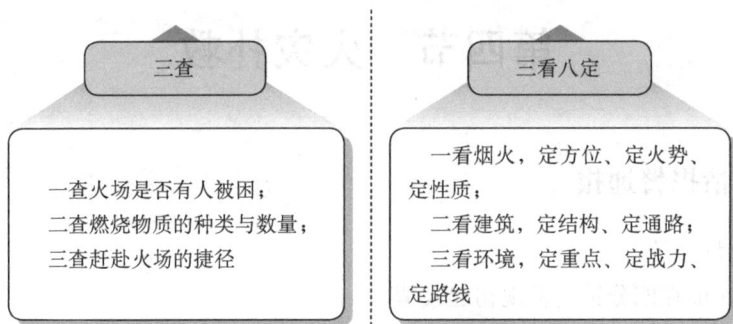

三查

一查火场是否有人被困；
二查燃烧物质的种类与数量；
三查赶赴火场的捷径

三看八定

一看烟火，定方位、定火势、定性质；
二看建筑，定结构、定通路；
三看环境，定重点、定战力、定路线

图16-1　查明火情和火势蔓延的方法

282 及时扑救火灾

1．扑救火灾的程序

（1）义务消防队按消防组织的分工展开灭火战斗。

（2）启动消防水泵，满足着火层以上各层的消防用水需求，铺设水带做好灭火准备。

（3）关闭防火分区的防火门。

（4）义务消防队使用固定灭火装置和灭火器灭火。

2．切断火场电源

当电器设备发生火灾或引燃附近可燃物时，须尽快关闭总开关，断绝电源，并及时用干粉灭火器进行扑救。

3．谨慎进行带电灭火

电器设备设施发生火灾时，在一般情况下须切断电源后再进行扑救。但是在紧急状态下，待切断电源后才进行扑救可能贻误战机，因此，在特殊情况下可带电灭火，以迅速有效地控制火情，扑灭火灾。但是，必须注意选择适当的灭火工具和灭火方法。

4．小心进入火场救人

积极抢救受火灾威胁的客人是灭火抢险工作的首要任务。当有人员受到火势威胁时，应首先组织参战人员救人，同时部署一定力量扑救火灾。在力量不足的情况下，应将主要力量投入到救人工作中。

（1）火场寻人的方法。在火场中寻人，主要靠喊、叫、摸、看等方法。救援人员要缜密细致地进行观察判断，做到动作迅速、沉着冷静、注意安全。

（2）火场寻人须特别注意的位置。

①通向出入口的通道、走廊及卫生间、门窗附近。

②晚间寻找的重点是床上、床下和床的附近。

③儿童受惊吓后常常会躲藏在墙角、门后和橱柜里，以及桌椅、床和其他物体下，寻找时要格外注意室内所有角落。

283 疏散与保护火场人员

1．明确分工

在酒店灭火总指挥的组织下，把引、送、查、接的具体任务落实到参加灭火的消防人员身上。

2．疏散顺序

疏散时，要先从着火间、着火层以上各层开始，其后才是着火层以下。同时，一定要做好安抚工作。青壮年可自行通过安全消防楼梯疏散；行动不便的，可护送其从消防电梯疏散。

3．疏散方法

（1）对于神志清醒的人员，可指定通道或由义务消防员引导他们迅速离开危险区域。

（2）对于在烟雾中迷失方向的人员，要引导他们撤出，必要时派义务消防员护送。对于惊慌失措或固执不走的人员，必须做好稳定情绪和说服动员工作。

（3）对于因被火烧、烟熏而失去知觉的人员或不能行走的老人、儿童以及伤、病、残人员，须采取背、扛、抬、抱等办法将其救出火场，必要时可连人带床一起抬走。

4．疏散途径

（1）从消防通道疏散。

（2）从消防电梯疏散。

（3）迂回疏散。例如，从天台、平台、阳台越过邻楼或从这些部位使用器械降到下层。

（4）使用救生绳、缓降器、软梯、救生网、救生垫等器材救人。

5．疏散人员的要求

（1）义务消防员必须具有责任心和英勇顽强、不怕困难的精神，必须具备基本的救人技能和自救能力。

（2）义务消防员行动时应随身携带必要的器材工具，如手持灭火器、安全绳、毛巾、手电筒等。

（3）在危险情况下救人时，必须采取必要的保护措施；当有人员穿梭于烟火弥漫的区域时，现场指挥要组织喷射水流进行掩护，防止人员受伤。

（4）不得使用载客电梯疏散人员。

（5）不得重返着火区域。

（6）在疏散线路岔路口设立哨位，指示方向。

（7）必须保持通道畅通无阻。

（8）使用消防电梯疏散人员时须由专人操作，约定联络信号，以便电梯出现故障时能及时采取营救措施。

（9）及时清点、核对疏散抢救出来的人员数量，切实查清被困人员是否全部救出。

（10）对于受伤人员，先在现场进行急救，之后须及时送医院进行治疗。

284　疏散与保护酒店物资

疏散与保护物资是灭火工作中的一项重要任务。对于受火势威胁的各种重要物资，如客人的贵重物品、车辆、设备以及档案资料等，要根据火场的具体情况决定是立即予以疏散还是就地保护，基本原则是尽量避免或减少个人及公共财产的损失。

1．适宜疏散的情况

疏散和保护物资主要是在下列情况下进行的。

（1）重要物资受到火、烟、雾等直接威胁而无法保护时必须进行疏散。特别是贵重或不能用水扑救的物资，必须立即组织抢救和疏散。

（2）易燃易爆和有毒有害物品，以及有较大压力的桶、罐等容器或设备在火势威胁下有发生爆炸或释放毒气的危险时，必须抓紧疏散或加强保护措施。

（3）当有物品阻碍消防队员接近火源而影响灭火行动时，必须将其搬移或疏散。

（4）能够助长火势的物品要及时予以疏散和保护。

2．疏散要求

救火时，要按照主次、缓急确定疏散与保护物质的先后顺序，行动要迅速，方法要得当，以免损坏或丢失物资，并要注意保护人员安全。

（1）在一般情况下，首先应当疏散和保护贵重的、有爆炸危险和有毒有害的物品；其次是处于下风方向的物品；再次是受火势威胁较小的、处于上风方向的物品。

（2）在受到火势威胁的情况下，要用水枪掩护疏散物资的通道和人员。

（3）对贵重物品和易燃易爆物品要轻拿轻放，防止因碰撞而引发事故。

（4）对需要就地保护的物资、设备等，可以根据不同情况分别进行处置，如用水枪射流降温或用浸湿的麻袋、帆布、棉被等覆盖，不能用水冷却的可使用石棉板等耐火材料将其与火焰隔开。疏散出来的物质不得堵塞通道，应将其放置在免受烟、火、水等威胁的安全地点，并派人看护，以防丢失或损坏。

3．疏散和保护物资的具体方法

疏散和保护物资的具体方法应根据现场情况而定，可采取一人搬移、几人共同搬运或列队传送等方法。

285　采取防、排烟措施

在高层建筑扑救初起火灾时，必须采取防、排烟措施，以减少烟雾，提高能见度，保障安全，加快灭火进程。具体方法有以下几种。

（1）启动送风排烟设备，对疏散楼梯间、前室保持正压送风排烟。

（2）开启疏散楼梯的自然通风窗。

（3）关闭防火分区的防火门、防烟门。

（4）将客用电梯全部降至首层并锁定。

（5）使用喷雾水流排烟。

排烟时，注意不要大量开启着火层以下部位的门窗，以免火势蔓延。

286 防止发生爆炸

扑救火险时必须注意防爆问题，一要防止易爆物体受热而爆炸，二要防止产生轰燃。因此，在扑救火灾时，须注意以下几点。

（1）把受到或可能受到火势威胁的易燃易爆物品迅速清理到楼外。

（2）对受火势威胁的液化气罐、石油产品储罐进行冷却。

（3）打开着火房间的房门时，开门者一定要站在房门一侧，缓慢地开门，同时要使用喷射水流掩护。

（4）扑救房间火灾时要坚持使用正确的射流方法，以免发生轰燃。

287 采取安全警戒措施

为了保证有秩序地扑救火灾、抢救人员和疏散物质，应在楼房内外采取安全警卫措施，分别在楼房外围、楼房首层出入口、着火层以下设置警戒区和警戒人员。

1．外围的警戒任务

清除路障，指挥一切无关车辆离开现场，劝导过路行人远离现场，维护大楼外围的秩序，为消防队到场创造有利条件。

2．首层出入口的警戒任务

禁止无关人员进入大楼，引导疏散人员离开大楼，看管好从着火层疏散下来的物品，保证消防电梯为消防人员专用，指导专业消防队员进入着火层和消防控制中心，为消防队开展灭火行动创造有利条件。

3．着火层下一层的警戒任务

禁止客人登上着火层，防止不法分子趁火打劫或乘机制造混乱，保护好消防装备、消防器材，引导人流有秩序地向下一层撤离。

第十七章 突发事件处理

导读 >>>

在酒店的日常运营中，有些隐患不易提前发现，也就很难事先加以防范，因此突发事件和危机的发生也就在所难免。酒店经理应及时、有效地处理突发事件，降低事件造成的损害，减少酒店遭受的损失，尽可能消除其对酒店产生的不良影响。

> Q先生：A经理，上个星期酒店突然停电，有几位客人被困在电梯里，我们未能及时发现。虽然最后把客人安全地救出来了，但却遭到了他们的投诉，说我们没有应急程序。
>
> A经理：酒店是人口密集的场所，一旦发生各类突发事件，往往会造成严重的后果。所以，你要深入了解突发事件的类别，制定应急处理程序，以便发生突发事件后能够迅速作出处理，最大程度地降低损失。
>
> Q先生：我认为制定应急处理程序还不够，还应当进行演习。因为不演习，就很难验证这些应急处理程序是否有效。
>
> A经理：你讲得很对，确实要经常进行演习。你可以组织人员制定一些应急预案，有针对性地进行演习，一定要让所有相关人员熟练掌握，这样才能轻松应对突发事件。

第一节　突发事件的处理流程

288　突发事件的类别

1. 按性质分类

酒店常见突发事件按性质可分为表17-1所示的四类。

表17-1　按性质划分的突发事件

类别	具体内容
自然灾害	主要包括台风、暴雨等气象灾害和火山、地震、泥石流等地质灾害
事故灾害	主要包括酒店里发生的重大安全事故，如交通事故，以及影响酒店正常运营的其他事故，如环境污染
公共卫生事故	主要包括突发的可能造成社会公众健康损害的重大传染病、群体性不明原因疾病、重大食物中毒以及其他影响公共健康的事件
突发社会安全事件	主要包括重大刑事案件、经济安全事件以及其他事件

2. 按严重程度分类

酒店突发事件按严重程度可分为表17-2所示的四类。

表17-2　按严重程度划分的突发事件

事件级别	具体内容
一级	酒店管理区域内发生爆炸、火灾、水患或自然灾害等造成人员伤亡或房屋损坏的事件；发现房屋或设施设备存在安全隐患，且难以在四小时内排除、严重影响客人安全
二级	酒店管理区域内发生整幢楼断水、断电、断气等事件，且难以在六小时内解决；楼内电梯发生困人事件，专业维修人员难以在30分钟内处置；整幢楼发生水箱二次供水污染事故
三级	酒店管理区域内发生设施设备或客人重大财产被盗等事件，造成10 000元以上的损失
四级	酒店管理区域内发生工伤事件及酒店或员工财产被盗等事件

289　处理突发事件的指挥机构

处理突发事件的指挥机构一般分为店级指挥机构和保安部指挥机构两级。

当突发事件危害酒店全局利益时，店级指挥机构负责指挥和协调全酒店的安全保卫力量和各部门人员按应急预案程序采取行动；保安部指挥机构除了积极配合店级指挥机构工作，还负责处理某个部门发生的一般突发事件。

290　突发事件的处理要求

对于已经制定了应急预案的突发事件，按预案的规定程序处理即可。对于尚未制定应急预案的突发事件，酒店经理和其他管理人员要灵活应对。突发事件的处理要求如图17-1所示。

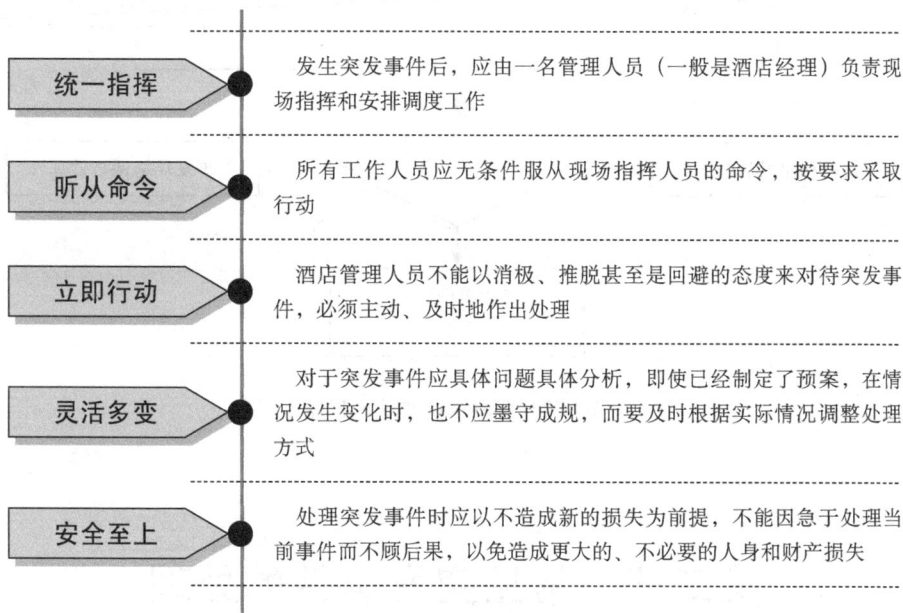

统一指挥	发生突发事件后，应由一名管理人员（一般是酒店经理）负责现场指挥和安排调度工作
听从命令	所有工作人员应无条件服从现场指挥人员的命令，按要求采取行动
立即行动	酒店管理人员不能以消极、推脱甚至是回避的态度来对待突发事件，必须主动、及时地作出处理
灵活多变	对于突发事件应具体问题具体分析，即使已经制定了预案，在情况发生变化时，也不应墨守成规，而要及时根据实际情况调整处理方式
安全至上	处理突发事件时应以不造成新的损失为前提，不能因急于处理当前事件而不顾后果，以免造成更大的、不必要的人身和财产损失

图17-1　突发事件的处理要求

291　突发事件的处理程序

酒店经理必须熟悉突发事件的处理程序，这样才能在突发事件发生时安排酒店相关人员迅速采取行动。一般来说，突发事件的处理程序如图17-2所示。

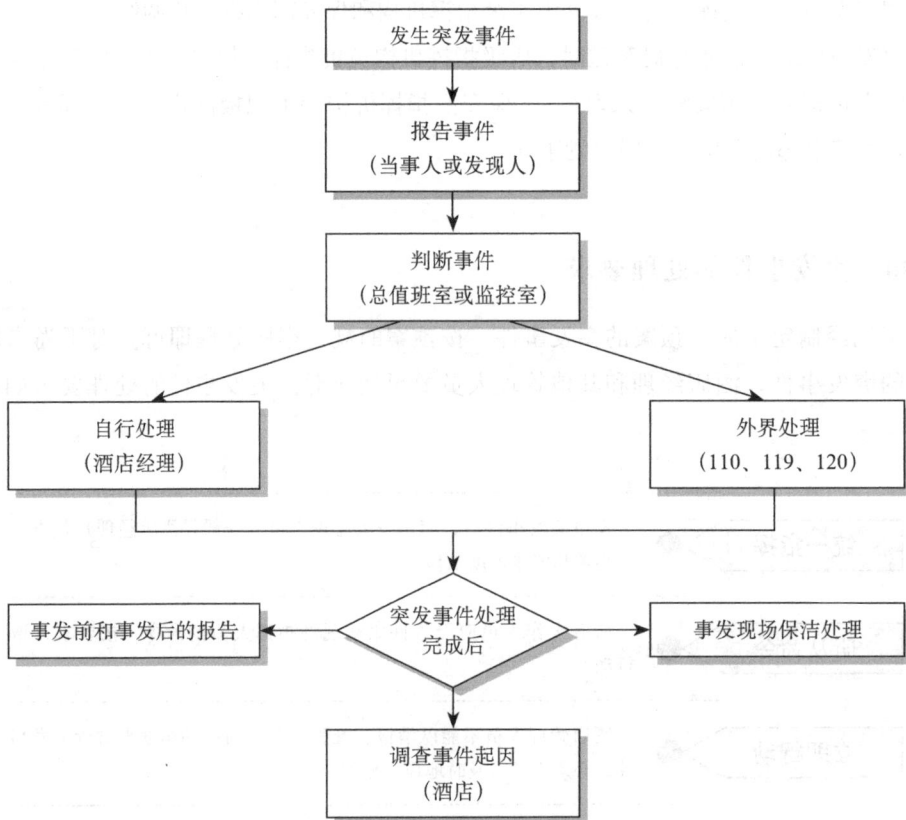

图17-2 突发事件的处理程序

第二节 常见突发事件的处理

292 抢劫案件处理

（1）当酒店发生抢劫案件时，如果劫匪持有武器，在场员工应避免与匪徒发生正面冲突，要保持镇静，并观察匪徒的面貌、身型、衣着、发型及口音等特征；如果劫匪未持有武器且有足够人手可以制服匪徒，则等待时机将之擒获，绝不可草率行事，以免造成不必要的伤亡。如果监控中心工作人员发现酒店内发生劫案，应立即报告部门主管或值班经理，并拨打110。

（2）若劫匪乘车逃离现场，则应记下车牌号码及车的颜色、款式等，并记清劫匪人数。

（3）保护好现场。不要用手触摸劫匪遗留的凶器、作案工具等，划出警戒范围，不要让无关人员进入现场。

（4）若案件发生在人多拥挤处，无法将劫匪留下的证物留在原处，应将其用塑料袋一一装好，并交由公安人员处理。

（5）访问目击群众，收集劫案的详细资料并提供给公安机关。公安人员未勘查现场或未处理完毕之前，相关人员不要离开。

（6）在场人员不可向媒体或无关人员透露任何消息，不准拍摄照片。

（7）若现场有伤者，则须立即将其送往医院救治，并报告公安机关。

293　人质绑架案件处理

（1）当酒店客房发生人质绑架案件时，楼层服务人员应立即向部门主管、值班经理和保安部报告。

（2）接报后，处理小组可在事发楼层设立指挥部，并第一时间拨打110。

（3）在公安人员到达之前应封锁消息，严禁向无关人员透露现场情况，以免引起客人惊慌和群众围观，导致劫匪铤而走险、危害人质安全。

（4）尽量满足劫匪的一切合理要求，如送水、送食物等，以稳定劫匪的情绪。

（5）保安人员在要配合公安人员的行动，并划出警戒范围。同时，保安人员应立即疏散劫匪所在房间上下、左右房间的客人。

（6）及时收集、准备好客房的登记入住、监控录像、工程图纸等资料，并提供给公安人员。

294　发现醉酒闹事或精神病人的处理

（1）醉酒者或精神病人失去理智，处于不能自控的状态时，易对自己或他人造成伤害，保安人员应及时对其采取控制措施。

（2）及时通知醉酒者或精神病人的家属。

（3）若醉酒者或精神病人有危害社会公共秩序的行为，则可上报主管将其送到公安机关。

295 斗殴事件处理

（1）当酒店内发生斗殴事件时，保安人员应立即制止、劝阻斗殴者并劝散围观人群。

（2）若双方不听劝告，事态继续发展且场面难以控制，则应迅速通知酒店保安人员。保安人员应迅速到场戒备，防止斗殴人员损坏酒店物品。

（3）若因双方斗殴导致酒店物品损坏，则须将斗殴者截留并要求其赔偿。如有伤者，予以急救后交警方处理。现场须保持原状以便警方勘查，并协助公安人员辨认滋事者。

（4）若斗殴者乘车逃离，则应记下车牌号码、车的颜色和款式及人数等。

（5）协助警方勘查打斗现场，收缴各种打架斗殴工具。

296 台风事件处理

（1）各工作岗位人员应坚守岗位，未经允许不可擅自离岗。

（2）工程部应对天棚、墙外装饰、招牌等进行检查，必要时予以加固；做好电力设备的保障工作，防止因台风引起线路故障或电击伤人事故；确保下水道畅通，以免发生水浸。

（3）保安人员要留意和指导车辆停放，以免车辆被吹落物砸坏；同时要加强警戒，防止不法人员趁机作案。

297 接到爆炸恐吓的处理

（1）对于电话内容要绝对保密，并立即报告酒店经理和值班经理。

（2）酒店经理和值班经理接报后应立即向公安机关报告，并召集处理小组人员进行磋商。

（3）处理程序小组应对事件进行评估并决定是否需要组织人员搜索炸弹。

（4）为了避免人群聚集及防止肇事者在公共场所制造恐慌，须迅速派出便衣保安人员到公共场所戒备，同时派出穿制服的保安人员进行外围警戒。

（5）公安人员到达现场并开展搜查时，相关部门主管要全力配合其行动。

（6）在公安人员对可疑物品进行检测和解爆时，保安人员须疏散附近无关人员并通知各相关部门主管，以配合公安人员的工作和确保人员人身及财产的安全。

298 酒店客人轻度伤害处理

（1）客人在酒店范围内受到轻度伤害时，保安部当班主管须在第一时间通知酒店经理，然后协同大堂副理到场查看客人伤势并安抚客人。

（2）酒店经理接报后，立即联系医务人员到场为客人医治。医务人员根据客人的伤势情况，向伤者提出合理化建议。如需去医院治疗，由前厅部大堂副理安排专人陪同客人前往。

（3）根据具体情况，大堂副理可安排餐饮部为客人送一份果盘。

（4）如确认客人在酒店区域内受到轻度伤害，财务部须对客人伤势进行评估，上报管理层，并协助客人向保险公司索赔。

（5）客房部负责对现场进行清理。

（6）工程部安排人员检查客人受伤区域的相关设备，及时维修有故障的设备。

（7）其他相关部门做好事后跟进工作。

299　酒店客人重度伤害处理

（1）客人在酒店范围内受到重度伤害时，保安部当班主管须立即协同大堂副理到场查看客人伤势并安抚客人。

（2）若客人伤势严重，则由大堂副理立即携急救箱到场为客人进行简单的医疗处理，并通知管理层，同时拨打120急救电话，由医院派车将客人接到医院治疗。

（3）根据具体情况，餐饮部可为客人配餐，并安排专人送餐。

（4）客房部负责清理现场。

（5）工程部安排人员对客人受伤区域的相关设备进行检查，及时维修有故障的设备。

（6）大堂副理及时向酒店经理汇报客人伤势及处理方法，由酒店经理安排人员到医院看望并安抚客人。

（7）若确认客人在酒店区域内受到重度伤害，财务部须对客人伤势进行评估，上报管理层，并协助客人向保险公司索赔。

（8）其他相关部门做好事后跟进工作。

300　酒店客人突发死亡处理

（1）员工在日常工作中遇到此类事件须第一时间通知当班管理人员和保安部，由保安部通知酒店经理，当事员工一定要做好保密工作。

（2）酒店经理赶到现场后指挥人员开展处理工作，并报告当地公安人员介入调查。

（3）保安部接报后，当班主管带领待命队员做好封锁和保护现场的工作，消控中心人员迅速查找现场区域的录像资料，并备份。

（4）大堂副理接报后，须第一时间向保安部提供门锁记录并及时提取死亡客人的各项资料，以及相关客人和相应楼层客人的资料，并由保安部安排专人配合公安人员的调查工作。

（5）若死亡客人是与酒店有协议的公司的客人，营销部应联系该公司负责人到酒店协助调查。

（6）营销部协助财务部联系死亡客人的家属，财务部协助死者家属向有关机构索赔。

（7）客房部配合前厅部向公安人员提供相应楼层的办案客房。

（8）公安人员调查结束后，如属自然死亡，在公安人员鉴定完毕后，大堂副理通知当地殡仪馆工作人员到场处理，保安部当班主管负责安排待命队员控制消防电梯，由酒店员工电梯将死者尸体运送出去。

（9）如属他杀，警方立案后，保安部全面协助警方调查，将所有涉案材料提交公安人员，并随时与公安人员保持联络，直到破案为止（死者尸体处理方法与上相同）。

（10）事件处理完毕后，保安部须在当天撰写书面报告上交酒店经理，并将相关材料存档备查。

301　酒店客人突发死亡善后处理

（1）大堂副理负责与死者家属保持联络，跟进相关事宜。若死者为外国客人，则由公安机关外事办负责处理相关事宜，酒店经理安排前厅部接待死者家属。若属他杀，待公安人员破案后，由大堂副理通知死者家属。

（2）客房部负责对死者所住房间进行多次消毒和整理，更换部分家具及用具，保存死者物品，等待死者家属领取。若属他杀，待公安机关立案后，保安部应向公安机关询问调查结果。公安机关破案后，保安部应及时撰写书面报告上交酒店经理，并将相关材料存档备查。

（3）营销部负责对外发布信息，信息内容必须经过酒店经理审核，其他部门及员工不得向外透露任何信息。

302　电梯困人事件处理

（1）客人被困在电梯内时，如果有闭路电视及对讲机，须把监控镜头移至被困者所在的电梯，观察电梯内的情况，详细询问被困者的情况，通知管理人员到场并与被困者保持联系。

（2）立即通知电梯公司紧急维修站派人救援被困者并修理该电梯，在打电话时必须询问对方姓名并告知有人被困在电梯内。

（3）被困者中有小孩、老人、孕妇或人多供氧不足时，须请求消防人员协助。

（4）救出被困者后，询问他们身体是否不适、是否需要帮助等，请被困者提供姓名、地址、联系电话等信息并记录备案。

（5）酒店相关人员必须记录事件详细情况，例如，发生时间、详细情形及维修人员、消防员、警员、救护人员到达和离去的时间等。

（6）酒店相关人员必须记录被困者被救出的时间或伤员离开的时间及伤员被送往哪家医院。

303　停电事故处理

（1）如果电力公司预先通知酒店所在区域暂时停电，应立即将详情和相关文件呈交主管。

（2）主管应安排电工值班。

（3）相关停电通知需预先张贴在公告栏内。

（4）当供电恢复时，酒店管理人员必须与电工、技术员检查酒店内所有开关的运作情况；如有损坏，须立即报告主管安排修理。

（5）必须经常准备电筒和其他照明用具，以备晚间突然停电时使用。

（6）当酒店晚间发生突然停电事故时，应立即通知主管及控制中心安排工程部人员维修，防止因停电引发意外事故。

304　盗窃事件处理

（1）监控中心接报后，应立即派保安人员赶往现场。

（2）如证实发生盗窃案，保安人员要立即报警并留守现场，直到公安人员到达。

（3）在公安人员到达现场前，禁止任何人员触动现场物品。

（4）若有需要，应关闭出入口的大门，劝阻其他人暂停出入，防止窃贼乘机逃跑。

（5）在公安人员到达现场后，保安人员应记录办案警员编号及报案编号。

（6）认真对待新闻媒体的入内采访。

（7）迅速向主管呈交案情报告。

305 酒店客人报失处理

（1）保安部接到报失后，须立即通知大堂副理和当班保安主管联合展开调查，调查工作以保安部为主，大堂副理予以配合。

（2）详细了解并记录失主姓名、房号、国籍、地址、联系方式、丢失财物名称（包括物品的品牌、型号、价值、新旧程度，以及钞票的种类及面额等相关特征）、最后一次见到物品的时间及丢失的经过等，并请失主签字确认。

（3）调查时应提醒失主回忆到店前后的情况，确认失主物品放置的确切位置，征得客人同意后，保安部可在相关区域查找丢失物品，并向相关员工询问调查。

（4）确认客人物品是否在酒店范围内丢失，如客人丢失的是信用卡、旅行支票、文件等有价单据和资料，保安部应协助客人及时通知银行等相关机构；如客人丢失的是护照、身份证等证件，保安部应派人陪同客人到派出所和市公安局外事科报案，并办理相关手续。

（5）询问客人是否同意报案，如同意，保安部派人陪同客人前往报案；如客人物品在酒店范围以外丢失，由保安部出具相应的证明，客人自行前往公安机关报案。

（6）确认案件成立且案情严重时，立即报告公安机关，同时保护好现场。在开展内部调查时，与案件有关的人员不得擅自离开酒店；如有关人员已经离开酒店，保安部应派人立即将其找回并开展调查。如有内部员工作案的可能性或已经掌握其作案证据，保安部应首先对其进行控制，禁止其与外界联系，并请示酒店经理如何处理。

（7）如客人物品在酒店范围内丢失而未被找回，财务部须协助客人对丢失物品进行适当评估，并向相关机构索赔。

（8）如客人物品被找回，要认真履行认领手续，客人本人或其代理人必须在失物清单上签字并留下身份证件复印件，方可领回遗失物。

（9）事件处理完毕后（不论丢失物品是否被找回），保安部要在当天撰写事件报告上交酒店经理，并将相关材料存档备查。

306 酒店员工报失处理

员工报失的处理程序与客人报失的处理程序基本相同。在员工报失时，必须先向人力资源部主管报告，由人力资源部主管陪同员工到保安部报失。如查出为内部员工所为，保安部须撰写报告上交酒店经理，由酒店经理提出处理意见。

第三节 突发事件演习与总结

307 必须对突发事件进行演习

下面是某酒店针对客人突发死亡事件制定的演习方案，供大家参考。

【实用案例】

××酒店客人突发死亡事件演习方案

一、演习时间

×××年××月××日14：00～16：00。

二、演习人员

演习人员包括酒店经理、餐饮部主管、客房部主管、财务部主管、人力资源部主管、营销部主管、保安部主管、前厅部主管、行政管家、工程部主管、公关部主管、行政总厨、医务室医生、保安部人员、客房部楼层主管和客房部楼层服务员。

三、演习地点

401客房。

四、运送路线

从5号服务电梯到收货平台。

五、演习过程

1. 楼层主管通知值班经理，报告401房客人从清晨到下午两点都在使用"请勿打扰"牌，且未发现客人有任何活动迹象，请求到客房确认客人情况。

2. 值班经理接到楼层主管的报告后，用电话与该客房的客人联系，但无人应答，值班经理通知保安部值班经理一同前往401房，用备用房卡打开客房门，发现客人躺在床上，呼叫客人没有反应，疑是病危情况。

3. 值班经理立即将情况通知总机，总机接线员须记录如下信息：报告人的身份，现场的位置及报告人的位置，任何明显的死亡原因。

总机立即将消息通知以下人员和部门：突发事件指挥中心成员、安全控制中心、酒店医务室医生。

4. 医务室医生到达现场，经检查确认客人处于病危状态。

5. 突发事件指挥中心成员到401门口附近待命，听从值班经理的指挥。

6. 值班经理通知总机401客人已处于病危状态，安排酒店保安人员保护好现场。

7. 总机收到客人处于病危状态的消息后，立即将消息通知应急指挥中心成员。

8. 应急指挥中心成员接到消息后，到达应急指挥中心。经酒店经理决定，由总机拨打110报警，拨打120请求急救。

9. 值班经理通知前台将该客房客人的相关资料调取出来，撰写死亡事件报告，为公安人员准备信息。保安部应保留该客人出入监控资料。

10. 公安人员到达现场后，值班经理和保安部主管须向其说明已知的情况（如客人的资料）和已采取的措施。

11. 公安人员处理完现场后，酒店可通知120人员对尸体做相应处理。

12. 保安部主管向酒店经理报告公安人员的处理结果，经酒店经理同意，由120人员到场对尸体进行处理。

13. 保安部配合120人员将尸体由员工电梯运出酒店。

14. 值班经理/安全主管与公关部主管讨论如何应对和回答外部人员对事故的询问，并通知总机。

15. 案发房间应保持封闭状态，维持现场原状。

16. 接到公安人员解除该房间警戒的通知后，客房部安排楼层主管妥善保管死者的遗物。

17. 客房部安排员工对房间进行整理和消毒。

18. 酒店经理协调各部门做好善后工作。

308　做好事后总结与分析

无论是哪类突发事件，在处理完毕后，酒店经理都应该对事件进行总结与分析。酒店经理要特别关注酒店员工在突发事件中的表现，考察他们是否按照既定的处理程序行事。

对于在处理过程中表现突出的员工，酒店经理要公开表扬；对于在事件中没有按照处理程序行事而给酒店造成重大损失的员工，酒店经理应与其谈话，指出问题，并与其一起制订改进计划，确保其在日后不再犯同样的错误。

第十八章　物资与设备管理

导读 >>>

　　酒店的正常运营离不开各类物资与设备，酒店经理必须管理好酒店的物资与设备，避免不必要的损耗与损坏，控制酒店经营成本。

　　Q先生：A经理，酒店的物资有很多，有些物资我还不熟悉，我怎样才能管理好这些物资呢？

　　A经理：你要了解酒店物资管理的目的，掌握物资分类方法，明确物资采购流程，对物资的日常使用作出明确规定，还要做好库存管理工作。

　　Q先生：A经理，酒店大大小小的设备也不少，我怎样才能做好这些设备的管理工作呢？

　　A经理：首先你要了解酒店设备管理的特点，明确设备管理的要求，如分级归口管理、保修结合、提高设备管理效率等；你要着重做好设备的日常管理工作，如建立档案、落实责任制度等；你还要对设备进行维护保养，如明确保养周期、制订保养计划等。

第一节　酒店物资管理

309　物资分类方法

物资分类方法分为消耗定额和储备定额两种。

消耗定额是指在一定时期内，为完成接待任务所需要耗用的物资数量。

储备定额则是指在一定时期内，为保证接待服务活动不间断进行所需要的物资的储存数量。物资定额管理既是保证酒店业务需要和接待服务规格的物质基础，又是核定企业和部门物资资金需要数量、编制采购计划、做好库房管理、考核实际消耗和经营效果的客观依据。

310　消耗定额制定方法

1. 制定依据

消耗定额受多种因素的影响，其制定依据如图18-1所示。

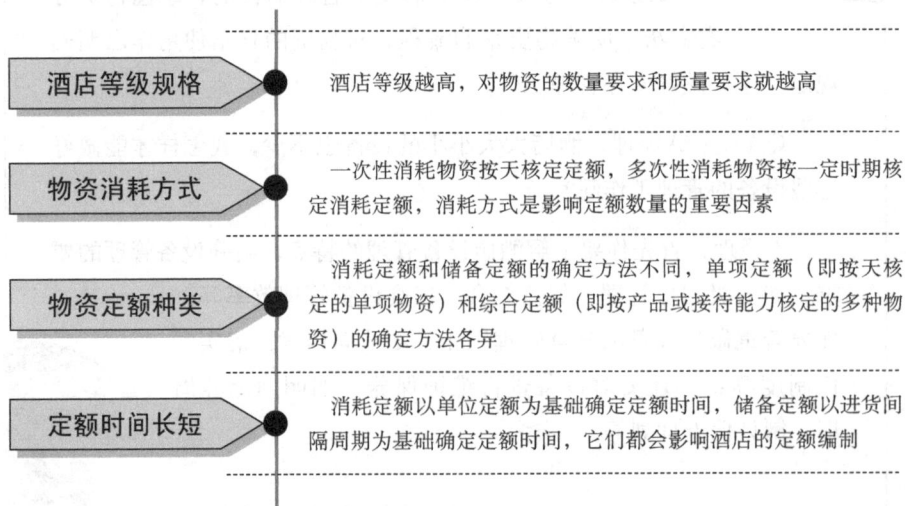

酒店等级规格	酒店等级越高，对物资的数量要求和质量要求就越高
物资消耗方式	一次性消耗物资按天核定定额，多次性消耗物资按一定时期核定消耗定额，消耗方式是影响定额数量的重要因素
物资定额种类	消耗定额和储备定额的确定方法不同，单项定额（即按天核定的单项物资）和综合定额（即按产品或接待能力核定的多种物资）的确定方法各异
定额时间长短	消耗定额以单位定额为基础确定定额时间，储备定额以进货间隔周期为基础确定定额时间，它们都会影响酒店的定额编制

图18-1　物资消耗定额制定依据

2．消耗定额制定方法

由于酒店物资的消耗方式不同，其定额制定方法也不相同。主要方法如图18-2所示。

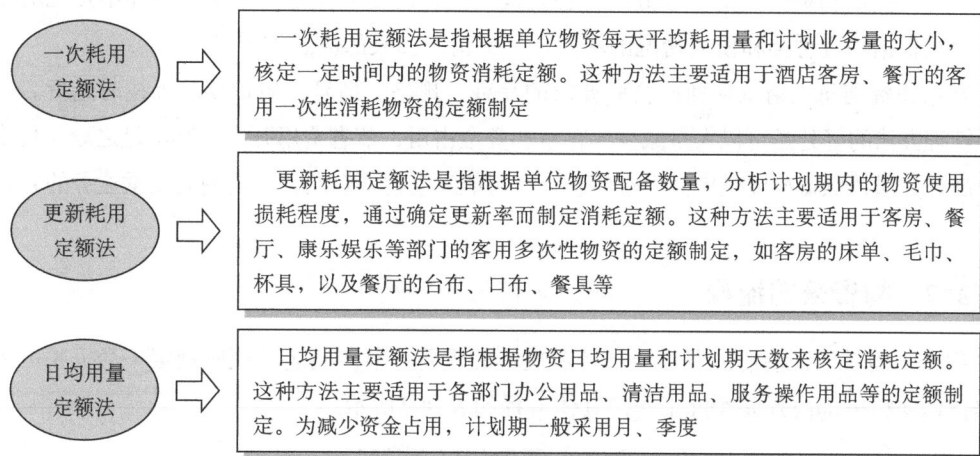

图18-2　物资消耗定额制定方法

311　库存定额制定方法

在酒店经营过程中，为了保证各项业务活动不间断地进行，降低采购成本，需要保持适当的库存。库存物资的储存周期要尽可能短。

1．经常库存定额法

经常库存定额法即根据物资日均消耗量和前后两批物资进货间隔期的长短来核定库存物资数量。日均消耗量一般应根据淡旺季的不同，以实际统计数据为基础来确定。进货间隔期根据物资种类的不同，从十几天到两三个月不等。

2．经济库存定额法

经济库存定额法即根据物资每次订货费用、库存维持费用，在保证不发生缺货损失（因缺货而影响业务所造成的经济损失）的前提下来制定库存定额的一种方法。这种方法主要适用于单位成本较高、容易缺货而酒店又需要经常使用的物资。其基本思路是：当一种物资在计划期内的需求总量确定后，其一次采购量与订货费用成反比关系，即批量越大、采购次数越少，其订货费用就越少；但一次采购量和库存维持费用成正比关系，即批量越大，花费在库存管理上的费用也越多。经济批量就是指花费在物资管理上的订货费用和储存费用都最少而又不发生缺货损失的物资一次采购量，即经济库存量。

245

3．零库存定额法

零库存是指酒店基本不持有库存，而是由供应商根据采购订货协议或合同随时为酒店及相关部门提供物资送货上门服务的一种管理方法。说是零库存，其实一般并不是绝对无库存，而是根据物资种类和使用情况的不同，只保留2～3天的应急需要量。

其余物资则每天请供应商按合同要求的品种、规格、型号、质量要求等按时送货。采用这种管理方法的好处是可以大量减少库存量和资金占用，节省费用开支。其不足之处是价格相对较高，如遇特殊情况或供应商出现问题，有可能发生物资短缺，影响酒店正常业务的开展。

312　物资采购流程

物资采购是保证酒店业务需要、控制成本的重要环节。酒店经理应制定一套完整的采购流程，以便相关部门开展实际工作。具体流程如表18-1所示。

表18-1　酒店物资采购流程

流程	责任人	要点说明
填单申请	工程师	根据年度更新计划提出书面申请
审批	酒店经理	按酒店规定审批
财务部安排资金	财务部主管	按酒店规定审批
采购部组织采购	采购部主管	按酒店采购程序执行
选购	采购部、工程部	工程部要参与选型和质量把关工作
开箱验收	设备员、采购员	逐一清点，若有缺失，由采购部追索
办理会签手续	设备员、采购员	填写"物资开箱验收单"，相关方签字确认
技术资料归档	工程部秘书	安装和使用人员若阅读有关资料，需办理借阅手续
使用物资	工程部	按物资的特点使用

（购置申请：未通过／通过）

313 物资使用管理

物资使用管理的工作重点包括以下三个方面。

1．标准配备

酒店各部门都要根据本酒店的星级标准、接待规格，按定额标准配备好各种物资。所谓按定额标准配备，就是每个部门和服务项目所配备的各种物资都必须在品种、规格、数量、质量标准上达到定额要求。只有这样，才能保证接待规格符合要求。

2．补充更新

酒店物资配备完成后，随着接待服务活动的开展，客用一次性消耗物资每天都要补充更新，客用多次性物资每天要严格按要求洗涤、擦拭、消毒后才能重新投入使用。凡是发生损坏、丢失、残破或达到规定的更新标准的，必须更新或补充。只有准确、及时和按标准做好补充更新工作，才能保证满足酒店各部门业务经营活动的需要，确保为客人提供优质服务。

3．定期统计

在酒店物资的日常使用过程中，要以部门和班组为基础每天做好原始记录，以便定期考核各部门的物资使用效果。其中，对于食品原材料，要每天核算各餐厅的食品、饮料成本消耗额和成本率，逐日累计。对于其他物资，要每天记录、汇总各部门消耗，每月核算一次物资消耗额和费用率，以此作为控制酒店和各部门成本、费用的依据，为酒店经理等管理人员开展物资管理提供决策依据。

314 物资库存管理

1．入库验收

入库验收是库存管理的首要环节。

（1）要坚持所有购入物资都必须经过入库验收这个环节，包括直接投入使用的物资和食品原材料。

（2）每次验收都要以发票为基础，逐项验收物资的数量、质量、价格，在这三个方面存在问题的，一律不得入库。

（3）把验收结果认真填写在入库验收单上，采购员必须将入库验收单副本作为发票副联才能报账。

2．储存保管

物资入库后，要做好物资的储存保管工作。

（1）账务管理工作。仓库应设置"库存物资明细账""库存货卡账""进、销、存月报表"

三个账目，这样才能保证各种物资的来龙去脉清楚。

（2）库存日常管理工作。包括库存卫生、温度与湿度的掌握和调整、物资每次入库的分类码放，以及保管过程中各种物资的核实、调拨、报损、退货、报失、回库、调价、申补等。做这些工作时必须采用科学的方法，这样才能保证库存物资安全，符合酒店要求，满足业务需要。

3．库存盘点

酒店所有库存须每月月底盘点一次，以便为酒店和各部门的消耗核算提供数据支持。具体盘点方法如下。

（1）正式盘点前必须根据库存货卡和明细账算出各种物资的库存账面余额，以此作为盘点结果的比较依据。

（2）逐项盘点、逐项记录库存实际余额，确保盘点记录准确无误。

（3）盘盈盘亏时都要找出问题、查明原因。特别是需要报损处理的物资，均须报领导批准。

（4）每次盘点和账面处理报领导和财务批准后，要做好库存物资的账面调整，以保证下月记账的基础数据准确无误。

4．出库管理

出库管理的要点如下。

（1）所有物资出库须凭有使用部门主管签字的领料单办理，不得打白条。

（2）每次出库应当面办好交接手续，认真填好出库单，遵守库存管理制度。

（3）及时将出库单据送财务部门核算记账，并认真做好库存明细账、库存货卡的账面调整。

第二节　酒店设备管理

315　设备管理要求

酒店设备管理的基本要求如下。

1．分级归口管理

分级归口是酒店设备管理的主要要求。分级管理一般分为以下三级。

（1）企业级。由主管酒店副经理和工程部主管负责，主要职责是制定设备管理方针政策、管理制度、预算审批等。酒店工程部是企业级的职能管理机构，负责设备管理的具体工作。

（2）部门级。以使用部门为主，主要负责设备的日常使用、维护与保管工作。设备需要报修时，使用部门应协同工程部做好维修工作。

（3）班组级。各班组负责本班组设备的日常使用，在使用时应遵守操作程序。

2．保修结合

保修结合是指要将设备管理的工作重点放在各部门的日常使用和维护保养上面，重要设备和供客人直接使用的设备更应如此，工程部主要负责设备维修工作，形成预防为主、保修结合的良好态势，提高设备管理效果。

3．提高设备管理效率

开展设备管理的目的是为业务经营活动提供后勤保障。在使用设备的过程中，一线部门如果发现设备故障或损坏，应立即向工程部报修。工程部收到报修通知后，必须在规定时间内（一般为5～10分钟）赶到现场维修，否则视为失职。每次维修完成后必须进行调试验收，并做好记录，由维修人员和使用人员共同签字。这样，就可以提高酒店设备维修的工作效率，防止互推责任，影响一线接待业务的正常开展。

316　设备日常管理

设备日常管理的重点工作如下。

1．建立设备技术档案，掌握技术资料

建立设备技术档案是酒店各部门从物质形态和价值形态两个方面做好设备日常管理的前提和基础。该项工作由酒店工程部和财务部专业人员共同完成。

2．落实责任制度

在建立设备技术档案的基础上，酒店设备管理实行按部门分级、按使用归口、分工负责的制度，将设备日常管理责任落实到各部门、各班组和个人，如表18-2所示。

表18-2　设备日常管理

序号	内容	详细说明
1	工程部	全面负责设备购置、采购、安装调试、日常维修、保养、检修、更新改造等工作，为酒店各部门业务活动的正常开展提供技术保障，由酒店经理直接领导
2	使用部门	负责所用设备的日常维护、保养、使用，确保其正常发挥效用。发生故障、损坏时应及时报修

(续表)

序号	内容	详细说明
3	财务部	负责设备登记造册和编号、固定资产原值核算、固定资产折旧和分类折旧、固定资产变动登记、固定资产卡片管理等工作，从价值形态上做好设备管理工作

3．提供业务保障

酒店设备日常管理责任分属各级、各部门、各岗位员工。其中，需要专职设岗的重要设备大多由工程部专管人员操作，其余多由使用部门人员操作。不管属于哪一种设备，其日常管理的工作重点包括三个方面：一是重要设备包机定人，落实岗位责任制，每天做好设备运行记录，保证设备的安全、正常运转；二是制定和落实操作规程，按规定加油、紧固、操作，不许违章作业；三是掌握负荷，节省能耗。

317 设备保养周期

要想做好酒店设备的保养工作，就必须先明确其保养周期，然后根据保养周期制订保养计划，并按照相关计划来安排保养工作，具体如表18-3所示。

表18-3　酒店设备保养周期

编号	设备名称	保养周期	保养项目
1	蒸箱	2个月	排污、气阀、蒸箱门、风机
2	电烤箱	季度	电气控制、机械联动、温控
3	排烟机	月度	电动机、联动、风轮、接线
4	炉灶、电机	季度	风机、气阀、联动轮、过滤网
5	运水烟罩	季度	压力泵、喷嘴、引风机、排水管
6	压面机	2个月	齿轮、电动机、机械、控制开关、接线
7	搅拌机	2个月	齿轮、电动机、机械、控制开关、接线
8	电饼铛	2个月	加热器、自动控制、控制开关、接线
9	豆浆机	2个月	电动机绝缘、磨片、过滤网
10	电炸锅	2个月	加热器、自动控制、温控、接线
11	电煎炉	2个月	加热器、自动控制、温控、接线
12	电煮炉	2个月	加热器、自动控制、温控、接线

（续表）

编号	设备名称	保养周期	保养项目
13	真空机	使用前	电动机、密封、真空泵、加热器、油位、压力表
14	微波炉	季度	清扫、接线
15	电冰箱	夏月、冬季	冷凝器、风扇、压缩机、温控器
16	分体空调	夏月、冬季	风扇、冷凝器、控制接线、温控器、开关
17	冷藏展示柜	夏月、冬季	风扇、冷凝器、控制接线、温控器、开关
18	冷库	夏月、冬季	风扇、冷凝器、控制接线、温控器、开关
19	制冰机	夏月、冬季	风扇、冷凝器、控制接线、温控器、开关
20	热水器	季度	加热器、温控器、接线、开关
21	洗碗机	季度	电动机、加热器、水泵、传动喷头、控制接线
22	吸尘器	季度	碳刷、海绵过滤、风叶、接线、开关
23	盘子加热器	季度	加热管、温控器、开关、接线
24	地毯机	2个月	碳刷、喷头、接线、水箱、开关
25	吸水机	季度	电动机、接线、开关、过滤器
26	单擦抛光机	2个月	电动机、轴承、开关、接线、联动
27	高压水枪	季度	电动机、水泵、连线、开关、
28	喷泉	季度	电动机、控制、喷头、接线
29	感应旋转门	季度	电动机、传动带、轨道、感应器
30	擦鞋机	季度	电动机、感应器
31	工作车	季度	车轮、车体、轴承
32	排风扇	年度	电动机、风叶
33	水龙头	年度	过滤网、水流大小调整
34	风机盘管	2年	风叶、电动机、冷凝器、过滤网
35	打印机、复印机	季度	除尘、联动、电源
36	传真机	季度	除尘、联动、电源
37	计算机	季度	除尘、电源、系统
38	新风机	月季	电动机、联动、叶轮、阀门、过滤
39	供水泵系统	月季	控制、电动机、轴承、止回阀水泵

（续表）

编号	设备名称	保养周期	保养项目
40	排污泵系统	季度	控制、电动机、止回阀、池子
41	高配室	年度	除尘、接线、开关
42	低配室	年度	除尘、接线、开关
43	配电间	季度	除尘、接线、开关
44	房间配电箱	年度	除尘、接线、开关
45	投影仪	季度	除尘、接线、灯泡
46	音响系统	季度	除尘、音响、连线
47	水箱	月度	浮球、阀门、排污
48	补水泵	季度	电动机、轴承、水泵、阀门

318 定期更新设备

当设备严重损坏不能继续使用或陈旧老化不能满足客人需求时，酒店须及时用新设备代替原有设备。酒店设备更新管理重点要做好以下工作，具体如图18-3所示。

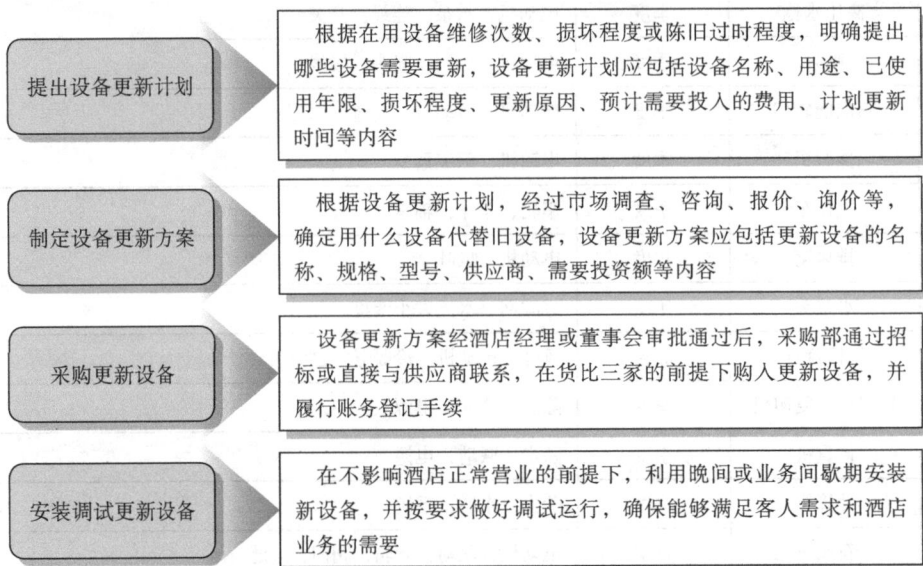

提出设备更新计划	根据在用设备维修次数、损坏程度或陈旧过时程度，明确提出哪些设备需要更新，设备更新计划应包括设备名称、用途、已使用年限、损坏程度、更新原因、预计需要投入的费用、计划更新时间等内容
制定设备更新方案	根据设备更新计划，经过市场调查、咨询、报价、询价等，确定用什么设备代替旧设备，设备更新方案应包括更新设备的名称、规格、型号、供应商、需要投资额等内容
采购更新设备	设备更新方案经酒店经理或董事会审批通过后，采购部通过招标或直接与供应商联系，在货比三家的前提下购入更新设备，并履行账务登记手续
安装调试更新设备	在不影响酒店正常营业的前提下，利用晚间或业务间歇期安装新设备，并按要求做好调试运行，确保能够满足客人需求和酒店业务的需要

图18-3　酒店设备更新管理的重点环节

第十九章 酒店成本控制

导读 ＞＞＞

要想做好成本控制工作，酒店经理首先要深入了解并掌握各种成本控制方法，如预算控制法等。

　　Q先生：A经理，请问怎样才能有效地开展成本控制工作呢？

　　A经理：控制成本有很多种方法，如预算控制法、主要消耗指标控制法等。你要熟练掌握并运用这些方法，同时对餐饮、客房等部门开展有针对性的成本控制工作，如对餐饮生产前、生产中、生产后的控制工作。当然，人工、能源等方面的成本你也要尽力控制。

　　Q先生：A经理，我打算将酒店的一些业务，如清洁、维修等外包出去，以节约成本，您觉得怎么样？

　　A经理：你这么做很好。外包可以最大限度地为酒店节约相关成本，你要做的就是选择合适的承包商，并做好相关评估工作，确保承包商的工作质量符合酒店要求。

第一节　酒店成本控制方法

319　常见成本控制方法

常见成本控制方法如表19-1所示。

表19-1　常见成本控制方法

序号	方法	具体内容
1	预算控制法	预算控制法是指以预算指标作为经营支出限额目标，通过分项目、分阶段的预算数据来实施成本控制
2	主要消耗指标控制法	主要消耗指标是对酒店成本费用有着决定性影响的指标，酒店可以对这部分指标实施严格的控制，以保证成本预算目标的实现
3	制度控制法	这种方法是指利用行业及酒店内部各项成本费用的管理制度来控制成本费用开支
4	标准成本控制法	标准成本控制法是指酒店根据正常经营条件下以标准消耗量和标准价格计算出的各营业项目的标准成本作为控制实际成本的参照依据，也就是对标准成本率与实际成本率进行比较分析。实际成本率低于标准成本率称为顺差，表示成本控制较好；实际成本率高于标准成本率称为逆差，表示成本控制欠佳
5	目标成本控制法	目标成本是指在一定时期内产品成本应达到的水平，其计算公式为： 产品目标成本=产品有竞争力的市场定价−企业目标利润

320　生产前餐饮成本控制

生产前餐饮成本控制包括采购控制、验收控制、储存控制和发放控制，具体如表19-2所示。

表19-2　生产前控制

序号	类别	具体控制方法
1	采购控制	（1）编制厨房采购明细单。厨师长或餐饮部负责人每天晚上应根据酒店的经营收支、物资储备情况来确定第二天的物资采购量，并填制采购单报送采购部门 （2）控制采购数量。在确定采购数量时，既要综合考虑市场的行情（例如，下个月的油价将上涨，现在就可以大量购进），又要考虑储存时的人力和电力等费用 （3）建立健全采购询价报价体系，专门设立物价核查制度，定期对日常消耗的原辅料的市场价格进行调查
2	验收控制	检验购入食材的质量是否符合厨房生产的要求，数量和报价是否与订货单一致
3	储存控制	（1）做好各种食材的储存管理工作，尽量减少自然损耗 （2）注意掌握各种食材的日常使用和消耗动态，合理控制库存，加速资金周转 （3）科学地整理、分类存放各种食材，以便收发盘点
4	发放控制	（1）鲜货管理员应该统计出当天鲜货入厨的品种、数量和金额 （2）在发放干货调料时应该严格根据领料单发货 （3）规范干货调料的发放时间和次数，杜绝随便领料，减少浪费

321　生产中餐饮成本控制

1．加工过程的控制

加工过程包括食材初加工和细加工。初加工是指对食材进行初步整理和洗涤。细加工是指将食材切制成形。在加工过程中应对加工净出率和数量加以严格控制。

2．配份过程的控制

配份过程的控制是餐饮成本控制的核心，也是保证成品质量的重要环节。在配份过程中应严格执行规格标准，使用称量、计数和计量等控制工具。通常的做法是每配2～3份就称量一次，如果配制的分量合格，可接着配；若发现配量不准，那么后续每份都要称量，直到合格为止。配菜厨师只有接到餐厅客人的订单或者相关正式通知单才可开始配制，必须保证每份菜肴都有配制凭据，还应杜绝配制中的失误，如重复、遗漏、错配等。

3．烹调过程的控制

在烹调过程中，要对操作规范、制作数量、出菜速度、剩余原料处理等几个方面加强监控，具体如表19-3所示。

表19-3　烹调过程的控制

序号	类别	具体内容
1	操作规范	必须督导炉灶厨师严格按操作规范工作，如有任何图方便的违规做法和影响菜肴质量的做法，应立即加以制止
2	制作数量	严格控制每次烹调的制作数量，这是保证菜肴质量的基本条件
3	出菜速度	在开餐时要对出菜的速度、出品菜肴的温度、装量规格进行经常性的督导，阻止一切不合格的菜肴出品
4	剩余原料处理	剩余原料在经营中被视为一种浪费，应及时将其搭配到其他菜肴中，或制成另一道菜

322　生产后餐饮成本控制

生产后餐饮成本控制主要体现在实际成本发生后，财务部将实际成本率和计划成本率提供给餐饮部，餐饮部进行比较、分析，找出问题、分析原因并及时调整，为制订生产计划提供依据。

（1）将昨日理论成本与鲜货管理员报来的昨日直拨厨房总额，以及干货管理员报来的昨日厨房领货总额进行对比，找出产生差异的原因。

（2）不考虑厨房库存因素，每半月对菜肴的成本进行一次分类汇总，并召开成本分析会，通报半月以来的餐饮成本控制情况。

（3）每月月底对厨房进行盘点，并考虑存货和退料情况，做月底成本综合分析。

323　加强餐饮检查工作

1．营业结束后的厨房检查工作

（1）食材有没有入库。

（2）涨发食材有没有换水。

（3）调料是否收藏好。

（4）用具是否归位。

（5）垃圾是否处理好。

2．食材验收时的检查工作

（1）是否根据质量标准来检查食品。

（2）是否根据采购单收货。

（3）是否使用正确的食品收货设备。

（4）收货负责人是否接受过适当的培训。

（5）货物是否快速储存。

3．不定期的库房检查工作

（1）是否按先入先出的原则使用库存物资。

（2）储存的物资与存货记录是否相符。

（3）盘点人员与仓库管理人员是否为不同的两个人。

（4）是否按照程序进行盘点。

（5）储存温度是否合适。

324　客房成本控制

1．编制采购计划

客房部要根据实际工作需要，及时提出物品与设备采购计划并报采购部门实施采购，以保证客房经营活动的正常进行。

2．做好管理工作

购入物品与设备后，客房部主管必须严格按要求对其进行验收，同时设置物品与设备保管员，由其负责物品与设备的分配、领用和保管工作。

保管员应建立客房设备账卡（见表19-4），将领用的设备按进货时的发票编号分类注册，记录品种、规格、型号、数量、价值以及分配到哪个部门和班组，低值易耗品也要分类注册，凡来库房领取物品都要登记，每个使用单位一本账，以便记录物品与设备的使用情况。

表19-4　客房设备账卡

编号：＿＿＿＿＿＿＿

类别	名称	编号	规格	数量	领出	存入	建账日期	负责人

制表：＿＿＿＿＿＿＿　　　　　　　审核：＿＿＿＿＿＿＿

3．分级归口管理

分级就是根据客房部管理制度，分清这些设备是由部门、班组或个人中的哪一级负责管理；归口就是按业务性质，将物品与设备归其使用部门管理。分级归口管理可以使客房设备由专门的部门和个人负责管理，从而使管理责任落到实处。

对客房设备实行分级归口管理的关键如下。

（1）各级和各部门管理的物品与设备的数量、品种、价值量要一清二楚，有据可查。

（2）完善岗位责任制、维修保养制和技术操作制等规章制度。

（3）管理责任落实情况要和相关责任人的经济利益挂钩。

4．做好日常保管和使用工作

客房物品与设备分级归口以后，要设置物品与设备管理员。物品与设备管理员在客房部领导下，与服务员共同负责本班组或部门的物品与设备的日常管理和使用工作。班组管理员一般由班组长兼任，在使用物品与设备的过程中，班组管理员要定期与保管员进行核对，发现问题要及时解决。在使用客房物品与设备的过程中，要严格遵守维修保养制度。

在使用客房设备的过程中发生事故时，须立即通知工程部修理或采取其他措施，使设备尽快恢复其使用价值。如果是由于个别员工玩忽职守而导致事故发生，要严肃处理；如果是由客人造成的，必要时应要求客人赔偿。

5．及时做好补充和更新工作

事先做好计划，根据物品与设备的品种、规格、质量等确定各种物品与设备的使用周期，定期检查设备性能和使用效果，并及时提出设备更新计划，经酒店领导批准后做好物品与设备的补充和更新工作。

为了提高酒店的规格和档次，保持并扩大酒店对客人的吸引力，酒店一般都要定期对客房进行更新改造，并对一些设备用品实行强制性淘汰。

325　客用品成本控制

1．确定客用品消耗定额

按照客房总数、客房类型及年均开房率确定各类客用品的年均消耗定额，并以此为依据，对各班组及个人的客用品控制情况进行考核。

由于团体客人和散客对客用品的消耗量有所不同，所以，也可以根据酒店每年接待的团体客人和散客的比例和数量分别计算团体客和散客的消耗定额，加总后即为客房部客用品的总消耗定额。

2．确定客用品储备定额

（1）中心库房储备定额。客房部应设立一个客房用品中心库房，其存量应能满足客房一个月以上的需求。

（2）楼层布草房储备定额。客房部往往需要准备一周的用品，应列出明确的储备量标准并贴在布草房的门后或墙上，以供领料时对照。

（3）工作车配备标准。往往以一个班次的耗用量为基准。

3．客用品的日常管理

客用品的日常管理是客用品控制工作中最容易发生问题的一环，也是最重要的一环。

（1）控制流失。客用品的流失主要是由员工造成的，因此做好员工的思想工作很重要，同时还要为员工创造不需要使用客用品的必要条件。例如，更衣室和员工浴室应配备供员工使用的挂衣架、手纸或香皂等物品，要随时锁上楼层小库房门，工作车要按规定使用，禁止外来人员上楼层，加强各种安全检查和严格执行各项管理制度等。

（2）每日统计。服务员在完成每天的客房整理工作之后，应填写一份主要客用品的耗用表，客房主管将整个客房部的楼层客用品消耗量汇总起来并填写"每日房间卫生用品耗量表"和"每日楼层消耗品汇总表"。

（3）进行定期分析。一般情况下，这种分析应每月做一次，其内容如下。

①根据每日消耗量汇总表制定出月度各楼层耗量汇总表。

②结合住客率及上月情况，制作每月客用品消耗分析对照表。

③结合年初预算情况，制作月度预算对照表。

④根据控制前后对比情况，确定每房每天平均消耗额。

326　客房楼层成本控制细节

酒店楼层成本控制细节如下。

（1）回收用过的洗发水、沐浴液、润肤露，放于工作间，待每天的中班重新灌装。

（2）回收客人未用完的牙膏，可供做计划卫生时用。

（3）住客房（连续住多日）动用的梳子、香皂、牙具等，还可继续使用时无需丢弃；客人未放环保卡且干净的床上用品无需更换；卫生间的巾类，如客人用后折叠挂好了，也无需更换。

（4）住房客人需增加一次性用品时，先委婉拒绝，若客人坚持，视情况而定，尽量不多给。

（5）走房内撤换的卷纸可视情况配入住客房。

（6）客房垃圾袋不是很脏的可直接将垃圾倒入大垃圾袋，垃圾袋可重复使用；

（7）清洁剂要掺水稀释，使用时要倒入水瓢再兑水使用，不得直接倒在面盆、浴缸和地板上，用量要适中，不可浪费。

（8）注意酒精、洁而亮、84消毒液的使用，酒精不用时须拧好盖子以免挥发；浸泡茶具的84消毒液的稀释比例为1：100～1：200。

（9）领用空气清新剂等灌装用品时须以旧换新，每台车一套，由领班把好关，领用电池也要以旧换新。

（10）严禁工作人员使用酒店物品，严格控制一次性用品外流。

（11）该回收的报纸、纸盒、水瓶、易拉罐等不能丢弃；好的纸袋收集在工作间内备用。

（12）平时配入房间的客信、电影节目单等，更换或撤出后不得丢弃，交办公室重复利用。

（13）做卫生时不得放长流水，应随手关灯、关空调，禁止用热水冲洗卫生间。

（14）注意正确使用和保养工作车、吸尘器，间接节约成本。

（15）要爱惜清洁用具，延长其使用期限。例如，每天清洗清洁篮，使用杯刷前先用橡皮捆好，任何清洁用具须经领班核实后方可更换。

327 人力成本控制

1. 尽力压缩人员编制

员工数量是影响人工成本的因素之一。通过压缩人员编制，可以削减在岗员工的人数，从而降低人房比，减少人工成本的支出。酒店经理可以与各部门进行沟通，采取恰当的措施进行人员压缩，具体如表19-5所示。

表19-5 压缩人员编制的措施

序号	措施	具体内容	备注
1	设备的自动化、电子化和网络化	（1）对前台操作系统进行升级，使客人可以通过自助的形式获取客房门卡 （2）利用计算机和网络技术来加强信息沟通的及时性和有效性，削减管理层级	酒店可利用现代科学技术代替一部分重复性高、流程性强的工作，从而减少工作岗位
2	合理进行外包和内包	（1）将清洁、安全等业务外包给专业公司，减少酒店普通员工的数量 （2）减少专业管理人员的数量	—
3	简化工作流程	对部门职责、岗位职责进行整理和简化，设计更为科学合理的人员编制	—

2.培养复合型人才

酒店经理要大力开展一专多能活动，广泛开展同一部门内部和不同部门之间不同岗位的交叉培训，培养复合型、多用途的人才，从而最大限度地发挥员工的潜能。

所谓一专多能，就是员工除了熟练掌握一门专业技能之外，还须掌握本部门其他岗位的基本操作技能。例如，前台接待员掌握商务中心或总机的服务技能，中餐服务员掌握西餐服务、酒吧服务的技能等。

328　合理控制燃煤和水电的使用量

酒店经理应该合理控制酒店的燃煤和水电的使用量，具体措施如下。

（1）采购先进的节煤锅炉，保证燃煤的粒度和水分符合其设计要求；做好蒸汽管道的保温、维修工作，杜绝跑漏气和散热损失；保证锅炉用水的水质，增强其传热效果；合理调节入炉的过剩空气系数，保持最高的燃烧效率；

（2）按照客房、厨房等部门对用水量的不同要求，科学设计管道口径；加强管道、阀门的日常维护，防止漏水和长流水现象的发生；

（3）采用新型设备，降低变压器的能耗；根据不同场合及用途合理选择各类节能灯源，提高灯源的发光效率；健全日常节电制度，如二线部门尽可能利用自然光、客房电路实行集中控制等；

（4）制定能源消耗监控比较表，及时发现不合理的能源消耗。

329　制定能耗计量制度

酒店经理要在工程部的协助下制定能耗计量制度，具体措施如下。

（1）建立电力计量系统。在酒店的各工作区域、客用区域，如各工作间、机房、各个客房楼层须安装独立的电表，形成酒店内部的电力计量系统，以便分别对各区域的用电量进行统计分析。

（2）大型耗能设备单独计量。所有大型耗能设备均单独安装计量表，以检测其运转和能耗情况。

（3）主要用水设备单独计量。酒店用水量较大的设备，如每小时用水量在0.5吨以上的用水设备，以及主要的用水单元，如洗衣房、厨房的管事间、粗加工间等，应单独安装水表计量。

（4）能源的储存独立计量。例如，酒店的地下油罐应安装计量表，以监测储存中产生的漏损，以便开展能源的统计工作。

（5）能源计量仪表的校准。酒店所有能源计量仪表每年至少校准一次，以确保仪表的准确性。

（6）进行用能的平衡测试。通过平衡测试，可以明确酒店各类能源、水等的总用量、构成、分布、流向、用能设备的状况、能源使用效率等。

（7）收集能源使用的相关信息。在计量能耗时，酒店应同时记录与能耗相关的信息，如天气状况、酒店出租客房数、营业额、餐饮营业额、餐厅用餐人数、棉织品洗涤量等。

（8）建立能源使用数据库，为能源管理提供信息，实现对能源使用的有效控制。例如，通过能源使用数据库，利用信息技术实现对客房的中央空调控制、照明控制、新风系统控制等。

330　实施低成本策略

酒店的低成本策略要与制度建设、标准化管理、市场营销、顾客满意、员工激励、企业文化建设等结合起来。酒店经理不应仅仅将其视为财务工作的一个项目，而应将其视为一项综合性的系统工程。

1．加强思想教育

随着时代的变迁，成本控制已不是仅靠提出"节约光荣，浪费可耻"的口号就能奏效的。酒店经理必须加强对员工的思想教育。

2．组织建设

实施低成本策略必须建立完善的组织网络。酒店经理要从科学、实用、有效的角度出发，形成全方位、层次明、职责清的组织网络。

3．制度建设

酒店成本控制的基本制度包括报销制度、采购制度、领料制度、审批制度、安全制度等。酒店经理应注意这些制度的建设工作，并监督员工将其落到实处。

4．全过程成本控制

酒店成本控制的一般运作模式为：预算（决策）→目标（指标）分解→动态中的运营分析、控制与调整（含相关指标、数据及相应的跟进措施）→财务评估与顾客评估→酒店经理评估→考核及奖惩→制定新的目标→完善规章制度→争取更好的顾客评价和更佳的财务效果→年终审讲、评议。

5．尽可能推行全部直接成本法

这种办法是指把人工、税金、个人用品、工作餐、工作服、餐具等列入成本，并把水、电、煤、工程维修、收银及一切后勤工作均计入成本，单独核算。

6．划分小核算单位

划分小核算单位即以经营利润率（或营业费用）来考核各部门。

7．激发员工的创造性和积极性

酒店经理要鼓励员工参与成本控制，有效落实各种奖励办法，使成本控制成为酒店所有员工的自觉行为。

331　对员工提出节约成本的要求

酒店经理要让每个员工清楚自己负有成本责任。成本控制是全体员工的共同任务，只有通过全体员工的努力才能实现酒店的成本控制目标。酒店经理可从以下几个方面开展工作。

1．培养员工的成本意识，让他们养成节约成本的习惯

例如，客房服务员整理客房时，应本着节约的原则，在不降低清洁标准的前提下合理、经济地使用清洁用品；积极参与酒店资产的维护保养工作，尽量延长酒店家具、设备使用寿命，节省酒店维修费用，减少重置资产开支。

2．培养团队精神

成本控制工作是一项需要酒店员工集体参与的工作，涉及酒店的每一位员工，需要每个人的积极配合，所以必须培养员工的团队精神。

3．正确理解和使用成本控制信息

成本控制涉及酒店的各个方面，环节繁杂，工作难度大，与每一位员工息息相关，因此很有必要让每个部门了解酒店的经营状况和部门成本费用支出情况，使各部门及时了解本部门相关成本支出，准确掌握本部门的成本信息，努力做好成本自控工作。

第二节　开展外包业务

332　了解外包业务范围

目前酒店可采用的外包业务类型包括IT外包、业务流程外包、供应链外包、人力资源外包、财务外包、设备维护外包等。酒店各部门的主要外包项目如表19-6所示。

表19-6 酒店各部门的主要外包项目

酒店部门	主要业务外包项目
客房部	客房清洁、PA清洁、外墙清洗、消杀、植物租摆、园林养护等
安保部	保安、设施维护、临时警卫等
餐饮部	厨师、展会布置、会议设施等
工程部	站点值守、设施维护和维修等
人力资源部	招聘代理、档案代理、培训等
营销部	中介、订房中心等
其他	场地租赁、汽车等

333 明确承包商的选择和评价流程

承包商的选择和评价要有明确的流程，具体如图19-1所示。

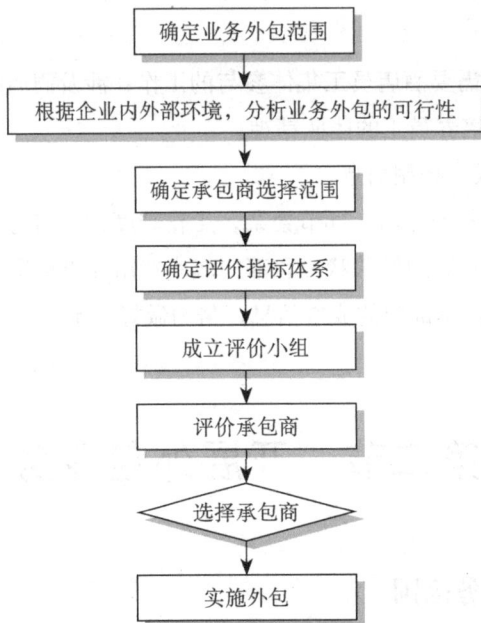

图19-1 承包商的选择和评价流程

334　建立承包商评价指标体系

选择承包商的关键就是要建立科学、合理、完善的承包商评价指标体系。酒店应主要从外包服务价格、外包质量、承包商的创新能力和企业兼容性四个方面来评价承包商，如图19-2所示。

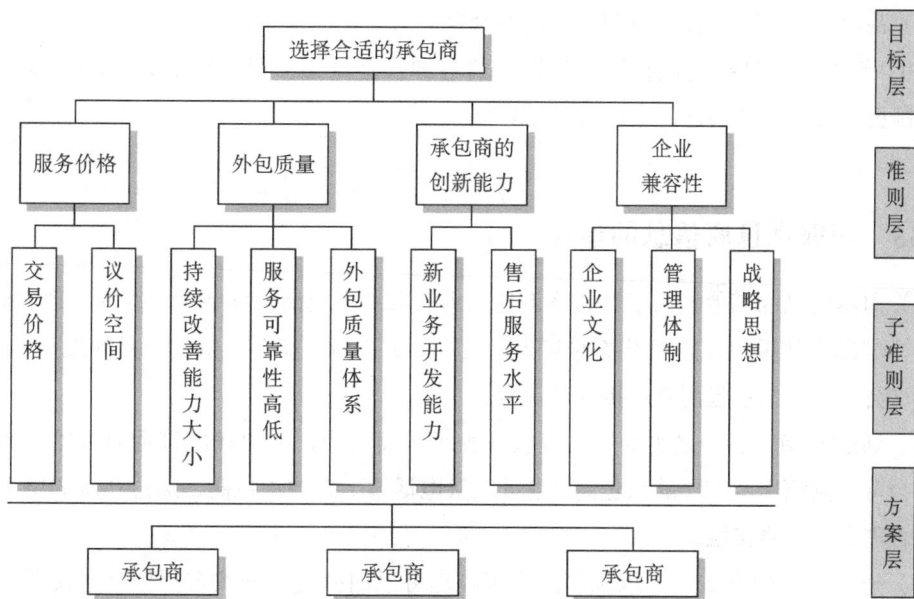

图19-2　承包商评价指标体系结构图

（1）交易价格是指企业在实施业务外包时要付给承包商的报酬。

（2）议价空间是指在企业将业务外包给承包商之后，报酬应根据外包实施效果存在一定的变动空间。

（3）持续改善能力大小是指在外包实施过程中承包商能否及时发现问题，并对外包实施效果进行改善和提高。

（4）服务可靠性高低是承包商在信誉层次上的指标，指承包商能否为企业提供优质、便捷的服务。

（5）外包质量体系是衡量一个企业自身资质和能力的指标。如果承包商达到了某一项或某几项质量体系指标，说明该企业在人力、物力和财力方面都具有为酒店提供外包服务的能力。

（6）新业务开发能力是指承包商是否拥有强大的技术开发团队，是否具有外包业务开发能力等。

（7）售后服务水平是指承包商在完成外包服务之后，能否及时解决外包中出现的各种问题，或者为酒店提供技术支持。

（8）企业文化是指企业在一定价值观基础上形成的群体意识以及长期的、稳定的、一贯的行为方式的总和。

（9）战略思想是指企业与承包商之间在战略观念方面的兼容性。

（10）管理体制是指企业在运营过程中的各种管理方法。相比于企业文化和战略思想，管理体制更加具有可考察性，在现实中更具体。

335 获取承包商信息的途径

（1）向本地区的其他酒店了解，咨询他们用过哪些承包商、那些承包商的表现如何。

（2）与现在使用的较高级设备的制造商联系。制造商可能会提供其产品的维护和修理服务，也许会推荐一位承包商来承接这项业务。

（3）通过指南、名录之类的资料查找各种承包商协会，从中找出符合酒店要求的协会，这些协会可提供酒店所需要的承包商；也可以从电话簿上查找承包商，通过初步的电话联系，确定是否需要进一步接触。

（4）通过招标的方式选择承包商。酒店经理可以向社会公开发布招标公告或者招标书，吸引广大承包商参与投标。

336 签订外包合同

1．合同谈判

在最终签订书面合同之前，应做好合同谈判工作。在开始洽谈合同之前，必须详细阐明自身需要。最好的方法就是将这些要求以招标建议书或承包服务要求的形式详细列出，以便让承包商清楚了解酒店的期望。所有这类文件必须记录在最终的合同内，或以附录和其他形式附在合同后面。

2．办理合同签订手续

完成合同谈判以后，酒店经理可以与承包商签订外包合同，确定外包事项，并就相关条款作出明确规定。

337　做好外包业务过渡

外包业务过渡是顺利开展外包工作的基础，酒店应按照合同规定给承包商提供必要的便利和支持，还应重点关注因外包带来的人事问题。对酒店员工尤其是外包部门的员工来讲，外包是一项重大的变革，因为这可能会直接影响到他们的切身利益，如岗位转换、酬资调整甚至是解聘等。

因此，酒店经理应加强与外包部门员工的沟通，制定关于外包部门员工的配置、移岗和安抚政策，并采取积极的行动和措施；同时还要注意与非外包部门员工的沟通，尤其是那些可能与被外包部门产生联系的员工；尽可能地缩短过渡期，因为时间越长，员工的不确定性和焦虑感也就越强，对外包业务过渡就越不利。

338　对承包商进行评估

酒店经理应督促各存在外包业务的部门对承包商进行评估，以检核其实际工作成果。评估可定时进行，如以一个月或一个季度为周期。对评估不合格的承包商，酒店经理要督促其进行改进；如果持续不合格，酒店经理应考虑根据合同条款采取相应措施，甚至终止合作关系。承包商评估表如表19-7所示。

表19-7　承包商评估表

编号：_____　　　　　　　　　　　　　　　日期：___年__月__日

业绩因素	原始分数（0～100）	加权系数	加权分数（分）
1. 承包商在外包工作中展示了灵活性和良好的反应速度		0.1	
2. 承包商所提供的计划和安排能够满足酒店需要		0.1	
3. 承包商配置了足够的人员，这些人员受到了良好的监督		0.1	
4. 承包商及时、精确地满足了酒店各项要求		0.1	
5. 承包商查清了潜在的问题并提供了替代解决方案		0.1	
6. 承包商的人员能胜任指定的岗位		0.1	
7. 承包商高效地利用了各种设备和设施		0.1	
8. 承包商对已经发现的问题或故障作出了及时、有效的反应		0.1	
总计加权分数			
评语：			

第二十章　公共关系管理

导读 >>>

　　酒店管理者每天都要同许多机构打交道，如政府部门、行业协会、新闻媒体等。为了确保酒店能正常运营，酒店经理必须与这些能对酒店产生重大影响的机构建立良好的关系，做好公共关系管理工作。

　　　　Q先生：A经理，请问怎样才能树立良好的酒店形象呢？

　　　　A经理：你可以对酒店进行积极的广告宣传，如制作广告文案、撰写新闻通稿等，还要做好酒店的危机管理工作，如制定危机公关预案等，这些工作也可以在营销部门的协助下完成。

　　　　Q先生：A经理，我的很大一部分时间都用来与社会各界保持良好关系，请问我该如何做好这方面的工作呢？

　　　　A经理：酒店在日常经营管理的过程中需要与社会各界保持良好关系，如政府机构、工商界、新闻界等，其特点各不相关，你要有针对性地开展相关工作。当然，也不要忘了积极参加当地社区活动，以便充分融入当地社区。

第一节 树立良好的酒店形象

339 对酒店进行广告宣传

广告宣传可以提高酒店的知名度和影响力，使更多的消费者认识、了解酒店，并吸引他们来店消费。酒店要想在本地区持续经营，就要树立良好的形象，建立和睦、友善的社区关系，为酒店的经营发展打下良好的外部环境基础。

广告宣传的方式主要包括：在国内外举办的旅游博览会上进行宣传；在国内外旅游报刊、杂志上进行广告宣传；在国内外电视、电台上进行广告宣传；在当地报刊、电视、电台上进行广告宣传等。

340 提高酒店的知名度

酒店经理可以利用各种手段来提高酒店的知名度，具体做法如下。

（1）文艺公关：组织员工业余艺术团，通过酒店员工的艺术表演来宣传酒店，提高酒店的影响力。

（2）体育公关：积极参加社会上举办的各项体育活动和比赛，这也是对酒店的有力宣传。

（3）积极参加电视台、电台组织的相关活动，以此来提高酒店的知名度。

（4）积极参与各种社会公益活动。

（5）在电视、报纸、杂志等媒体上投放广告。

341 加强危机管理

危机管理就是对可能给酒店造成经济损失或对酒店信誉产生损害的人和事进行有效的防范，同时建立应对危机的处理预案，以达到尽量避免、及时处理、尽力挽回损失或信誉的目的。从某种意义上来说，酒店的危机处理实际上是一场酒店形象的保卫战。

342 危机公关管理注意事项

酒店经理在处理危机事件时，对报纸、杂志、电视等媒体要特别留意，因为媒体对危机事件的宣传报道会对酒店产生重大影响。

危机发生后，一旦媒体赶到现场，酒店经理应选用训练有素的人员担任酒店发言人，必要时可亲自担任酒店发言人，接受媒体与社会公众的询问，防止因表达不当而引起媒体或社会公众的误解；同时要规定统一的对外宣传口径，尽量通过正式的新闻发布会告诉社会公众发生了什么、酒店正在做什么。

酒店经理应规定，除指定的发言人外，任何人都不能对外进行非正式的声明，不允许酒店员工擅自对外发布任何消息。

酒店经理应以真诚和积极的态度来处理危机，必要时可以邀请社会上公正、权威的机构来协助调查，帮助酒店解决危机，确保社会公众信任酒店。同时，还要时刻准备把握危机中的"机遇"，最大限度地减少危机给酒店声誉带来的影响，建立起有效的沟通渠道，使酒店"转危为安"。

第二节 与社会各界保持良好关系

343 与政府机构保持良好关系

与政府部门的日常联系工作一般由酒店经理亲自开展，以表示酒店对此项工作的重视。营销部负责做好酒店经理与政府机构交往、沟通的策划及准备工作。

有些活动则是由酒店各部门独自开展的，如工程部与水、电、气、能源、劳保部门的联系，财务部与财政、工商、税务、物价部门的联系，餐饮部与卫生防疫部门的联系等。

344 与工商企业界保持良好关系

酒店经理要与工商企业界建立良好的关系，目的是使酒店的经营和发展得到工商企业界的支持和帮助。

酒店经理要与当地工商界保持良好的沟通，适时地组织当地工商界人士来酒店住宿，向他们介绍酒店的经营和发展情况，酒店开展推销活动时也可请他们光临。

345 与新闻界保持良好关系

酒店经理应当与新闻界保持良好关系，使其对酒店进行正面的、积极的宣传，提高酒店的知名度，树立良好的酒店形象。

346 与当地社区保持良好关系

酒店经理要经常组织员工参加社会活动，与当地社区保持良好关系。

1．通过参加社会活动树立良好的酒店形象

酒店经理要积极地参加当地政府和各工商企业举办的各类社会活动，通过这些活动广交朋友，树立良好的酒店形象。

2．通过参加各种社会活动获得有价值的信息

有些社会活动可能会传递一些有价值的信息，酒店经理可以通过参加社会活动获得这些信息。

3．在参加活动的过程中宣传酒店

（1）在参加各种社会活动之前，酒店经理要有所准备。例如，带些酒店的宣传册，利用聚会的机会宣传酒店。

（2）酒店经理应注意收集那些值得参与的社会公益活动的信息，然后积极准备、精心策划，积极参加这些活动。例如，参加救灾、环境保护等活动，一方面可以为社会、为公众服务。另一方面也可以宣传酒店，树立酒店在公众和社会各界中的良好形象。

第三节 酒店内部的公共关系管理

347 开展对客公关工作

通过开展对客公关工作，可以增加客人对酒店的好感，加深客人对酒店的印象，提高客人对酒店的满意度，使客人成为酒店的回头客和忠实客户，促使其通过口碑传播为酒店带来更多的客人。

348　开展对客信函联系

酒店因为某种原因为客人带来不方便，希望获得客人的理解或谅解、或请客人提供协助时，应向客人发出信函。所有发给客人的信函统一由营销部来处理。信函应使用规范的语言、统一的格式，并注重礼貌用语。必要时，应由酒店经理代表酒店给客人写致歉信，以示重视。

349　营造内部良好氛围

酒店经理有责任在全酒店范围内营造融洽的人际交往氛围，酒店内员工之间、部门之间、管理者与员工之间应该以诚相待、互相尊重。

为了营造良好的酒店内部氛围，酒店经理可与人力资源部、工会联合组织员工活动，活跃酒店气氛。活动中成绩最佳者可与酒店经理合影留念，并领取纪念品。酒店经理可以在内部专栏上刊登照片和活动开展情况，以此增加酒店全体员工的凝聚力和向心力。

第二十一章　金钥匙服务管理

导读 >>>

金钥匙服务是酒店良好服务品质的综合体现。酒店应当主动参加金钥匙组织，以便为客人提供更好的服务。

　　　　Q先生：A经理，请问怎样做好金钥匙日常服务管理工作呢？

　　　　A经理：你要了解金钥匙组织的历史和它的服务特征、理念等，同时你要明确金钥匙的各种要求，如素质要求、仪表要求等，并督促员工按照金钥匙的日常工作流程开展工作。

　　　　Q先生：在酒店的各项具体工作中，金钥匙又该如何操作呢？

　　　　A经理：金钥匙提供的服务种类很多，如接送服务、订餐服务、订票服务等。员工必须掌握各项服务的要领，例如，向客人提供接送服务时，要充分了解客人所需车辆的款式、接送时间等。每一个细节都不能忽视，因为金钥匙提供的是一条龙式的服务，必须非常细致周到。

第一节　金钥匙日常服务管理

350　金钥匙服务的内容

金钥匙服务的具体内容如下：

(1) 向客人提供市内最新的流行信息、时事信息和各种活动的信息；

(2) 为客人代购歌剧院或足球赛的入场券；

(3) 为团体会议制订计划，满足客人的各种个性化需求，包括安排正式晚宴；

(4) 为大公司设计旅程；

(5) 照顾客人的子女；

(6) 特殊服务，例如，替客人把金鱼送到地球另一边的朋友手中。

351　金钥匙服务的特征

金钥匙服务具有一些鲜明的特征，具体表现为以下五个方面。

1．随机应变

在标准服务程序的基础上，可根据客人的需求灵活应变。

2．投其所好

根据客人的爱好、生活习惯等向其提供恰如其分的服务。

3．雪中送炭

这种服务往往能给客人留下最深刻的印象，其特点就是及时准确地提供客人最急需的服务。

4．锦上添花

不仅要让客人满意，还要让客人感到意外和惊喜。

5．一条龙服务

金钥匙整合和利用自身所掌握的一切社会资源和信息去完成客人不愿意亲自去做或做不了的事。值得注意的是，整个服务过程并非全是由金钥匙来完成的，金钥匙只是起到了穿针引线的作用。

352　金钥匙服务的理念

1．先利人后利己

这就是金钥匙的价值观。只有拥有这种价值观，才能把金钥匙服务做好。

2．提供满意加惊喜的服务

金钥匙服务必须有预见性，要善于观察和思考并推断出客人的需求，在客人开口之前将事情办好，这样客人才会感到惊喜。

3．在客人的惊喜中找到富有的人生

这种富有分为下列四个层次。

（1）精神的富有。拥有持续不断的追求，体现出个人的价值。

（2）知识和技能的富有。做的事越多，经验就越多，学到的知识和技能也就越多。

（3）朋友的富有。与酒店各个部门的人成为朋友，与为自己提供服务资源的人成为朋友，与自己用心服务过的客人成为朋友，与全国各地的金钥匙组织成员通过合作成为朋友。

（4）物质的富有。之所以将物质的富有放在最后，是因为在金钥匙的理念中，自身财富的增加永远不会仅仅体现在物质上，而是更多地体现在追求中，追求是一个过程，是一项永无止尽的事业。

353　金钥匙申请入会条件和程序

金钥匙组织中国区申请入会条件和程序如下。

1．基本条件

申请人必须年满21岁，品貌端正，必须是在酒店大堂工作的礼宾部首席礼宾司；须具备至少五年酒店从业经验（在酒店的任何职位均可，至少有三年从事委托代办服务的工作经验并达到一定的工作水平）；至少掌握一门外语；参加过金钥匙组织中国区的服务培训。

2．必备文件

申请人须把申请书（申请表格）连同以下七份资料或文件提交给金钥匙组织中国区总部。

（1）申请人标准一寸彩色照片两张。

（2）申请人工作场所照片。

（3）两位会员（入会三年以上的正式会员）的推荐信。如该地区没有符合资格的推荐人，则应把申请表格直接寄至总部。

（4）申请人所在酒店经理的推荐信。

（5）参加金钥匙学习的资格证书复印件。

（6）在酒店工作的证明文件。

（7）申请人在前厅部工作期间的案例（三篇）（以书面形式提交，同时再以电子文档形式发送至总部电子邮箱）。

3．批准程序

如果申请人经审核符合入会资格，总部行政秘书会把金钥匙组织的相关资料发给申请人（包括缴交会员费通知等）。申请人完成以上程序后会收到由总部行政秘书发出的授徽通知。经总部授权专人授徽后，该会员及其所在酒店便正式成为金钥匙组织成员。

相关文件按照程序分别提交给金钥匙组织中国区主席、金钥匙组织中国区首席代表、秘书长和申请人所在城市地区的金钥匙分会备案。

354　金钥匙日常服务流程

金钥匙为客人提供日常服务时须按照一定的流程进行。

（1）金钥匙要在电话铃响三声内接听客人电话；如果超过三声，首先要向客人致歉，然后在致以恰当的问候语后自报部门名称，并表示愿意为其提供帮助。

（2）如果客人直接到礼宾台，当客人距离台面三米时就应予以微笑，并在客人大约离台面一米时主动询问客人有什么需要；如果金钥匙正在忙碌，则应在客人到礼宾台30秒内招呼客人；如果金钥匙正在为另一位客人服务，则应请其他金钥匙为此客人提供服务。

（3）首先询问客人姓名，并仔细聆听客人要求，必要时做适当记录，未听清楚之处一定要向客人问明。金钥匙在交谈过程中应对客人使用尊称，并尽力判断客人要求能否达成。

①能够达成的给客人肯定的答复。

②难度很大时要先告知客人，并告诉客人自己将尽力而为。

（4）金钥匙须主动提醒客人酒店不承担代办事项的任何责任。

（5）服务过程中涉及费用问题时，应先告诉客人，并请客人预付足够的费用。

（6）金钥匙要主动询问代办事项的终止时间，并根据具体情况提出代办此事项所需要的大致时间，请客人予以考虑。

（7）金钥匙按客人要求详细填写代办委托书，复述客人的委托要求并请客人在委托书上签字确认。

（8）按客人要求完成任务（金钥匙应在此过程中尽其所能为客人办事）。

①离开礼宾台前要向主管请假。

②能通过电话解决的问题用电话解决，不能通过电话解决的问题应及时到现场解决。

③服务过程中产生的费用应开具发票。

（9）金钥匙要在约定的时间内完成代办事项并向客人报告，如果未能按时完成，要及时向客人解释原因。

（10）电话告诉客人任务已经完成。

①如果需要将物品送交客人，应请客人在房间等候。

②耐心回答客人的询问。

（11）及时将物品送到客人手中，请客人验收。如果客人满意，则金钥匙应请客人在完成报告上签字确认，必要时向客人介绍大致情况，最后要向客人致谢。

（12）如果客人不在房间，应在总机和楼层服务台分别留言，并将客人物品放到客人房间的进门走道处。

①贵重物品或现金等应当面交给客人。

②在交班事宜中详细记载，并在每天晚班下班前将当天所有未回复客人的委托代办事项与客人核实清楚，最后在委托代办书中"处理"一栏记载问题的解决与核实情况。

③金钥匙工作台要整齐有序。

355　在酒店中推广金钥匙服务

金钥匙服务不应成为金钥匙的专利，酒店应将金钥匙服务理念推广至整个酒店，使所有员工都具备金钥匙的服务素质。

1．定期对员工进行金钥匙服务培训

酒店要定期对所有员工进行金钥匙服务培训，使他们掌握金钥匙服务的核心理念，使他们能够主动按照该理念开展日常工作。培训的方式多种多样，如课堂授课、现场演练等。同时，各级主管要以身作则，主动向客人提供金钥匙服务。

2．在内部刊物上发表关于金钥匙的文章

介绍金钥匙的起源、发展、理念以及金钥匙能做什么、能给酒店带来什么等。

3．讲解金钥匙的服务案例

通过案例向员工讲解金钥匙的服务要领。

4．整合人力资源

（1）与本地、全国各地的金钥匙组织成员保持联系并建立良好的协作关系，互相提供信息、介绍客户。

（2）与能够为酒店提供服务资源的机构保持良好关系，如快递公司、火车站、花店、车行、旅行社等。

5．整合信息资源

（1）整合酒店的内部信息（运营知识、产品知识等）。

（2）整合酒店所在城市的信息（特色餐饮、酒吧、KTV、足浴、旅游观光景点等）。

（3）整合周围省市的信息。

第二节　金钥匙服务要点

356　接送服务要点

金钥匙可以提供接送服务，具体服务要点如下。

（1）金钥匙要及时联系汽车服务公司。

（2）金钥匙要了解客人所需车辆的款式。

（3）金钥匙要提前安排好接送客人的车辆。

（4）金钥匙要准确地记录客人的姓名和联系方式。

（5）金钥匙要告知司机接送客人的准确时间、地点以及客人姓名。

（6）金钥匙要为客人备好所需物品（如地图、杂志、当日中英文报纸、湿巾、冰桶等），阴雨天要准备好雨具。

（7）标牌上客人的姓名要准确、字迹要清晰。

（8）金钥匙要主动为客人提供行李服务。

（9）金钥匙要记录车牌号码、抵离时间。

（10）金钥匙要根据客人的要求帮助客人安排行程（如飞机、火车、轮船、出租车等）。

357　订餐服务要点

订餐服务也是金钥匙应提供的服务，具体服务要点如下。

（1）金钥匙要了解各种餐厅的特色、营业时间、规模、地址、联系电话等。

（2）金钥匙要了解客人用餐的口味和喜好。

（3）金钥匙要了解客人的宗教信仰和忌讳。

（4）金钥匙要向客人推荐各种类型的餐厅并介绍其特点。

（5）金钥匙要主动询问客人是否需要为其预订餐位。

（6）金钥匙要告知客人用餐的地点、时间、路线。

（7）金钥匙要主动帮客人联系接送事宜。

358　订房服务要点

金钥匙可以提供订房服务，具体服务要点如下。

（1）金钥匙要向客人介绍各种房间的特点和价格。

（2）金钥匙可帮助客人预订不同城市和地区的酒店。

（3）金钥匙要与客人确认房间的类型、数量、价格以及客人的姓名、国籍、抵离时间和付款方式。

（4）金钥匙要了解客人的其他要求。

359　订票服务要点

许多客人需要订票服务，金钥匙在向客户提供订票服务时要掌握以下要点。

（1）金钥匙可以帮助客人预订机票、车票、船票、门票等。

（2）金钥匙要与客人确认具体的时间和数量。

（3）金钥匙要主动提醒客人退票的注意事项。

360　订花、订蛋糕、订报刊杂志服务要点

金钥匙可以提供订花、订蛋糕、订报刊杂志服务，具体服务要点如下。

（1）金钥匙要备有各种花束、花篮的图片以及价格表供客人选择。

（2）金钥匙要了解客人的订花用途、场合以及用花时间。

（3）金钥匙可帮助客人将鲜花送到指定地点并由指定联系人签收。

（4）金钥匙可以提供订购蛋糕、订阅报刊杂志等服务。

（5）金钥匙可以提供印制名牌、印刻私人图章等服务，制作前要与客人确认名片和图章的内容、版式以及制作所需花费的时间。

361 修理物品服务要点

金钥匙可以提供修理物品服务，具体服务要点如下。

（1）金钥匙要检查物品的损坏情况。

（2）金钥匙要提醒客人修理物品所需的时间。

（3）金钥匙要检查物品修理后的情况。

362 取送服务要点

金钥匙可以提供取送服务，具体服务要点如下。

（1）金钥匙要向客人了解取送物品的情况。

（2）金钥匙要向客人确认取送时间和方式。

（3）金钥匙要向客人了解取送的联系人及其联系方式。

（4）送物时要由联系人确认物品并签收。

（5）取物时要注意仔细检查物品。

363 托婴服务要点

金钥匙可以提供托婴服务，具体服务要点如下。

（1）金钥匙要向客人详细了解并确认托婴的要求。

（2）如果时间较长，金钥匙要请客人事先准备好食物、水、牛奶及其他用品。

（3）金钥匙要安排有经验的服务人员照看孩子。

364 代看宠物服务要点

金钥匙可以提供代看宠物服务，具体服务要点如下。

（1）金钥匙要详细了解客人对代看宠物的要求。

（2）如果时间较长，金钥匙要请客人事先准备好喂养宠物的食品。

（3）金钥匙要将宠物安排在专门的宠物房内，避免影响其他客人。

365　邮寄、出租物品及购物服务要点

1．邮寄服务要点

（1）金钥匙要确认并检查邮寄物品。

（2）金钥匙要选择合适的邮寄方式。

2．出租物品服务要点

（1）金钥匙要及时联系出租公司。

（2）金钥匙柜台要备有可供客人租用的手机、相机、婴儿车、自行车等物品。

3．购物服务要点

（1）金钥匙要了解各种商品信息以及各种专卖店的地点。

（2）金钥匙要确认客人所需商品的品牌、型号、价格范围、数量等具体情况。